공인노무사 출신 노동전문변호사가 알려 주는
진짜 쓸모 있는 직장 내 괴롭힘 법 이야기

공인노무사 출신 노동전문변호사가 알려 주는
진짜 쓸모 있는 직장 내 괴롭힘 법 이야기

초판 1쇄 발행 2023년 6월 23일
초판 2쇄 발행 2023년 7월 25일
초판 3쇄 발행 2023년 11월 10일
초판 4쇄 발행 2024년 6월 12일

지은이 송도인
펴낸이 장길수
펴낸곳 지식과감성#
출판등록 제2012-000081호

교정 및 편집 지식과감성#
마케팅 김윤길, 정은혜

주소 서울시 금천구 벚꽃로298 대륭포스트타워6차 1212호
전화 070-4651-3730~4
팩스 070-4325-7006
이메일 ksbookup@naver.com
홈페이지 www.knsbookup.com

ISBN 979-11-392-1164-1(03360)
값 16,000원

• 이 책의 판권은 지은이에게 있습니다.
• 이 책 내용의 전부 또는 일부를 재사용하려면 반드시 지은이의 서면 동의를 받아야 합니다.
• 잘못된 책은 구입하신 곳에서 바꾸어 드립니다.

지식과감성#
홈페이지 바로가기

경영자와 직장인들이 꼭 알아야 할 '직장 내 괴롭힘'에 관한 모든 것!

피해자·가해자·
사용자·업무 담당자는
물론 직장인이라면
한 번쯤은
모두가 읽어야 할
필독서

송도인 지음

공인노무사 출신 노동전문변호사가 알려 주는

진짜 쓸모 있는 직장 내 괴롭힘 법 이야기

내 옆에 두는 직장 내 괴롭힘 자문변호사!

실무에서 곧바로 활용할 수 있는 직장 내 괴롭힘에 관한
생생한 법률정보를 전문변호사가 직접 알려 준다

지식과감성#

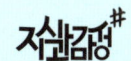

머리말

2019년 직장 내 괴롭힘 금지 규정이 근로기준법에 신설된 이후, 저는 공인노무사 출신 변호사로 직장 내 괴롭힘 사건을 누구보다 많이 다루었습니다. 괴롭힘 피해를 입은 피해근로자를 대리하는 입장에서, 반대로 가해자로 지목된 행위자를 대리하는 입장에서도 업무를 수행하였고 회사로부터 의뢰를 받아 직장 내 괴롭힘 신고 내용에 대한 사실조사를 하는가 하면, 직장 내 괴롭힘 심의위원회 등의 기구에서 괴롭힘 여부를 판단하는 역할까지 모두 수행하였습니다. 이러한 과정을 거치며 직장 내 괴롭힘을 맞닥뜨리게 된 모든 분들께 보다 정확하고 올바른 법 이야기를 들려드리고 싶다는 생각을 하게 되었습니다. 정보가 넘쳐 나는 세상이지만 직접 업무를 수행해 본 전문 변호사의 입장에서 진짜로 도움이 되는 정보를 제공해 드리고 싶었습니다. 다른 곳에서는 들을 수 없는 이야기도 해 드리고 싶었습니다. 직장 내 괴롭힘을 다룬 책들이 있긴 하지만 직장 내 괴롭힘을 둘러싼 당사자들과 업무 담당자들이 정말로 궁금해하는 내용에 대해 똑 부러지게, 정확한 설명을 해 주는 책은 찾기 어려웠습니다.

직장 내 괴롭힘은 큰 회사에서만 발생하는 일이 아닙니다. 오히려 큰 회사들은 법무팀도 있고 자문 변호사도 있어 법적인 도움을 쉽게 받을 수 있고, 이미 사건 처리 절차가 시스템화되어 있을 수도 있겠지만 그렇지 못한 회사들이 더 많을 것입니다. 이러한 상황에서 갑자기 발생하게 된 직장 내 괴롭힘 사건으로 인해 신고를 한 사람도, 신고를 당한 사람도, 신고를 접수 받은 사람도 모두 우왕좌왕하는 모습을 보이는 일이 빈번합니다. 나의 일이 아니라고, 내 업무가 아니라고, 관심을 갖고 있지 않다가 어느 순간 갑자기 내가 당사자가, 관련자가, 업무 담당자가 되어 당황하게 되는 것입니다. 그런 일이 없도록 미리 대비하기 위해 이 책을 읽는 것은 꽤 쓸모 있는 일이 될 것이라고 생각합니다.

이 책은 1장에서 직장 내 괴롭힘이 발생하였을 때 그에 대한 대응 및 처리 방법에 관한 실무적인 내용을 피해근로자, 행위자, 회사 및 업무 담당자들이 각각 알 수 있도록 이를 자세히 설명하였고, 2장에서는 2019년 법 시행 이후 최근인 2023년에 이르기까지 법원에서 직장 내 괴롭힘을 다룬 판결들을 검토하여, 그중 의미 있는 판결 내용을 소개하고 이를 분석하여 실제 식상 내 괴롭힘 사건이 사법기관에서 어떻게 처리되며, 어떤 판단이 이루어지고 있는지를 설명드렸습니다. 특히 2장의 내용은 직장 내 괴롭힘 금지 규정이 근로기준법에 신설된 이후 만 4년이 다 되어 가는 현재 시점에서, 그간에 전국 법원에서 나온 거의 모든 판결들을 입수하여 직접 검토한 후 많은 분들이 공유하면 좋을 만한 사례들을 선별·분석한 것으로서, 매우 유용한 정보가 될 것이라고 생각합니다. 또한 실제 법원에서 갓 나온 판결들을 다루고 있는 만큼, 직장 내 괴롭힘에 대해서 듣기는 많이 들었는데 실제로는 어떻게 처리가 되는지를 잘 모르겠다고 생각하고 계신 분들에게, 직장 내 괴롭힘에 대한 직접적이고 직관적인 이해를 가능하게 할 것입니다. 끝으로 3장에서는 실제 직장 내 괴롭힘 문제가 발생하였을 때, 피해근로자, 행위자, 업무 담당자들이 저마다 주로 궁금해하는 사항들을 Q&A 형식으로 설명드렸습니다. 누구도 내가 궁금해하는 내용은 정확하게 알려 주지 않고, 진짜 필요한 내용은 찾으려면 없는 답답한 상황에서, 한 분이라도 이 책의 Q&A를 통해 궁금증이 속 시원하게 풀려 '이 책이 진짜 쓸모 있구나!'라고 생각하신다면 큰 보람이 될 것입니다.

직장 생활을 해 본 사람이라면 회사에서 나를 괴롭히는 사람이 있을 때 삶이 얼마나 쉽게 지옥이 되는지 말하지 않아도 잘 아실 거라고 생각합니다. 회사에 싫어하는 사람이 있을 때, 일요일 저녁 다음 날이 오지 않기를 바라는 마음은 직장인들이라면 모두 공감하겠지요. 저는 직장 내 괴롭힘이 정말 우리네 삶에 있어 매우 중요한 문제라고 생각합니다. 많은 사람들이 회사에서 상사, 동료, 부하 직원들과 함께 가족보다도 더 많은 시간을 보내곤 합니다. 그런데 인생에서 이렇듯 긴 시간을 남에게 피해를 주고, 반대로 고통을 받으며 산다는 것은 너무 불행한 일일 것입니다. 직장 생활을 행복하게 하기는 어려워도 최소한 불행하게만은 하지 않더라도 우리 삶은 한결 수월해질 것입니다.

이 책을 통해 복잡할 수도 있는 법 이야기를 들려드리지만 정말 드리고 싶은 말씀은, 지금 여러분들 옆에서 함께 일을 하고 있는 사람들을 존중하고 그 인생을 응원해 주는 마음으로 각자의 일을 하자는 것입니다. 내가, 나의 일이, 나의 삶이 중요하다면 당연히 그건 다른 사람도 마찬가지입니다.

    최대한 쉽게 풀어 설명하려고 했으나 법에 관한 것이다 보니 책 내용이 다소 어려울 수도 있을 것입니다. 하지만 이 안에는 이렇게 나와 다른 사람의 삶을 모두 소중히 여기자는 가장 단순한 내용이 그 중심에 있음을 말씀드리며, 그럼 이제부터 본격적으로 《진짜 쓸모 있는 직장 내 괴롭힘 법 이야기》를 시작하겠습니다.

2023년 6월
변호사 송도인

이 책의 차례

머리말   4

1장
실전! 직장 내 괴롭힘 대응과 처리

법조문을 확인하세요   15
취업규칙을 찾아보세요   20
직장 내 괴롭힘인지 아닌지, 항상 삼각형을 떠올리세요   27
조금만 더 참고 증거를 모아 보세요   40
신고가 들어왔다면 이제 정신을 바짝 차리셔야 합니다   48
객관적 조사를 신속히 실시할 수 있도록 만반의 준비를 하세요   56
사제적으로 조사하신다면 최소한 이것만은 지켜 주세요   62
조사보고서 작성 시에도 객관성을 유지해 주세요   67
직장 내 괴롭힘 판단은 전문가를 포함시킨 위원회에서 하세요   70
임시 조치와 직장 내 괴롭힘 발생 사실이 확인된 이후 조치를 구분하세요   73
징계는 정말 제대로 해야 합니다   78
불리한 처우는 절대로 안 돼요   84
비밀유지의무는 계속됩니다   100
행위자에 대한 형사처벌은 따로 고소를 해야 합니다   104
민사상 손해배상청구를 할 수 있습니다   107
근로감독에 대비해야 합니다   110

2장

본격! 직장 내 괴롭힘 판례 분석

직장 내 괴롭힘 해당 여부 ... 121

- **CASE 1** 직장 내 괴롭힘 불인정 판결 ... 121
- **CASE 2** 직장 내 괴롭힘 불인정 판결 ... 126
- **CASE 3** 직장 내 괴롭힘 불인정 판결 ... 132
- **CASE 4** 직장 내 괴롭힘 불인정 판결 ... 137
- **CASE 5** 직장 내 괴롭힘 인정 판결 ... 140
- **CASE 6** 직장 내 괴롭힘 인정 판결 ... 143
- **CASE 7** 직장 내 괴롭힘 인정 판결 ... 147
- **CASE 8** 직장 내 괴롭힘 인정 판결 ... 151
- **CASE 9** 직장 내 괴롭힘 일부 인정/일부 불인정 판결 ... 155

직장 내 괴롭힘으로 인한 손해배상책임 ... 160

- **CASE 10** 사용자가 직장 내 괴롭힘을 하였다고 보아 그에 따른 손해배상책임으로 위자료 300만 원을 인정한 판결 ... 160
- **CASE 11** 사용자에게 직장 내 괴롭힘을 방지하지 못한 책임을 물어 위자료 1,200만 원을 인정한 판결 ... 164
- **CASE 12** 가해자의 모욕 행위가 업무관련성이 없다는 이유로 사용자책임을 부정한 판결 ... 168
- **CASE 13** 가해자의 폭행 행위가 업무관련성이 없다는 이유로 사용자책임을 부정한 판결 ... 171
- **CASE 14** 가해자의 직장 내 괴롭힘 및 특수폭행 행위에 대해 사무집행 관련성을 인정하여 가해자와 회사가 공동하여 손해배상책임을 부담하라고 명한 판결 ... 174
- **CASE 15** 사용자에게 직장 내 괴롭힘 행위자와 공동하여 피해근로자에 대한 손해배상(500만 원)을 명한 판결 ... 176
- **CASE 16** 가해자의 폭언이 불법행위까지는 이르지 않는다고 본 판결 ... 180
- **CASE 17** 직장 내 괴롭힘 가해자에게 치료비와 위자료를 합쳐 총 3,583,400원의 손해배상책임을 인정한 판결 ... 182
- **CASE 18** 피해자가 근로기준법상 근로자가 아닌 특수형태고용종사자인 경우에도 직장 내 괴롭힘이 성립될 수 있다고 보아 행위자의 불법행위책임을 인정한 판결 ... 184

직장 내 괴롭힘에 따른 징계 — 189

- **CASE 19** 직장 내 괴롭힘을 정당한 징계사유로 인정한 판결 — 189
- **CASE 20** 직장 내 괴롭힘을 정당한 징계사유로 인정한 판결 — 193
- **CASE 21** 직장 내 괴롭힘을 정당한 징계사유로 인정한 판결 — 196
- **CASE 22** 직장 내 괴롭힘 행위자에 대한 정직 3개월의 징계가 정당하다고 본 판결 — 199
- **CASE 23** 직장 내 괴롭힘 행위자에 대한 정직 1개월의 징계가 정당하다고 본 판결 — 201
- **CASE 24** 직장 내 괴롭힘 행위자에 대한 징계면직(해고)이 정당하다고 본 판결 — 204
- **CASE 25** 직장 내 괴롭힘 행위자에 대한 해고가 정당하다고 본 판결 — 208

직장 내 괴롭힘과 산재 — 212

- **CASE 26** "적응장애"가 직장 내 괴롭힘으로 인한 업무상 스트레스로 인하여 유발된 것으로 보아 상병과 업무 사이 상당인과관계를 인정한 판결 — 212
- **CASE 27** 직장 내 괴롭힘 행위로 인한 "우울증"을 업무상 재해로 인정하고 괴롭힘 행위자에게 손해배상책임을 인정한 판결 — 216
- **CASE 28** 직장 내 괴롭힘은 인정하지 않았으나, 상병과 업무 사이에 상당인과관계는 인정된다고 본 판결 — 219

불리한 처우 금지 의무 위반 — 221

- **CASE 29** 사용자가 직장 내 괴롭힘 발생 사실을 신고한 피해근로자등에게 "복직 불허"의 불리한 처우를 하였다고 보아 벌금 200만원을 선고한 판결 — 221

사용자의 조치의무 — 226

- **CASE 30** 사용자기 직장 내 괴롭힘 사건을 처리하는 과정에서 사용자로서의 조치의무에 위반하여 신고인에게 손해를 가하였음을 인정할 수 없다고 본 판결 — 226

3장
핵심! 모두가 궁금했던 Q&A

- Q. 팀장이 저를 괴롭히는데 고용노동청에 가서 직장 내 괴롭힘 신고를 하면 되나요? — 235
- Q. 저를 괴롭힌 상급자와 함께 회사를 다니면서는 무섭고 불편해서 직장 내 괴롭힘 신고를 못 하겠는데, 퇴사 후에 신고를 해도 되나요? — 236
- Q. 직장 내 괴롭힘 증거 수집을 위해 통화 녹음을 한 것이 위법한 행위가 되나요? — 237

- Q. 회식을 마치고 귀가하는 길에 발생한 괴롭힘 행위도
  업무관련성이 있는 직장 내 괴롭힘에 해당하나요? 242
- Q. 직장 내 괴롭힘을 당하여 너무 괴로운데 회사를 결근해도 될까요? 243
- Q. 반드시 회사나 고용노동청으로부터 직장 내 괴롭힘에 해당한다는 판단을 받아야만
  법원에 가해자에 대한 민사소송(손해배상청구)을 할 수 있는 것인가요? 245
- Q. 직장 내 괴롭힘이 발생하여 사용자에게 이를 신고하면서 조사를 실시하고
  피해근로자인 저에게 보호조치를 하여 줄 것을 요구하였으나 사용자가 아무런 조치를
  하지 않고 있습니다. 법원에 이에 대한 직접 이행을 구하는 소송을 제기할 수 있나요? 247
- Q. 공무원도 근로기준법상 직장 내 괴롭힘을 적용받을 수 있나요? 248
- Q. 공익신고자는 보호를 받는다던데, 직장 내 괴롭힘 신고를 한 것에 대해서는
  공익신고자로 보호를 받을 수 없는지요? 251
- Q. 직장 내 괴롭힘 행위자로 몰린 것도 억울한데, 2차 가해까지 하였다며 중징계를 하겠답니다.
  도대체 어떤 행동이 2차 가해인가요? 253
- Q. 제가 가해자라며 직장 내 괴롭힘 신고가 접수되었다는데 너무 억울합니다.
  신고인을 명예훼손이나 무고로 고소할 수 있나요? 256
- Q. 직장 내 괴롭힘 신고를 받았을 때 반드시 외부 전문가에게 조사를 맡겨야 하나요? 260
- Q. 직장 내 괴롭힘 조사를 할 때 조사 대상자가 변호사와 동석할 수 있나요? 261
- Q. 직장 내 괴롭힘 조사를 실시한 이후, 조사 대상자가 자신이 조사를 받은 조사 내용이 담긴
  문서(예: 문답서)를 열람·등사하여 달라고 요구하는 경우 이에 반드시 응해야 하나요? 263
- Q. 직장 내 괴롭힘을 사유로 직원을 징계하고자 하는 경우, 징계위원회 개최 전에
  징계혐의 내용을 징계대상자에게 미리 구체적으로 알려 주어야 하는지요? 265
- Q. 신고 사건을 조사한 결과 직장 내 괴롭힘이 확인되어 행위자에게 '경고' 조치를 하였습니다.
  그런데 피해근로자가 경고는 너무 가볍다며 행위자에 대해 중징계를 하여 달라고
  계속 요청하는데 어떻게 해야 할까요? 267
- Q. 직원이 고용노동청에 직장 내 괴롭힘 신고를 하였다는데, 회사로서는 무엇을 하면 되나요?
  어떻게 대처를 해야지요? 268
- Q. 고용노동청장이 사업주에게 직장 내 괴롭힘과 관련하여 개선지도를 하였습니다.
  인정할 수 없는 내용이 담겨 있는데 개선지도에 대한 취소를 구하는
  행정쟁송을 제기할 수 있을까요? 271
- Q. 근로기준법에서 금지하고 있는 직장 내 괴롭힘 피해근로자등에 대한 불리한 처우를
  한 것으로 보기 위해서는 반드시 보복적 의도가 있어야 하나요? 275
- Q. 직장 내 괴롭힘 예방 교육을 반드시 실시해야 하나요? 277

이 책에 수록된 판례 목록 280

1장

실전!
직장 내 괴롭힘
대응과 처리

공인노무사 출신
노동전문변호사가
알려 주는

**진짜 쓸모 있는
직장 내 괴롭힘
법 이야기**

법조문을 확인하세요

요새는 인터넷만 검색해도 직장 내 괴롭힘에 관한 내용을 쉽게 찾아볼 수 있습니다. 하지만 넘쳐 나는 정보 속에는 그 내용이 틀린 것도, 정확하지 않은 것도 많은데요. 직장 내 괴롭힘을 당하였거나 반대로 직장 내 괴롭힘의 행위자로 지목된 경우, 또는 회사의 직장 내 괴롭힘 업무 담당자로서 신고를 받은 경우 등 직장 내 괴롭힘에 관한 문제에 봉착한 모든 분들이 가장 우선하여 하셔야 할 일은 법조문을 찾아보는 것입니다. 법조문 확인이 문제 해결의 시작이며 사건 처리의 열쇠가 되어 줄 것입니다.

그럼 직장 내 괴롭힘에 관한 내용을 규정하고 있는 법률은 무엇일까요? "직장 내 괴롭힘 금지법"이라는 법률은 따로 없습니다. 직장 내 괴롭힘에 관한 내용은 근로기준법에 있습니다. 「근로기준법」 제6장의2에서는 '직장 내 괴롭힘의 금지'라는 표제하에 아래와 같은 규정을 두고 있습니다.[1]

---

[1] 2019. 1. 15. 「근로기준법」에 제76조의2 및 제76조의3 규정이 신설되었고, 이후 2021. 4. 13. 한 차례 개정이 이루어졌습니다. 이 같은 직장 내 괴롭힘에 관한 개정 근로기준법 규정은 사용자 또는 근로자가 직장 내에서 갖가지 방법으로 동료를 괴롭히고, 심지어 사망에 이르게 하는 등으로 사회적인 문제로 비화되자 이를 방지하기 위하여 입법된 것으로서, 위 규정들은 직장 내 괴롭힘이 근로자의 정신적·신체적 건강에 심각한 악영향을 끼칠 뿐만 아니라 나아가 기업에도 막대한 비용 부담을 초래하므로 이에 대한 대책이 필요하다는 인식하에 신설된 것입니다(청주지방법원 2022. 4. 13. 선고 2021노438 판결 참조).

제76조의2(직장 내 괴롭힘의 금지)
사용자 또는 근로자는 직장에서의 지위 또는 관계 등의 우위를 이용하여 업무상 적정범위를 넘어 다른 근로자에게 신체적·정신적 고통을 주거나 근무환경을 악화시키는 행위(이하 "직장 내 괴롭힘"이라 한다)를 하여서는 아니 된다.
[본조신설 2019. 1. 15.]

제76조의3(직장 내 괴롭힘 발생 시 조치)
① 누구든지 직장 내 괴롭힘 발생 사실을 알게 된 경우 그 사실을 사용자에게 신고할 수 있다.
② 사용자는 제1항에 따른 신고를 접수하거나 직장 내 괴롭힘 발생 사실을 인지한 경우에는 지체 없이 당사자 등을 대상으로 그 사실 확인을 위하여 객관적으로 조사를 실시하여야 한다. 〈개정 2021. 4. 13.〉
③ 사용자는 제2항에 따른 조사 기간 동안 직장 내 괴롭힘과 관련하여 피해를 입은 근로자 또는 피해를 입었다고 주장하는 근로자(이하 "피해근로자등"이라 한다)를 보호하기 위하여 필요한 경우 해당 피해근로자등에 대하여 근무장소의 변경, 유급휴가 명령 등 적절한 조치를 하여야 한다. 이 경우 사용자는 피해근로자등의 의사에 반하는 조치를 하여서는 아니 된다.
④ 사용자는 제2항에 따른 조사 결과 직장 내 괴롭힘 발생 사실이 확인된 때에는 피해근로자가 요청하면 근무장소의 변경, 배치전환, 유급휴가 명령 등 적절한 조치를 하여야 한다.
⑤ 사용자는 제2항에 따른 조사 결과 직장 내 괴롭힘 발생 사실이 확인된 때에는 지체 없이 행위자에 대하여 징계, 근무장소의 변경 등 필요한 조치를 하여야 한다. 이 경우 사용자는 징계 등의 조치를 하기 전에 그 조치에 대하여 피해근로자의 의견을 들어야 한다.
⑥ 사용자는 직장 내 괴롭힘 발생 사실을 신고한 근로자 및 피해근로자등에게 해고나 그 밖의 불리한 처우를 하여서는 아니 된다.
⑦ 제2항에 따라 직장 내 괴롭힘 발생 사실을 조사한 사람, 조사 내용을 보고받은 사람 및 그 밖에 조사 과정에 참여한 사람은 해당 조사 과정에서 알게 된 비밀을 피해근로자등의 의사에 반하여 다른 사람에게 누설하여서는 아니 된다. 다만, 조사와 관련된 내용을 사용자에게 보고하거나 관계 기관의 요청에 따라 필요한 정보를 제공하는 경우는 제외한다. 〈신설 2021. 4. 13.〉
[본조신설 2019. 1. 15.]

위와 같은 법률 규정을 통해 우리는 직장 내 괴롭힘이 무엇인지, 직장 내 괴롭힘에 해당하는지 여부를 판단하기 위한 요소는 무엇인지, 직장 내 괴롭힘이 발생하는 경우 어떻게 하여야 하는지 등을 알 수 있습니다. 그러니, 무작정 인터넷을 검색하여 확인되지 않은 내용들을 찾아보기 전에 이러한 법조문의 내용을 우선 정확히 알고 계셔야 할 것입니다.

위와 같은 제76조의2, 제76조의3 조항 외에도 하나 더 확인하여야 할 것이 바로 "벌칙조항"입니다. 근로기준법은 제109조에서 제76조의3 제6항(직장 내 괴롭힘 발생사실을 신고한 피해근로자등에 대한 불리한 처우 금지)을 위반한 자는 3년 이하의 징역 또는 3천만원 이하의 벌금에 처한다고 규정하고 있으며, 제116조 제1항에서는 사용자(사용자의 「민법」 제767조에 따른 친족 중 대통령령으로 정하는 사람이 해당 사업 또는 사업장의 근로자인 경우를 포함한다.)가 제76조의2를 위반하여 직장 내 괴롭힘을 한 경우에는 1천만원 이하의 과태료를 부과하는 것으로 규정하고 있고, 동조 제2항 제2호에서는 제76조의3 제2항(신고 접수 시 사실확인을 위한 지체 없는 객관적 조사 실시) · 제4항(직장 내 괴롭힘 발생 사실이 확인된 피해근로자에 대해 그 요청에 따른 보호조치) · 제5항(직장 내 괴롭힘 발생 사실이 확인된 행위자에 대한 징계 등 조치 및 징계 조치 전 피해근로자 의견 청취) · 제7항(비밀누설금지)을 위반한 자에게는 500만원 이하의 과태료를 부과한다고 규정하고 있습니다.

여기서 우리는 매우 중요한 사실을 알 수 있는데요, 법 제76조의2 즉 직장 내 괴롭힘 금지 규정에 위반하여 직장 내 괴롭힘을 하였다고 하여 이것만으로 곧바로 형사처벌 대상이 되거나 과태료를 부과받지 않는다는 것입니다. 다만 사용자와 사용자의 친족으로서 사용자의 배우자, 사용자의 4촌 이내의 혈족, 사용자의 4촌 이내의 인척이 사업장의 근로자로 있으면서 직접 직장 내 괴롭힘을 한 경우에 한하여 과태료가 부과될 수 있습니다. 이때도 형사처벌 규정은 없습니다. 따라서 사용자와 그 친족이 아닌 자가 직장 내 괴롭힘을 했을 때는 이러한 자를 곧바로 처벌해 달라거나 과태료를 부과해 달라며 고용노동부나 수사기관에 신고를 하는 것은 실익이 없다는 것이지요.

또한 제76조의3 제3항을 위반한 경우에는 아무런 벌칙조항이 없는 것을 발견할 수 있습니다. 즉, 사용자가 직장 내 괴롭힘 발생 사실을 확인하기 위한 조사 기간 동안 피해근로자를 보호하기 위한 조치를 하지 않는다고 하더라도, 이러한 이유로 형사처벌이나 과태료 부과 처분이 이루어지지는 않는다는 것이지요. 다만 위반 시 벌칙조항이 아예 없는 규정은 제76조의3 제3항, 즉 조사 기간 동안 임시 조치를 하지 않는 경우에 한정되며, 조사 결과 직장 내 괴롭힘 발생 사실이 확인되었음에도 불구하고 피해근로자에게 적절한 조치를 하지 않는다면 이는 제76조의3 제4항 위반이 되어 500만원 이하의 과태료 부과 대상에 해당하게 됩니다. 어떤 때는 되고, 어떤 때는 안 되고. 조금 복잡하지요? 이래서 법조문을 정확히 잘 살펴보셔야 한다는 말씀을 드린 것입니다.

그럼 직장 내 괴롭힘과 관련해서 가장 센 처벌이 이루어지는 경우는 언제일까요? 바로 3년 이하의 징역 또는 3천만원 이하의 벌금에 처해질 수 있는 제76조의3 제6항 위반의 경우입니다. 직장 내 괴롭힘 발생 사실을 신고하였더니 오히려 이를 이유로 해고나 그 밖의 불리한 처우를 한 몹쓸 사용자에 대하여는 징역형까지 처할 수 있다는 것입니다. 따라서 이 같은 일을 당한 경우, 피해근로자는 사용자의 법 위반 행위에 대하여 단순히 고용노동청에 진정을 제기하는 것에 그치지 않고 고소인의 지위에서 사용자를 '형사처벌'해 달라고 형사 '고소'를 할 수 있습니다. 이렇게 근로기준법 조문을 꼼꼼히 잘 살펴볼 때 직장 내 괴롭힘을 당한 피해근로자는 자신의 권리를 보다 정확히 그리고 철저히 주장할 수 있게 되는 것이고, 반대로 법 위반 혐의를 제기당한 사용자 입장에서는 피의자 또는 피고인에게 법률상 보장되는 권리를 바탕으로 적극적으로 방어권을 행사하여 억울함이 없도록 대응할 수 있는 것입니다.

취업규칙을 찾아보세요

상시 10명 이상의 근로자를 사용하는 사용자는 취업규칙을 작성하여 고용노동부장관에게 신고하여야 하고, 이를 변경하는 경우에도 마찬가지로 신고를 하여야 하는데요. 이러한 취업규칙에는 반드시 "직장 내 괴롭힘의 예방 및 발생 시 조치 등에 관한 사항"이 포함되어 있어야 합니다. 따라서 상시 근로자 10명 이상의 사업장에 근무하시는 분들이라면 취업규칙에 이러한 직장 내 괴롭힘 관련 내용이 명시되어 있는지를 우선 확인해 볼 필요가 있습니다.

취업규칙에 해당하는 내규라면 취업규칙, 인사규정 등 명칭은 불문하며, 회사에 따라 '직장 내 괴롭힘 예방 지침', '직장 내 괴롭힘 예방 및 대응 세칙' 등으로 직장 내 괴롭힘에 관한 규정을 별도로 두고 있는 경우도 많습니다. 내부 규정에서 직장 내 괴롭힘에 관해 어떠한 절차와 방식으로 처리를 하게 되어 있는지를 확인하는 것은 직장 내 괴롭힘 발생 사실을 신고하고자 하는 근로자는 물론 관련자들 모두에게 기본이 되는 일이자 매우 중요한 일이라고 할 것입니다.[2]

---

[2] 직장 내 괴롭힘 발생 사실을 신고하고자 하는 근로자가 취업규칙에 직장 내 괴롭힘 예방 및 발생 시 조치 등에 관한 사항이 규정되어 있는지를 확인하기 위해 사용자에게 해당 취업규칙의 열람을 요청하였음에도 불구하고 사용자가 이를 거부하는 일이 발생할 수 있는데요. 사용자는 취업규칙을 근로자가 자유롭게 열람할 수 있는 장소에 항상 게시하거나 갖추어 두어 근로자에게 널리 알려야 하며(근로기준법 제14조 제1항), 이를 위반하는 경우 500만원 이하의 과태료를 부과하게 되

즉 피해근로자 입장에서는 직장 내 괴롭힘이 발생하여 이를 회사에 신고하는 등의 절차를 거치고자 할 때, 우선 내규에서 어떠한 내용으로 이를 규정하고 있는지 확인하여 해당 내용에 따라 향후 절차를 진행하셔야 할 것입니다. 회사마다 직장 내 괴롭힘이 발생한 경우 어떠한 절차와 내용에 따라 사건 처리를 진행할 것인지 달리 정하고 있기 때문에 그 내용에 맞춰 적법한 권리를 행사하는 것이 필요하기 때문입니다. 예컨대 어떠한 회사는 신고가 있는 경우 외부에 사실조사를 맡기는 방식으로 직장 내 괴롭힘 여부를 확인하는 것으로 규정하고 있을 수도 있고요. 또 다른 회사는 직장 내 괴롭힘 해당 여부를 심의하기 위한 별도의 심의위원회를 두어 운영하고 있을 수도 있습니다. 그러니 자신이 이러한 절차에 어떻게 참여할 수 있는지, 사건 조사와 직장 내 괴롭힘 판단이 규정에 따라 적법절차를 준수하여 이루어지는지 등을 확인하기 위해서라도 취업규칙 내용을 꼼꼼히 확인해 볼 필요가 있는 것입니다.

그런데 이때 만약 사용자가 이러한 취업규칙의 필수적 기재 사항을 아예 취업규칙에 명시하고 있지 않다면 피해근로자로서는 직장 내 괴롭힘에 대한 신고와 더불어 이러한 사실 자체에 대해 법 위반을 지적하는 것부터 문제를 제기할 수 있을 것입니다. 앞서 살펴봤던 직장 내 괴롭힘 금지 규정 관련 위반 시 벌칙조항 외에 취업규칙의 필수적 기재 사항을 취업규칙에 명시하지 않은 경우에도 500만원 이하의 과태료를 부과하기 때문입니다. 참고로 실무적으로 고용노동부에서는 '직장 내 괴롭힘의 예방 및 발생 시 조치 등에 관한 사항'을 취업규칙에 아예 기재하지 않은 경우 우선 근로감독관집무규정에 따라 시정지시(25일 이내)를 하고 이를 이

어 있으므로(근로기준법 제116조 제2항 제2호) 이러한 법률상의 권리를 바탕으로 당당히 취업규칙의 열람을 요구하시고 거절 시 그에 따른 법적 절차를 진행하면 될 것입니다.

행하지 않는 경우 500만원 이내의 과태료를 부과합니다.

따라서 사용자 입장에서는 우선적으로 근로기준법을 철저하게 준수하고, 나아가 향후 직장 내 괴롭힘 사건의 처리에 관한 회사의 적절한 조치 여부가 관계 기관에 의해 판단될 수 있음을 고려하여, 직장 내 괴롭힘 관련 내용을 취업규칙에 사전에 잘 정비해 둘 필요가 있습니다. 특히 직장 내 괴롭힘 금지 규정이 근로기준법에 2019. 1. 15. 신설되고 이후 2021. 4. 13.자로 제76조의2 제2항, 제7항이 신설되는 개정이 이루어졌는데, 아직까지도 개정된 내용을 정확히 파악하고 있지 못하거나 이를 취업규칙에 반영하지 않은 경우가 다수 있기에 회사 입장에서는 이를 다시 한번 확인할 필요가 있습니다.

이러한 취업규칙의 정비가 중요한 이유는 단순히 취업규칙 필수 기재사항을 명시하지 않은 경우 근로기준법에 따라 과태료 처분을 받게 되기 때문만이 아니라, 추후 사업장 내에서 직장 내 괴롭힘 사건이 발생하는 경우, 직장 내 괴롭힘 관련 내용을 규정하고 있는 취업규칙의 존재가 사용자로서 직장 내 괴롭힘을 예방하기 위한 노력을 가늠하는 지표로 쓰일 수 있기 때문입니다. 즉 사용자가 직장 내 괴롭힘 관련 내용을 상세하고 자세하게 취업규칙에 마련하여 두고 이를 준수하여 평소 사건 처리를 잘하여 왔다면 고용노동부나 법원에서는 해당 사용자의 사건 처리, 조치 등에 신뢰를 가질 수 있게 될 것이고, 사용자로서 직장 내 괴롭힘 예방을 위해 상당한 노력을 한 것으로 평가할 수 있을 것입니다. 그리고 이러한 평가는 실질적으로 피해근로자가 행위자, 즉 가해근로자와 회사를 상대로 직장 내 괴롭힘에 따른 손해배상을 청구할 때(2장에서 실제 판례를 통해 다시 설명드리겠지만, 직장 내 괴롭힘 피해근로자는 괴롭힘 행위자는 물론 회사에 대해서도 사용자책임을 물어 직장 내 괴롭힘에 따른 손해배상책임을 질 것을 청구할 수 있는 것입니다.), 사용자의 책임 범위를 결정하는 데 있어서도 주요한 판단 요소가 될 수 있을 것인바, 취업규칙에 대해 legal risk 관리 측면에서 접근할 필요가 있는 것입니다.

참고로, 고용노동부는 다음과 같은 요령에 따라 직장 내 괴롭힘 관련 취업규칙을 심사하므로 이러한 내용에 착안하여 취업규칙을 정비할 필요가 있을 것입니다.

〈고용노동부, 직장 내 괴롭힘 관련 취업규칙 심사 요령〉

심사 항목	중점 착안 사항	심사기준 및 지도방향	조치 기준
1. 직장 내 괴롭힘의 금지 가. 정의 및 금지	○ 직장 내 괴롭힘의 정의 및 금지 규정 여부	○ 직장 내 괴롭힘의 정의와 이를 금지하는 규정은 필수적으로 기재할 필요 〈확인 사항〉 □ 직장 내 괴롭힘의 정의와 금지를 규정하였는지 여부	(필수 기재 내용 미규정 시) 변경명령
나. 직장 내 괴롭힘의 구체적 행위 유형	○ 직장 내 괴롭힘의 구체적 행위 유형 규정 여부	○ 법상 필수 기재 사항은 아니나, 구체적 행위 유형을 규정함으로서 사업장 내 구성원에게 직장 내 괴롭힘으로 금지되는 범위를 명확히 할 필요 〈확인 사항〉 □ 직장 내 괴롭힘의 구체적인 행위 유형을 규정하였는지 여부	개선지도
다. 예방에 관한 사항	○ 직장 내 괴롭힘 예방을 위한 구체적인 활동 규정 여부	○ 예방 교육, 예방·대응 조직(담당자) 지속적 운영, 사업장 내 캠페인 등 홍보 실시, 최고경영자 정책 선언 등 예방 활동의 내용과 방식은 필수 기재	(필수 기재 내용 미규정 시) 변경명령

심사 항목	중점 착안 사항	심사기준 및 지도방향	조치 기준
		- 효과적인 직장 내 괴롭힘 예방을 위해서 예방 교육을 추천하며, 그 외 활동을 규정하는 것도 가능 ○ 법 개정 취지를 위해서 일회적인 행사성 예방 활동이 아닌 지속적, 반복적 예방 활동을 규정할 필요 - 예방 활동의 실시 시기나 주기 등 명확히 규정 〈확인 사항〉 □ 직장 내 괴롭힘 예방 활동의 내용과 방식을 규정하였는지 여부 □ 예방 활동 실시의 시기나 주기가 명확히 규정되어 있는지 여부	
라. 발생 시 조치에 관한 사항	○ 발생 시 사용자의 조치 사항 규정 여부	○ 근로기준법 제76조의3에 따라 괴롭힘 발생 사실을 알게 된 경우 사용자에게 신고, 신고를 접수하거나 인지한 경우 사용자의 조사 의무, 가해자 및 피해근로자에 대한 조치 의무, 피해근로자등에 대한 불리한 처우 금지 의무 등의 내용 및 처리 절차는 필수 기재 - 사건의 접수, 조사 방법 등 구체적 절차와 담당자(부서)를 규정하는 것이 바람직하나, 사업장 상황에 따라 탄력적으로 규정 가능 - 직장 내 성희롱에 관한 조치 절차 등 기존의 고충 처리 시스템을 활용하는 것도 가능 〈확인 사항〉 □ 직장 내 괴롭힘에 대하여 신고 접수 부서(또는 담당자) 등 신고에 관한 사항을 규정하였는지 여부	(필수 기재 내용 미규정 시) 변경명령

심사 항목	중점 착안 사항	심사기준 및 지도방향	조치 기준
2. 징계 가. 징계사유	○ 직장 내 괴롭힘 징계사유 명시 여부	□ 직장 내 괴롭힘 조사에 관한 사항을 규정하였는지 여부 □ 직장 내 괴롭힘이 확인된 경우 행위자 조치에 관한 사항을 규정하였는지 여부 □ 직장 내 괴롭힘 피해근로자등 조치에 관한 사항을 규정하였는지 여부 ○ 근로기준법 제76조의3제5항에 따라 행위자에 대한 징계 등 조치 의무가 있으므로, 징계사유를 명확히 하는 측면에서 징계사유에 명시할 필요 〈확인 사항〉 □ 직장 내 괴롭힘 가해 행위가 징계사유에 포함되어 있는지 여부 ○ 근로기준법 제76조의3제5항에 따라 행위자에 대한 징계 등 조치 의무가 있으므로, 징계사유를 명확히 하는 측면에서 징계사유에 명시할 필요 〈확인 사항〉 □ 직장 내 괴롭힘 가해 행위가 징계사유에 포함되어 있는지 여부	개선지도

다만 취업규칙에 직장 내 괴롭힘을 별도의 징계사유로 추가하는 것은 「근로기준법」 제93조 제11호에 따른 필수 기재 사항은 아니므로, 징계사유가 추가되지 않은 것 자체에 대해 고용노동부가 변경명령을 하지는 않습니다. 그러나 직장 내 괴롭힘 금지 조항이 근로기준법에 신설된 이후 최근에 이르기까지 다수의 회사에서 직장 내 괴롭힘을 징계사유로 한 징

계가 빈번하게 이루어지고 있는 만큼, 향후 이러한 징계에 대해 노동위원회와 법원 등에서 그 적법성을 다투는 쟁송이 진행될 수 있음을 고려하면, 직장 내 괴롭힘 징계사유와 그 근거 및 구체적 기준 등을 명확히 하는 측면에서 징계사유에 이를 명시하는 것이 보다 바람직할 것입니다.

그리고 하나 더. 회사에서 유의하실 부분은 직장 내 괴롭힘 행위자에 대한 사내 징계 규정을 신설하거나 강화하는 경우, 이는 근로조건의 불이익한 변경에 해당하므로 취업규칙 변경 시 근로자 과반수의 동의를 얻으셔야 합니다. 그 외의 '직장 내 괴롭힘 예방과 발생 시 조치 사항' 관련 내용은 불이익한 변경이 아니므로 근로자 과반수의 의견을 들어 정하면 됩니다.

직장 내 괴롭힘인지 아닌지, 항상 삼각형을 떠올리세요

　법조문과 취업규칙의 내용을 확인했다면 이제 본격적으로 어떤 경우를 직장 내 괴롭힘에 해당하는 것으로 볼 것인지 살펴보겠습니다. 많은 분들이 "이런 행위도 직장 내 괴롭힘에 해당하나요?"라는 질문을 하시는데요. 문제가 되는 경우는 항상 애매한 경우이겠지요. 사실 우리가 '괴롭힘'이 무엇인지를 모르진 않습니다. 말로 정확히 설명할 수는 없더라도 '이런 건 하면 안 될 것 같은데.', '이런 건 아니지.' 하는 행위가 괴롭힘이 맞겠지요. 하지만 근로기준법에 규정되어 있는 직장 내 괴롭힘에 정확히 해당하기 위해서는 반드시 3가지 요건을 충족하여야 하는데요. 첫째는 직장에서의 지위 또는 관계 등의 우위를 이용할 것, 둘째는 업무상 적정범위를 넘는 행위일 것, 셋째는 신체적·정신적 고통을 주거나 근무환경을 악화시킬 것입니다. 그렇기에 '이 경우도 직장 내 괴롭힘에 해당할까?'라는 의문이 드실 땐 항상 이러한 직장 내 괴롭힘의 3가지 판단 요소인 삼각형을 떠올려 보시면 됩니다.

〈직장 내 괴롭힘 성립 요소〉

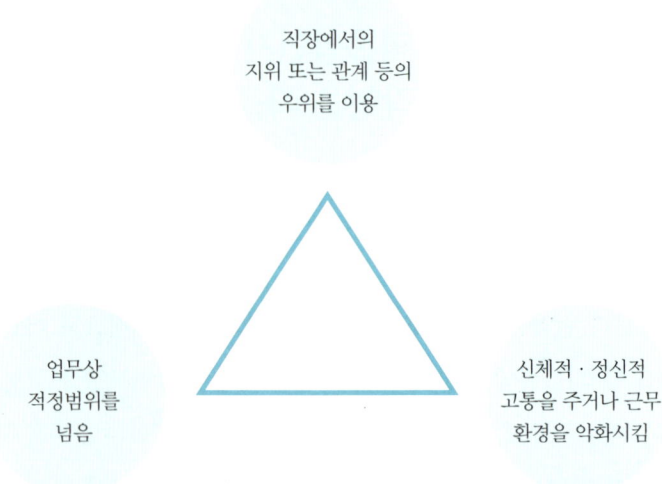

이 삼각형은 직장 내 괴롭힘 피해를 신고하시려는 분들, 직장 내 괴롭힘 사실 여부를 조사하시려는 분들, 직장 내 괴롭힘 해당 여부를 판단하려는 분들 모두가 항상 머릿속에 떠올리고 있어야 할 것입니다.

직장 내 괴롭힘을 신고하시려는 분이라면 자신이 당한 억울한 일에 대한 감정적 호소와 심정 토로를 앞세우기보다 이 3가지 요건에 딱딱 맞춰서 신고 내용을 작성하여 신고를 하는 것이 추후 직장 내 괴롭힘을 인정받는 데 아주 큰 도움이 될 것이고요. 조사를 하시는 분들도 어떤 방식으로 어떤 질문을 해야 할지 막막하다 싶을 때, 위 요건을 떠올리며 질의 사항을 마련한 후 사실조사를 해 나가면 될 것입니다. 직장 내 괴롭힘 해당 여부를 판단하는 분들은 더욱이 이 삼각형을 머릿속에 두고 철저히 그 요건의 충족 여부를 검토하셔야 할 것입니다.

예를 들면 만약 같은 부서 동료가 팀원들이 함께 있는 자리에서 계속 자신의 보고서를 폄하하고 메신저로 자신의 업무 능력에 대해 험담을 하는 일이 발생했다고 해 봅시다. 해당 팀원의 이러한 행위로 인해 다른 팀원들마저 나를 무시하고 따돌리는 것 같은 느낌을 받고 있어 이를 직장내 괴롭힘으로 신고하고자 할 때, 다음 중 어느 경우가 직장 내 괴롭힘이 인정될 가능성이 더 높을까요?

예시 1 A팀원은 저를 항상 무시합니다. A팀원 때문에 이제 팀원들 전부가 저를 따돌리고 있습니다. 너무 힘들고 억울합니다.

예시 2 A팀원은 저와 같은 과장 직급이긴 하나 올해 ○○팀으로 발령을 받은 저와는 달리 ○○팀에서만 10년째 근무를 하고 있어 사실상 ○○팀의 업무를 총괄하는 역할을 수행하고 있습니다. 그래서 ○○팀 내에 A팀원의 영향력은 막강하여 팀장조차 A팀원의 의견을 가장 중시하고, 사원, 대리 직급의 팀원들 역시 A팀원을 적극적으로 따르고 있습니다(➡ 지위 또는 관계의 우위성). 이러한 상황에서 A팀원은 2023. 3. 30. 팀회의 도중 제가 작성한 보고서를 화면에 띄운 후 "사원도 이렇게는 안 하겠다."라는 등의 발언을 하며 저를 비웃었고, 다음날인 3. 31. 팀원들이 있는 단체 채팅방에서도 '○○과장처럼 일하면 안 된다.'라는 등의 발언을 하였습니다(➡ 업무상 적정범위 이탈). 이로 인해 저는 극도의 인격적 모멸감과 수치심 등을 느끼는 정신적 고통을 받아야 했고, 팀원들이 저를 기피하는 분위기에서 업무 수행에 어려움을 겪어야 했습니다(➡ 신체적·정신적 고통의 발생 또는 근무환경 악화).

어떤가요? 당연히 예시 1의 내용처럼 신고를 하게 된다면 직장 내 괴롭힘이 인정될 가능성이 낮아지겠지만 예시 2와 같은 내용으로 신고를 한다면 직장 내 괴롭힘을 인정받을 수 있는 가능성이 매우 높아지겠지요.

특히 위 사안의 경우 '우위성' 요건을 생각했을 때 같은 직급에 있는 사람의 행위에 대해서는 일반적으로 우위성을 인정하기 어려울 수 있기 때문에, 이러한 경우 더욱 위 3가지 요소를 떠올리면서 탄탄한 삼각형 모양을 갖출 수 있도록, 혹여나 약한 요소가 있다면 그 부분을 더욱 구체적으로 보강 설명하는 방법으로 신고 내용을 작성할 수 있도록 철저히 준비를 하여야 합니다.

그럼, 이제 삼각형의 세 꼭짓점 요소들에 대해 좀 더 자세한 설명을 드릴게요.

첫째, 직장에서의 지위 또는 관계 등의 우위를 이용할 것과 관련한 내용입니다. 지위의 우위는 판단하기 수월하지요. 기본적으로 직장 내에서 지휘명령 관계의 상위에 있는 경우를 말합니다. 이러한 지휘명령 관계는 반드시 직접적일 필요는 없으며(즉, 반드시 같은 부서 내의 상급자일 필요는 없음) 회사 내 직위·직급 체계상 상위에 있음을 이용한다면 지위의 우위성이 인정됩니다. 관계의 우위는 좀 더 복잡할 수 있습니다. 반드시 공식적인 직위나 직급상 우위는 아니더라도 사실상 우위를 점하고 있다고 판단되는 모든 관계가 포함될 수 있습니다. 연령·학벌·성별·출신 지역 등의 인적 속성, 근속 연수·전문 지식 등 업무 역량, 개인 대 집단과 같은 수적 측면, 노조·직장협의회 등 근로자 조직 구성원 여부, 감사·인사 부서 등 업무의 직장 내 영향력, 정규직 여부 등의 요소 등이 고려될 수 있습니다.

저는 여러 회사들의 직장 내 괴롭힘 심의위원회 위원으로 활동하고 있는데요, 제가 경험한 사례 중에 관계의 우위성이 인정될 것인지가 직장 내 괴롭힘 해당 여부를 판단하는 데 있어 쟁점이 된 사건이 있었습니다. 신고인과 피신고인의 직급이 같았기 때문인데요. 심의 결과 두 사람이 직급은 같으나 피신고인이 해당 지역에 거점을 가지고 장기간 근속한 사실이 있었던 만큼 우위성을 인정된다고 보았습니다. 또한 신고인과 피신고인들이 직급도 같고 직무도 같은 경우가 있었는데, 여러 명의 피신고인들이 신고인 한 명에게 행위를 한 것에 착안하여 집단의 우위성을 인정한 사례도 있었습니다. 이 밖에도 피신고인이 노조 지부장의 지위를 가지고 있어 조직과 구성원들에게 미치는 영향력이 큰 점을 감안하여 관계의 우위를 인정한 사례도 있었습니다. 판결 중에는 의사인 행위자가 간호사에게 업무를 지시할 권한이 있는 이상 설령 의사가 간호사에 대해 근무 평정 권한이 없고 인사상 조치 등을 할 수 없다고 하더라도 직장에서의 지위 또는 관계 등의 우위에 있다고 인정할 수 있다고 본 사례도 있습니다 (서울행정법원 2021. 11. 4. 선고 2020구합90032 판결).

결국 우위성은 단순히 하나의 요소나 외형적 요소만으로 판단되는 것이 아니라 해당 사업장 내의 특성을 고려하여 통상적인 사회적 평가를 토대로 판단될 수 있다고 생각하셔야 할 것입니다.

그리고 이러한 우위성이 인정된다고 곧바로 첫 번째 요건을 충족하는 것은 아니고요. 이러한 우위성을 '이용'하여 행위를 한 것이어야 합니다. 우위성은 있지만 이를 이용한 것이 아니라 이와 상관없는 행위를 한 것이라면 직장 내 괴롭힘에 해당하지 않는 것입니다.

둘째, 업무상 적정범위를 넘을 것과 관련한 내용입니다. 어떤 경우를 업무상 적정범위를 넘었다고 볼 것인지 참 어렵지요. 직장 생활을 하다

보면 온갖 사람을 다 만나게 되고, 그러다 보면 그 안에서 분쟁과 갈등이 없을 수가 없으니까요. 사람마다 안 맞는 사람이 있는 게 사실이잖아요. 하지만 그렇다고 하여 법이 회사 내에서 발생하는 모든 인간관계의 갈등 상황에 다 개입할 수는 없습니다. 그렇기 때문에 업무상 적정범위를 넘 었는지 여부는 세심한 접근이 필요합니다.

한편, 적정범위에 관한 내용에 본격적으로 들어가기 전에, 위 요건은 '업무상' 적정범위를 넘을 것을 요하고 있으므로 문제된 행위는 우선 업무관련성이 있는 상황에서 발생한 것임이 전제가 되어야 합니다. 여기서의 업무관련성은 포괄적인 업무관련성을 의미하는 것이기 때문에 직접적으로 업무를 수행하는 과정에서 발생한 경우가 아니라 하더라도 업무 수행에 편승하여 이루어졌거나 업무 수행을 빙자하여 발생한 경우, 업무 수행의 외형을 띠고 발생한 경우는 업무관련성을 인정할 수 있을 것입니다. 따라서 전적으로 개인적인 용무를 수행하는 과정에서 발생한 갈등 상황은 아무리 행위자에게 우위성이 인정되더라도 이를 직장 내 괴롭힘 행위에 해당한다고 볼 수 없겠지만, 상급자가 하급자에게 업무 지시를 하는 것처럼 행동하며 자신의 자녀를 유치원에서 픽업해 달라고 하거나, 개인 심부름을 시키는 경우는 업무관련성이 인정될 것입니다. 그렇기에 앞서 말씀을 드렸던 것처럼 만약 자신이 직장 내 괴롭힘을 신고하는 피해근로자의 입장에 계시는 분이라면, 신고하려는 행위자의 행위가 사적인 갈등 상황인 것으로 여겨지지 않도록 업무관련성을 상세히 설명하여 신고하는 것이 필요하겠습니다.

다음으로는 본격적으로, 언제 적정범위를 넘은 것으로 볼 수 있는지의 문제입니다. 우선 업무상 필요성이 인정되지 않는 행위를 하였다면 이는 곧바로 적정범위를 넘는 것으로 볼 수 있을 것이고요, 업무상 필요성은 인정되지만 그 행위 양태가 사회통념에 비추어 볼 때 상당하지 않다고 인정되면 이 역시 적정범위를 넘는 것으로 볼 수 있을 것입니다. 따라서 업무상 지시, 주의·명령에 불만을 느꼈다고 하더라도 그러한 행위가 사회통념상 업무상 필요성이 있어 이루어진 경우라면 이를 곧바로 직장 내 괴롭힘으로 인정하기 곤란할 것입니다.

그러나 그 지시나 주의·명령의 양태가 폭행이나 과도한 폭언 등을 수반하는 등 사회통념상 상당성을 결여하였다면 업무상 적정범위를 넘었다고 볼 수 있을 것이고, 또한 문제된 행위 자체는 업무상 필요성이 인정되더라도 사업장 내 동종 유사 업무를 수행하는 근로자들 중에서 합리적 이유 없이 오로지 해당 근로자에게만 그러한 행위가 이루어졌다면 이 역시 적정범위를 넘었다고 볼 여지가 있을 것입니다.

여기서 하나 말씀드리고 싶은 것은 이러한 '사회통념'이라는 것도 시대에 따라 달라진다는 것입니다. 우리가 생각하는 기준이라는 것이 모두 동일할 수는 없습니다. 요새 너무나도 많이 언급되는 MZ세대들과 기성세대들의 가치관 차이를 생각해 보세요. 기성세대를 기준으로 예전에는 아무렇지 않게 이루어졌던 일들도 이제는 적정범위를 넘은 것으로 받아들여질 수도 있다는 것이지요. 제가 직장 내 괴롭힘 심의위원회 위원으로 맡았던 사건 이야기를 다시 한번 하면, 신고인이 직장 내 괴롭힘 행위라고 신고한 내용 중에 팀장이 자신이 작성한 보고서에 빨간 펜으로 줄을 긋고 엑스표(X)를 하였으며, 다른 직원이 작성한 보고서를 참고해서 다시 작성하라고 했다는 내용이 있었는데요. 해당 신고인은 이러한 팀장의 행위가 자신의 인격을 무시하고 다른 직원과 자신을 비교하는 괴롭힘이라고 주장한 것이었습니다. 보고서에 문제가 있으면 무엇이 문제인지 알려 주고 이렇게 수정하라고 좋은 말(?)로 했으면 되는데 빨간 펜으로 마구 줄을 그으며 모욕적으로 대하였다는 것이지요. 그럼 빨간 펜이 아닌 검정 펜으로 수정을 했으면 괜찮은 것일까요? 판단하는 사람 입장에서는 고민이 되고 과연 사회통념상 기준이 어디까지일지 혼란스럽게 되는 것이지요. 결론은 이처럼 시대가 변화함에 따라 적정범위라는 기준 역시 달라질 수 있기 때문에 우리가 직장 생활을 하며 좀 더 상대방의 입장에서 생각을 해 보며 예민하고 높은 기준에서 사람들을 대할 필요가 있다는 것입니다. 서로가 서로를 존중하며 예의를 갖춰 행동한다면 자신만의 기준을 앞세워 아무런 문제가 안 된다고 강변하는 일은 줄어들 수 있을 것입니다. 위 빨간 펜 사건은 어떻게 결론이 났냐고요? 그건 말씀드릴 수 없고요, 다만 적정범위 이탈 여부를 단순히 위 행위 하나만을 가지고 판단한 것이 아니라 그간 신고인과 피신고인 사이에 있었던 다른 여러 일들을 종합해서 결론을 내렸답니다.

셋째, 신체적·정신적 고통을 주거나 근무환경을 악화시킬 것과 관련한 내용입니다. 신체적 고통은 행위자가 폭행 등의 유형력 행사를 한 경우에 인정될 수 있을 것이고, 정신적 고통은 말 그대로 행위자의 행위로 인해 스트레스 등을 받으며 겪게 되는 정신적 피해를 말하는 것인데요. 정신적 고통은 비단 개인이 느끼는 심리적 감정에 그치지 않고 실제로 여러 정신적 질환을 직접적으로 발생시키기도 합니다. 불안장애, 공황장애, 우울증 등이 대표적이고 심한 괴롭힘 행위를 겪은 후 PTSD(외상 후 스트레스 장애)를 진단받는 경우도 종종 발생합니다. 이러한 내용들은 신체적·정신적 고통이 발생하였음을 인정할 수 있게 하는 근거가 됩니다.

근무환경을 악화시키는 것이란, 그 행위로 인하여 피해자가 회사 내에서 업무를 수행하고 능력을 발휘하는 데 있어 간과할 수 없을 정도의 지장이 발생하는 것을 의미합니다. 근무 공간을 제약하거나 시설이나 설비 등을 이용하지 못하게 함으로써 직접적으로 근무환경을 악화시키는 것은 물론이고 차별적인 근무환경을 조성하는 등 심정적 제약을 가져오는 것도 이에 해당할 수 있습니다.

이때 특히 신고를 하려는 피해근로자 입장에서 유의하실 점이 한 가지 있는데요. 신체적·정신적 고통 또는 근무환경의 악화가 발생하였다는 점을 너무 자신의 주관적인 관점에서만 말씀하시면 안 된다는 것입니다. 직장 내 괴롭힘이 성립하기 위해서는 당사자들의 관계, 행위가 행해진 장소 및 상황, 행위에 대한 피해자의 명시적 또는 추정적인 반응의 내용, 행위의 내용 및 정도, 행위가 일회적 또는 단기간의 것인지 또는 계속적인 것인지 여부 등의 구체적인 사정을 참작하여 볼 때, 객관적으로 피해근로자와 같은 처지에 있는 일반적이고도 평균적인 사람의 입장에서 신체적·정신적 고통 또는 근무환경의 악화가 발생할 수 있는 행위가 있고, 그로 인하여 비로소 해당 피해근로자가 주관적으로 신체적·정신적 고통을 느꼈음이 인정되어야 하는 것입니다. 쉽게 말하면, 다른 직원들은 그 누구도 행위자의 행위가 적정범위를 넘었다고까지는 보지 않는데 혼자서 마음의 상처를 입었다고 하여 직장 내 괴롭힘이 성립되는 것이 아니라는 것입니다. 따라서 이러한 때는 앞서 언급한 여러 구체적인 참작 사항들을 바탕으로 어떠한 관점에서 봤을 때 행위자의 행동이 비단 나 혼자가 아니라 다른 사람이 느꼈을 때도 적정범위를 넘어선 행동이었는지를 보다 구체적으로 설명해 주는 과정이 필요할 것입니다.

한편, 이때 행위자에게 피해근로자를 괴롭히려는 의도가 있었는지 여부는 직장 내 괴롭힘 인정 여부를 판단함에 있어 전혀 고려 사항이 아닙니다. 즉, 아무리 행위자에게 의도가 없었더라도 그 행위로 인해 피해근로자가 신체적·정신적 고통을 받았거나 근무환경이 악화되었다면 괴롭힘은 인정되는 것입니다. 거의 대부분의 행위자들이 하는 말이 그럴 의도가 아니었다는 것인데요, 물론 의도 여부가 나중에 직장 내 괴롭힘이 인정되어 징계 등의 조치를 하는 데 있어 그 경중을 판단하여 수위를 결정하는 데는 영향을 미칠 수 있겠지만 직장 내 괴롭힘 성립 여부 자체를 결정하는 요인은 아니라는 것입니다. 따라서 만약 행위자의 입장에서 삼각형의 세 요소가 인정되는 상황에서 소명을 해야 한다면, 잘못을 극구 부인하며 의도가 없었음을 주장하기보다 진심으로 잘못을 인정하고 반성하는 모습을 보이는 것이 보다 바람직할 수 있을 것입니다.

결론적으로 직장 내 괴롭힘은 위 세 가지 요소를 모두 충족해야, 즉 삼각형이 완전히 그려져야 인정될 수 있기 때문에 직장 내 괴롭힘을 신고하거나 신고 사건을 처리하고 판단해야 하는 모든 관련자들께서는 항상 이 삼각형을 머릿속에 떠올리며 일을 진행하셔야 할 것입니다.

▌ 여기서 잠깐!

무엇이 직장 내 괴롭힘일까? 그것이 문제지요. 사실 직장 내 괴롭힘을 어느 정도 유형화할 수는 있지만, 실제 사례들은 저마다 개별적이고 구체적인 내용을 가지고 있어서 일률적으로 어느 행위는 괴롭힘에 해당하고 어느 행위는 아니다, 이렇게 단정해서 말씀드리기는 참 어렵습니다. 그래서 저는 앞서 설명드린 내용처럼 직장 내 괴롭힘 해당 여부 판단 기준을 먼저 생각하고 그에 행위를 맞춰 보자는 의미에서 삼각형을 말씀드린 거였어요. 하지만, 그래도 여러분들이 무엇이 직장 내 괴롭힘인지를 더 정확하게 느끼시려면 보다 구체적인 설명을 하는 게 좋을 것 같아서 이하에서는 고용노동부 매뉴얼 등을 참고로 상황별 직장 내 괴롭힘 행위와 그 예시를 소개해 드리도록 하겠습니다.

〈상황별 직장 내 괴롭힘 행위 예시〉

① 신체에 유형력을 행사하는 폭행이나 협박
② 폭언, 욕설, 험담, 무시, 비하, 모욕, 명예훼손적 발언

> **예시** 교감이 교사로부터 결재 요청을 받자 책상을 내리치고 고함을 지르며 '야', '너' 등으로 호칭하고 결재 서류를 고의적으로 반려하고 해고 등을 언급하며 폭언

> **예시** 재계약 결정권을 갖고 있는 지역 본부 매니저가 직원에게 "능력이 안 되면 몸빵이라도 해야지 씨○", "대가리 안 쓰냐? 미친○ 너네들 어차피 갈 데 없잖아."라는 말을 함

> **예시** 멘토가 멘티에게 업무를 가르쳐 주면서 "쥐어 팰 수도 없고", "그만둘 거면 빨리 그만둬라." 등의 말을 함

> **예시** 상사가 부하 직원의 화장한 모습을 보고 "주둥이에 그게 뭐냐, 쥐 잡아 먹었냐."라고 발언하거나 "너는 집에서 그렇게 하냐. 네 부모가 그렇게 가르쳤냐."라는 등의 발언을 함

③ 반복적인 개인적 심부름, 사적 용무 지시

> **예시** 상사가 본인의 대학원 학위 논문 작성을 시키고 개인적인 외부 강의에 사용할 프레젠테이션 자료 작성, 자료 수집 등을 요구함

④ 집단 따돌림, 업무 수행 과정에서의 의도적 무시·배제
⑤ 근로계약 체결 시 명시했던 업무와 무관한 업무 지시 및 강요/근로계약서에 명시되어 있지 않으며 모두가 꺼리는 힘든 업무를 반복적으로 부여/허드렛일만을 시키거나 일을 거의 주지 않는 행위
⑥ 업무상 불가피한 사정이 없음에도 불구하고 업무를 과도하게 부여하는 행위. 물리적으로 업무 수행에 필요한 최소한의 시간마저도 주지 않으면서 업무를 부여하는 행위
⑦ 업무에 필요한 주요 비품을 제공하지 않거나, 인터넷, 사내 인트라넷 등의 접속을 차단하는 행위

> **예시** 승진 대상에서 누락되어 이를 따지자 업무용 물품 및 ID를 회수하고 자리를 회의용 탁자로 이동시키고 컴퓨터를 쓰지 못하게 하며 다른 직원들에게 이메일 발송 시 피해자를 제외하도록 지시함

⑧ 정당한 이유 없이 휴가나 병가, 출장 등을 불허하거나 각종 복지 혜택 등을 쓰지 못하도록 압력을 행사
⑨ 다른 근로자들과는 달리 특정 근로자에 대하여만 일하거나 휴식하는 모습을 지나치게 집중 감시
  - **예시** CCTV로 직원의 움직임을 실시간 관찰하여 자리로 찾아와 "간식은 맛있었냐."라고 묻는 등 감시하고 감시를 통해 알게 된 사실을 지적함
⑩ 정당한 이유 없이 부서 이동 또는 퇴사를 강요
⑪ 개인사에 대한 뒷담화나 소문을 퍼뜨림
⑫ 개인의 의사에 반하는 음주, 흡연, 회식 등 각종 행사 참여 등을 강요
  - **예시** 선배가 후배에게 술자리를 만들라고 계속 강요하며 "술자리를 만들어라. 아직도 날짜를 못 잡았냐.", "성과급의 30%는 선배 대접하는 거다."라는 등의 발언을 함
  - **예시** 상사가 퇴근 이후 주말 또는 저녁 시간에 술에 취하여 팀 단체 채팅방에 술을 마시라고 나오라고 글을 올리고 대답을 안 하면 왜 대답을 안 하냐고 답을 요구하며 인사상 불이익을 가할 것처럼 말함
  - **예시** 회사 행사를 이유로 장기 자랑 준비를 강요하고 이를 위해 점심시간 및 휴게 시간까지 연습을 지시함. 장기 자랑에 필요한 복장이나 물품 등을 개인적으로 준비하도록 하고 원치 않는 복장으로 이사장 등 앞에서 노래를 부르라고 강요
  - **예시** 팀장이 마라톤에 참가할 것을 강제하며 지각 및 불참 시 벌금을 부과하고 인증 사진을 찍어 제출하라고 요구
⑬ 다른 사람들 앞이나 온라인상에서 모욕감을 주는 언행
  - **예시** 이사가 직원에게 몸에서 냄새가 난다며 근무할 때 창문을 활짝 열어 놓으라고 함
  - **예시** 대표가 직원에게 다른 직원들 앞에서 자신이 무엇을 잘못했는지 말하라고 지시하고, 다른 직원들에게 해당 직원에 대해 어떠한 처분이 적절할지를 적어서 내라고 한 후 그 결과를 단체 채팅방에 올림
  - **예시** 재계약 심사를 받아야 하는 대상자에게 부장이 '재계약을 해 줄까 말까.', '티오를 한 명 줄여야 하는데, ○○이를 자를까 아니면 ◇◇이를 자를까.'라는 발언을 수시로 함

⑭ 정당한 이유 없이 업무 능력이나 성과를 인정하지 않거나 폄훼하며 조롱/정당한 이유 없이 훈련, 승진, 보상 등에서 차별적 처우
⑮ 부당한 지시, 인격이나 양심을 침해하는 행위를 강요

> **예시** 회사 내규를 위반한 사실이 없음에도 시말서를 요구하고 이에 시말서를 작성하였음에도 추가적인 시말서 작성을 계속 요구하고 어떠한 처벌도 감수하겠다는 등의 문장을 기재할 것을 강요

조금만 더 참고
증거를 모아 보세요

    삼각형을 이루고 있는 세 가지 요건이 모두 존재한다고 보아 이제 회사에 직장 내 괴롭힘 신고를 하려 한다고 생각해 봅시다. 신고를 하는 입장에서는 이런 게 가장 걱정될 수 있을 거예요. '분명히 그때 팀장이 나한테 폭언을 했었는데 둘만 있을 때 한 거라서 본 사람도 없고, 따로 녹음을 해 둔 것도 아니어서 만약 팀장이 자기는 그런 말을 한 적이 없다고 하면 어떡하지? 사람들이 내 말을 믿어 줄까?' 이런 걱정이 드는 것은 당연할 겁니다. 명백한 증거를 딱 내밀어 행위자가 발뺌할 수 없게 만들고 싶지만 회사 생활을 하며 언제 일어날지 모를 괴롭힘을 포착하기 위해 항상 준비 중일 수는 없으니까요.

    피해근로자와 행위자의 서로 대립하는 진술만이 존재하고 피해근로자의 진술, 즉 직장 내 괴롭힘의 발생 사실을 뒷받침하는 제3자의 진술이나 물적(객관적) 증거 등이 없을 때, 신고하는 사람은 물론이고 추후에 직장 내 괴롭힘 해당 여부를 판단해야 하는 사람 입장에서도 어려움이 있을 수밖에 없습니다. 뚜렷한 증거가 있으면 신고를 하고, 판단을 하기 편하겠지만 무언가 확실한 증거가 없는 것 같은데 가뜩이나 서로 간에 주장이 다른 상황이라면 더욱더 사실 확정을 하기 어려운 것이지요. 그래서 이 부분은 실제로 직장 내 괴롭힘 심의위원회를 운영하여 괴롭힘 여부를 판단하는 절차를 거치고 있는 회사의 담당자들께서 제게 종종 질문을 하는 사항이기도 합니다. "변호사님, 신고인은 이런 일이 있었다고 하고 피신고인은 절대 아니라고 하는데 이걸 본 사람이나 다른 증거는 따로 없습니다. 이런 때 직장 내 괴롭힘을 인정해도 되나요?"라고요.

그래서 우선, 신고를 하고자 하는 분들께 이러한 조언을 드리고 싶습니다. 이런 말씀을 드리는 게 안타깝기는 하지만 직장 내 괴롭힘 행위를 한 번 겪게 되셨을 때, 곧바로 신고를 하시기보다는 조금만 더 참고 증거를 모아 보시라고요. 대부분의 행위자들이 괴롭힘 행위를 단 1회만 하는 경우는 드물거든요. 분명 지속적이고 반복적으로 행동을 할 수 있기 때문에 한 번 괴롭힘 행위가 있은 이후에는 추후에 발생할 수 있는 괴롭힘 행위에 대한 확실한 증거를 확보하기 위한 준비를 하시라는 것입니다. 물론 24시간 증거를 잡겠다고 준비태세만 하고 있을 수는 없습니다. 하지만 첫 번째 괴롭힘 행위가 발생했던 때와 유사한 상황이 생겼을 때 미리 녹음을 한다거나, 다른 직원들이 이를 목격할 수 있는 상황을 만든다거나 하는 시도를 해 볼 수 있을 것입니다.

또한 이러한 직접적인 증거 확보가 어려운 경우에는 해당 사건이 발생하였을 때 이를 곧바로 업무 수첩이나 작성 일시가 확인될 수 있는 컴퓨터에 그 내용을 구체적으로 기록하여 놓는 것도 아주 좋은 증거가 될 수 있습니다. 이때의 기록은 어떤 상황에서, 행위자가 어떤 언행을 하였으며, 당시 본인의 심정은 어떠하였는지 등을 자세히 기록해 놓을수록 더욱 좋습니다.

이 밖에도 이러한 일이 있었다는 사실을 곧바로 제3자에게 말하거나 문자 메시지, SNS 메시지 등을 통해 알리는 것도 방법입니다. 예컨대 회사 동료에게 "최팀장이 아까 화장실에서 만났을 때 나한테 '그따위로 일할 거면 사표 쓰고 나가라'고 했어. 최팀장 때문에 정말 너무 힘들다."라는 말을 카카오톡 메시지를 통해 보내는 것이지요.

외부 기관에 괴롭힘 발생 사실을 알리는 것도 좋은 방법입니다. 괴롭힘으로 인해 정신적 피해에 시달리고 있음을 의료기관(주로 정신건강의학과 병원이 될 것입니다.)이나 상담기관(상담기관은 심리상담을 전문으로 하는 기관은 물론이고 고용노동부에서 운영하는 직장 내 괴롭힘 상담센터 등 직장 내 괴롭힘을 전문적으로 상담하는 기관도 다수 있으므로 자신의 상황에 맞는 기관을 선택하면 될 것입니다.) 등에 진술하는 것이지요. 이렇게 하면 괴롭힘이 발생했을 당시에 곧바로 신고를 하지 않고, 추후에 행위자의 그간 계속되어 왔던 괴롭힘을 신고하게 됐을 때 그 사실 여부를 해당 기관에서의 진술 등을 증거로 제출함으로써 입증할 수 있게 될 것입니다.

또한 이때 의료기관에 내원하여 정신건강의학과 전문의로부터 진료를 받고 진단서, 소견서 등을 발급받는다면 이러한 자료는 괴롭힘으로 인한 피해 사실의 존재를 입증하는 증거로 쓸 수도 있을 것입니다. 즉 괴롭힘으로 인한 피해라는 것이 사실 주관적이고 추상적일 수 있는 것이어서 이를 객관화시키고 물리적으로 표출해 내는 것이 어려울 수 있는데, 이때 이러한 전문의의 소견은 피해근로자의 정신적 스트레스를 외부적으로 보여 준다는 점에서 유의미한 것입니다. 다만 여기서 한 가지 더 추가하여 말씀드리고 싶은 것은, 요새는 치료를 위해서는 물론이고 이렇게 '병원에 가서 증거를 남겨 두어야겠다!'라는 생각으로 병원을 가시는 분들이 많은데, 단순히 병원에 내원하시는 것을 넘어 실제로 진료를 받으실 때 현재 본인의 정신적 고통과 그에 따라 나타나는 증상들이 직장 내 괴롭힘으로 인한 것임을 구체적으로 진술하셔야 나중에 진짜로 도움이 될 수 있습니다. '요새 회사 생활이 힘들어 회사에 가기가 싫어 너무 우울해요. 잠이 안 와요.' 이런 정도가 아니라 정확히 회사에서 겪었던 괴롭힘 피해 사실을 말씀하시면서 그로 인해 어떠한 정신적 고통과 이상 증세를 보이게 되었는지, 괴롭힘 발생 전후 어떠한 차이가 있었는지를 자세히 말씀하시라는 것입니다. 그래야 나중에 진단서와 소견서를 넘어 전체 의무기록을 발급받았을 때 내원 시마다 이렇게 증상을 호소하였던 내용들이 기재되어 있는 것을 바탕으로 정신적 피해와 직장 내 괴롭힘 사이의 인과관계를 더욱 분명히 인정할 수 있게 되는 것입니다.

이와 관련하여 제가 경험했던 사례 하나를 말씀드리겠습니다. 어느 근로자가 직장 내 괴롭힘을 신고하면서 자신의 정신적 피해를 증명하기 위해 진단명이 우울증으로 되어 있는 정신건강의학과 전문의가 발급한 진단서를 제출한 적이 있었습니다. 그런데 조사를 하는 과정에서 괴롭힘 행위로 인해 이러한 정신적 피해가 발생하였는지 여부가 분명히 확인되지 않았던 것입니다. 진단서에는 환자의 질병과 현재 상태 및 앞으로 어느 정도 어떤 치료가 필요한지만이 기재되어 있었기 때문입니다. 이에 조사자가 신고인에게 해당 사업장에서 근무한 이후 기간 동안 정신건강의학과 진료를 받은 의무기록 일체를 제출해 달라는 요청을 하였습니다. 그러자 신고인이 이에 협조하여 전체 의무기록을 확보할 수 있었는데, 그 내용을 보니 신고인은 오래전부터 즉, 행위자로 지목한 피신고인을 알기 이전부터 우울증 등의 정신질환을 앓아 오며 약물치료를 해 왔던 것입니다. 이에 그때부터의 의무기록 전체를 살펴보니, 신고인은 의사에게 직장 생활에 따른 스트레스도 이를 호소하고 있기는 하나 더 큰 비중과 높은 빈도로 배우자와 자신의 부모님으로부터 받는 스트레스를 언급하고 있는 것이었습니다. 특히 부부관계가 극도로 안 좋아져 이혼에 대한 이야기까지 구체적으로 나오는 상황이었고 이에 따른 우울감 등을 매우 강하게 호소하고 있는 것이었습니다. 결국 이러한 의무기록의 내용을 바탕으로 심의위원회에서는, 신고 내용 중 일부 행위가 직장 내 괴롭힘에 해당한다고 판단하면서도, 신고인이 주장하고 있는 정신적 피해가 오로지 괴롭힘으로 인한 것임을 인정하기 어렵고 신고인의 개인적 사정 등을 바탕으로 피해가 더 악화되었다고 볼 여지가 있으며, 신고인이 주관적으로 느끼는 피해의 정도가 일반적인 경우보다 큰 것으로 보인다는 결론을 내리게 된 것입니다. 신고인이 직장 생활을 하며 정신적 스트레스를 받은 부분이 있어 보이고, 신고인의 우울증, 정신적 고통이 이로 인해 더 가중되었다고 볼 수도 있겠으나, 신고인이 이전부터 가지고 있었던 기저 정신질환과 기질적 성향 등으로 인해 발생한 피해 부분에 대해서는 이를 행위자에게 전부 책임을 묻는다는 것이 부당하다고 본 것입니다. 결국 이 사례의 경우 오히려 진단서를 포함한 의무기록이 신고인에게 부정적인 영향을 끼치게 된 것이었는바, 신고인의 입장이시라면 이제는 단순히 진단서만 있으면 되겠지, 라는 생각이 아닌 더욱 실질적이며 구체적인 입증자료 마련을 통해 추후 직장 내 괴롭힘 입증 시 의무기록이 사용될 수 있도록 준비해야 할 것입니다.

다시 돌아가서, 앞서도 말씀드렸지만, 사실 증거를 확보하기 위해 조금 기다리며 준비를 해 보시라는 조언은 직장 내 괴롭힘을 당하여 고통을 겪은 분께, 고통을 더 참으라는 것 같아 가슴이 아프고 안타깝습니다. 하지만 행위자에 대한 확실한 처분을 위하여 실제로 도움이 될 수 있는 내용이기 때문에 이를 말씀드렸습니다. 특히 우리가 앞서 살펴봤던 직장 내 괴롭힘 해당 여부를 판단하는 삼각형에 '계속성 · 지속성 · 반복성'의

요건은 따로 없었지만[3] 실무에서 판단을 하다 보면, 위 요소가 매우 중요하게 고려됨을 알 수 있습니다. 즉, 수위가 높은 폭언이나 욕설, 험담, 모욕 등의 언행은 이러한 일이 1회만 있어도 적정 수위를 넘은 것이라는 판단을 쉽게 할 수 있지만, 애매한 내용과 수준의 언행에 대해서는 이걸 적정범위를 넘은 걸로 보아야 할지 말아야 할지 고민이 될 수밖에 없는 것입니다. 그런데 이때 아주 심한 것은 아니지만 이러한 부적절한 언행이 지속·반복적으로 이루어졌다면, 이는 피해근로자에게 정신적 고통을 유발한 것으로 볼 가능성이 높아지게 되는 것인바, 신고를 할 때 이러한 점에 착안하여 행위의 '계속성·지속성·반복성'을 보여 줄 수 있는 증거를 확보하는 것이 매우 중요하다고 할 것입니다.

그럼 이제 직장 내 괴롭힘 해당 여부를 판단하는 입장에 있다고 생각해 볼까요. 안타깝게도 신고인이 앞서 제가 조언을 드린 것과 같은 증거는 별도로 확보하지 못한 채 자신이 경험한 일에 대하여 이를 진술한 내용만이 존재하는 상황이라고 해 봅시다. 조사 주체가 주변 팀 등 관련자들을 조사해 보았으나, 이들 역시 신고인이 주장하고 있는 내용을 직접 목격하거나 들은 적은 없다고 합니다. 그럼 증거가 없으니 직장 내 괴롭힘을 인정할 수 없다고 해야 하는 것일까요?

우선 이때 말하는 '증거'라는 것은 형사소송에서 관련 법률에 따라 증거능력을 인정받은 것에 대해서만 한정되는 것이 아닙니다. 지금 우리가 법관으로서 형사재판을 하며 유·무죄 판단을 하고 있는 것이 아니잖아요. 아래 대법원 판결 내용을 한번 살펴볼까요?

---

[3] 이러한 요소는 직장 내 괴롭힘 해당 여부의 판단 요소가 아닌 추후 괴롭힘이 인정되었을 때 행위자에 대한 징계 등의 조치 수위를 결정하는 요소로 사용되는 것입니다.

> **대법원 2018. 4. 12. 선고 2017두74702 판결**
> 성희롱을 사유로 한 징계처분의 당부를 다투는 행정소송에서 징계사유에 대한 증명책임은 그 처분의 적법성을 주장하는 피고에게 있다. 다만 민사소송이나 행정소송에서 사실의 증명은 추호의 의혹도 없어야 한다는 자연과학적 증명이 아니고, 특별한 사정이 없는 한 경험칙에 비추어 모든 증거를 종합적으로 검토하여 볼 때 어떤 사실이 있었다는 점을 시인할 수 있는 고도의 개연성을 증명하는 것이면 충분하다. 민사책임과 형사책임은 지도이념과 증명책임, 증명의 정도 등에서 서로 다른 원리가 적용되므로, 징계사유인 성희롱 관련 형사재판에서 성희롱 행위가 있었다는 점을 합리적 의심을 배제할 정도로 확신하기 어렵다는 이유로 공소사실에 관하여 무죄가 선고되었다고 하여 그러한 사정만으로 행정소송에서 징계사유의 존재를 부정할 것은 아니다.

위와 같은 법리는 직장 내 괴롭힘에 동일하게 적용됩니다. 실제로 대법원은 최근 위와 같은 법리를 적용하여 직장 내 괴롭힘을 신고한 신고인의 주장 내용이 사실이라는 고도의 개연성이 증명되었다고 보아 행위자에 대해 불법행위에 기한 손해배상책임을 인정하였는바, 이 부분 내용을 살펴보면 다음과 같습니다.

> **대법원 2021. 11. 25. 선고 2020다270503 판결**
> 원고 진술 및 피해내용 정리표 기재 내용의 구체성·일관성, 원고가 후원회에 피해사실을 신고하고 수사기관에 피고를 고소한 시점과 경위 및 관련 형사사건에서 진술을 비롯한 피고의 대응을 종합하면, 같은 일시·장소에서의 언어적 성희롱에 관한 원고의 주장도 그 주장 내용이 사실일 고도의 개연성이 증명되었다고 볼 여지가 충분하다.
> 나아가 직장 내 괴롭힘이나 언어적 성희롱에 해당한다고 주장된 피고의 행위는, 고용 관계에서 직장의 상급자인 피고가 그 지위를 이용하여 업무상 적정범위를 넘어 근로자인 원고에게 신체적·정신적 고통을 준 '직장 내 괴롭힘'에 해당하고, 따라서 원고에 대한 민사상 불법행위책임의 원인이 될 수 있다.

보시다시피 일반적으로 객관적 증거라고 생각되는 것들, 즉 괴롭힘 행위를 목격한 제3자의 진술(증인의 진술)이나 녹음 증거 등의 직접적 증거가 없어도, 피해근로자의 진술 그리고 피해 내용을 정리하여 표로 만든 내용, 피해 사실을 신고한 시점과 신고 경위 등을 바탕으로 괴롭힘 사실이 있었음을 인정한 것입니다. 특히 여기서 제가 앞서 신고를 하고자 하는 분들께 준비하시라고 했던 내용이 나오는데요. 피해근로자 입장에서 피해 사실이 발생하였을 당시 그 피해 내용을 잘 기록하여 정리해 놓고 있던 자료(피해 내용 정리표)가 이렇게 실제 사건에서 피해 사실의 존재를 입증하는데 아주 유용한 증거가 되고 있는 것입니다.

결국, 위와 같은 대법원의 입장을 보더라도 신고인의 직장 내 괴롭힘 신고 내용을 사실로 인정하기 위해서는 반드시 직접적인 물적·인적 증거가 존재하여야 하는 것은 아니라고 할 것이며, 피해근로자의 일관된 신빙성 있는 진술 그 자체도 하나의 증거가 될 수 있음은 물론, 그 밖의 여러 정황을 종합하여 사실 여부를 판단할 수 있다고 할 것입니다. 따라서 직장 내 괴롭힘 해당 여부를 판단해야 하는 입장에서 신고인과 피신고인의 진술만이 존재할 때는 '증거가 없으니 인정할 수 없다'라고 쉽게 판단하기보다는 더욱 꼼꼼하게 각 당사자의 진술의 신빙성을 살피고 각 진술에 부합하는 성황이 존새하는지 등을 세심히 살펴볼 필요가 있다고 할 것입니다.

신고가 들어왔다면 이제 정신을 바짝 차리셔야 합니다

이제부터는 회사의 직장 내 괴롭힘 담당자분들께 도움이 되는 이야기를 해 드리겠습니다. 직장 내 괴롭힘 담당자가 있어야 된대서 별생각 없이 일을 맡게 되었는데 처음으로 신고라는 게 들어왔다. 어떻게 하지!? 발등에 불이 떨어진 것입니다. 이제부터는 정신을 바짝 차리셔야 합니다. 담당자분이 어떻게 업무를 처리하느냐에 따라 사업주가 형사처벌을 받거나 과태료를 물을 수도 있는 중대한 사안이 발생한 것입니다. 우선, 처음에 살펴봤던 「근로기준법」 제76조의3 제2항을 떠올려야 합니다. 신고를 접수한 경우 '지체 없이' 사실 확인을 위한 조사를 실시하여야 한다고 규정되어 있지요? 이를 따라야 합니다.

본격적으로 들어가기에 앞서 제가 얼마 전에 겪은 일과 관련하여 주의하실 점을 먼저 말씀드리겠습니다. 서울에 소재한 유명 사립대학에서 한 교수님이 학교에 직장 내 괴롭힘을 당하였다고 신고를 하였습니다. 그랬더니 해당 업무를 담당하는 보직교수님께서 '교수가 이런 신고를 한 게 처음인데, 이런 건 직장 내 괴롭힘이 아니'라며 신고를 반려하는 일이 있었습니다. 그 분은 「근로기준법」 제76조의3 제2항을 모르시는 분이죠. 아주 큰일 날 일을 한 겁니다. 직장 내 괴롭힘 발생 사실을 신고하였음에도 불구하고 이를 접수하는 사람이 임의로 신고를 반려하여 사실 확인을 위한 조사 자체를 개시하지도 않은 것은 법 위반입니다. 하다못해 신고인을 불러 구체적인 내용을 확인하여 어떠한 부분에서 직장 내 괴롭힘이 명백히 아니어서 신고를 접수받을 수 없음을 설명조차 하지 않은 것이죠. 물론 너무나도 명백하고 분명히 직장 내 괴롭힘이 아닌 내부고발이나 감사청구 등을 하는 것이라면 이를 담당 부서에 이관하는 조치 등을 할 수는 있겠으나, 위 사례처럼 담당자의 개인적·주관적 판단으로 함부로 신고를 반려하여 법에서 정한 절차를 이행하지 않는 것은 극도로 위험한 일이므로 담당자분들께서는 이러한 일이 없도록 하여야 할 것입니다.

또한 이러한 경우도 있을 수 있는데요. 직장 내 괴롭힘 신고는 반드시 피해를 입었다고 주장하는 피해근로자만 할 수 있는 것이 아니라 '누구든지' 직장 내 괴롭힘 발생 사실을 알게 된 경우 할 수 있는 것이기 때문에 피해근로자가 아닌 제3자가 익명으로 신고를 할 수도 있습니다. 그런데 이 경우 직접 피해 사실을 경험한 자가 아니어서 구체적인 내용이 없는 신고가 있을 수 있습니다. 저 역시 이 같은 경우의 자문 의뢰를 받은 적이 있었는데요. 회사의 익명 게시판에 A라는 사람에 대한 직장 내 괴롭힘 폭로(신고)글이 게시되자, 그 본문글의 댓글을 통해 B라는 사람 역시 이 같은 괴롭힘 행위를 한 적이 있다는 글이 게시된 것입니다. 이때 회사로서는 과연 이 댓글 역시 직장 내 괴롭힘 신고로 보아야 할지 당황스러울 수밖에 없는 것이지요. 익명 신고가 가능하기에 반드시 신고한 사람이 누구인지 그 신분을 밝혀야 하는 것은 아니지만, 최소한 직장 내 괴롭힘 발생 사실 여부를 확인할 수 있을 정도의 내용은 이를 알려야 회사도 조사 의무를 이행할 수 있겠지요. 그렇지 않다면 온라인 댓글 하나로 대뜸 B라는 사람의 권리와 명예를 침해하는 일이 발생할 수도 있으니까요. 따라서 이러한 경우를 대비하여 담당자분들께서는 행위자, 피해자, 행위자의 행위 등 사실 확인을 위한 조사에 기본적으로 필요한 내용을 포함한 신고서 양식을 사전에 마련하여 두고 조직원들로 하여금 직장 내 괴롭힘 신고 시 해당 양식을 이용하도록 충분한 홍보를 할 필요가 있다고 할 것이고요. 앞서 사례와 같이 익명으로 구체적인 내용 없이 이루어진 신고 건에 대해서는 이러이러한 이유로 사실조사가 어려운 상황이므로 해당 내용을 추가적으로 기재하여 신고를 하여 줄 것을 요청하는 절차를 진행하는 것이 바람직할 것입니다. 즉 담당자 입장에서는 legal risk를 줄이기 위해 법률 조문을 엄격하게 적용하여 업무를 진행하는 것이 바람직하므로, 신고를 하였는데도 회사가 아무런 절차를 이행하지 않았다는 문제 제기가 이루어지는 일이 없도록 더욱 유의하셔서 신고 건을 처리하셔야 할 것입니다.

■ 여기서 잠깐!

회사 내에서 인사부서나 감사부서 소속 등으로 직장 내 괴롭힘 신고를 접수받는 담당자가 아니라고 하더라도 관리자 지위에 계신 분들은 소속 조직원들과의 면담 등을 통해 직장 내 괴롭힘 사실을 인지할 수 있으므로, 이 경우 해당 내용이 법과 사내 절차에 따라 처리될 수 있도록 유의하실 필요가 있습니다. 즉 법에 따라 '누구든지' 직장 내 괴롭힘 발생 사실을 알게 된 경우 그 사실을 사용자에게 신고할 수 있고, '사용자'[4]가 신고를 접수하거나 직장 내 괴롭힘 발생 사실을 '인지'한 경우에는 지체 없

---

[4] 여기서 사용자라 함은 사업주 또는 사업 경영 담당자, 그 밖에 근로자에 관한 사항에 대하여 사업주를 위하여 행위하는 자를 말하는바, '사업 경영 담당자'란 사업경영 일반에 관하여 책임을 지는 자로서 사업주로부터 사업경영의 전부 또는 일부에 대하여 포괄적인 위임을 받고 대외적으로 사업을 대표하거나 대리하는 사람을 말하며, '기타 근로자에 대한 사항에 대하여 사업주를 위하여 행위하는 자'는 '근로자의 인사, 급여, 후생, 노무관리 등 근로조건의 결정 또는 업무상의 명령이나 지

이 조사를 실시하여야 하는 것인바, 반드시 직장 내 괴롭힘을 당한 피해근로자가 담당자에게만 신고를 해야 적법한 신고로 인정이 되는 것이 아니라는 것을 알아 두셔야 합니다. 그렇기에 만약 관리자로서 소속 직원과 면담을 하는 과정에서 직장 내 괴롭힘 발생 사실을 알게 되었음에도 불구하고 '나는 담당자가 아니니까, 나에게 정확히 신고를 한 것은 아니니까' 하는 생각으로 그냥 넘어갔다가는, 괴롭힘 발생 사실을 인지하고도 이를 묵인 또는 은폐하였다는 혐의를 제기 받을 위험이 있으므로, 특별히 관리자 지위에 계신 분들께서는 자신이 정확히 사용자에 해당하는지 아닌지를 떠나, 조직원들과 면담 등을 하는 과정에서 직장 내 괴롭힘 발생 사실을 인지하게 되면 이를 곧바로 회사에 보고하여 정식 절차를 거치도록 하는 것이 바람직할 것입니다.

자, 다시 하던 이야기로 돌아와서 직장 내 괴롭힘 신고가 접수된 상황입니다. 법에 따라 지체 없이 사실 확인을 위한 조사를 실시하여야 한다고 했지요. 그럼 과연 이 조사는 어떻게 실시해야 할까요? 회사들 중에는 이러한 조사를 감사부서, 법무부서, 인사부서에서 담당하는 경우가 많은데요. 조사의 주체(조사위원회 구성 여부 등 포함)나 구체적인 조사 방식과 절차 등에 대해서는 특별히 그 내용을 법에서 강제하고 있는 것이 아니기에 각 회사에서는 이를 자율적인 내용으로 정하고 있으며, 비교적 규모가 큰 회사에서는 이러한 내용을 구체적으로 정하여 취업규칙에서 정하고 있기도 합니다.

휘·감독을 하는 등의 사항에 대하여 사업주로부터 일정한 권한과 책임을 부여받은 자'를 의미합니다. 따라서 대표이사, 등기이사, 지배인 등은 물론이고 자신의 책임 아래 근로자를 채용, 해고 등 인사 처분 할 수 있고, 직무상 근로자의 업무를 지휘·감독하며 근로조건에 관한 사항을 결정하고 집행할 수 있는 자는 모두 사용자에 포함되며, 인사팀장, 공장장 등의 직위에 있는 자도 이에 해당한다고 볼 가능성이 높습니다. 이처럼 사용자는 단순히 형식적인 직위나 직급이 아니라 구체적인 직무내용에 따라 근로자에 관한 사항에 대하여 사업주를 위해 행위하는지에 따라 그 해당 여부가 결정될 수 있으므로, 일단 관리자의 지위에 계신 분들께서는 대표이사나 사장 단 1명만이 법에서 말하는 사용자가 아님을 항상 인식하시고 더욱 직장 내 괴롭힘에 관한 민감한 인식과 책임 의식을 갖고 계셔야 할 것입니다.

결국, 구체적인 조사의 방법에 대해서는 각 회사의 사정에 맞게 정하면 될 것인데, 회사들로서는 직장 내 괴롭힘이라는 새로운 노동법적 제도가 법률에 의해 도입된 경우이므로 고용노동부의 입장을 자연스럽게 따를 수밖에 없게 되겠지요. 그래서 많은 회사들이 고용노동부가 발간한 '직장 내 괴롭힘 판단 및 예방·대응 매뉴얼'에 따라 사건 처리 체계를 수립하여 실제로 조사를 실시하고 있는데요. 이에 우선 위 매뉴얼에서 기술하고 있는 조사의 절차와 체계를 먼저 간략히 살펴본 후 관련한 내용을 말씀드리도록 하겠습니다.

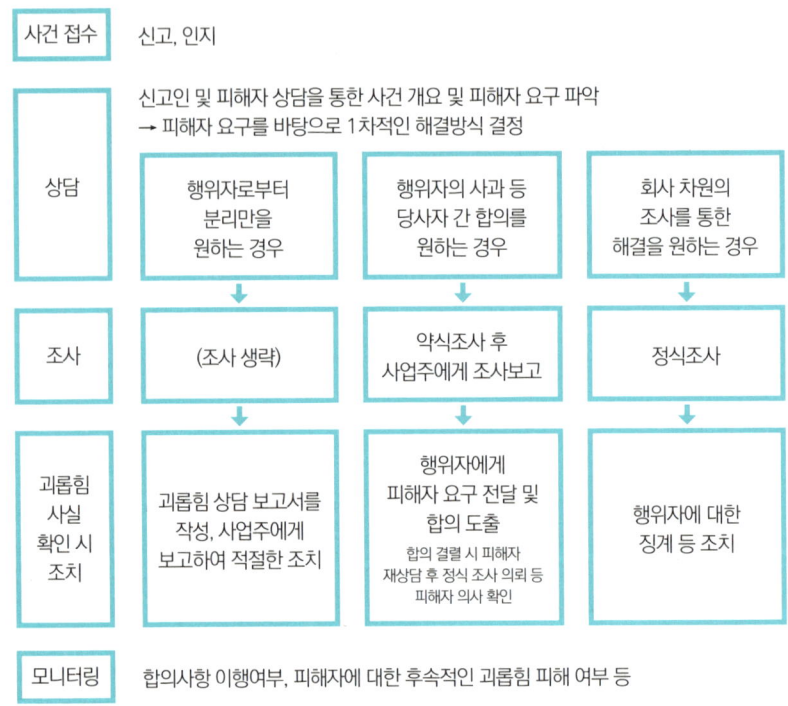

〈고용노동부 매뉴얼, 직장 내 괴롭힘 사건 처리 체계〉

위 그림에서 확인할 수 있듯이 매뉴얼에서는 사건이 접수되면 우선 신고인 측을 상담하여 그 요구사항을 바탕으로 해결 방식을 결정하는데 이때, 그 방식으로 조사를 생략하거나, 약식 조사 또는 정식 조사를 실시하는 것으로 구분하고 있습니다. 그러면서 매뉴얼은, 위와 같은 절차를 생각해 볼 수 있으며, 구체적으로 위와 같은 절차를 수행할 담당 기구를 어떻게 구성할 것인지는 사업장의 규모, 특성에 맞게 결정할 수 있고, 이때 정식 조사 절차의 경우 공정성과 전문성 등을 고려할 때 조사위원회 구성이나 외부 기관 위탁을 고려해 볼 수 있다고 하였습니다.

그런데, 일선 회사 입장에서, 위 매뉴얼의 조사 절차를 그대로 따를 것인지는 한번 심각하게 고민해 보셔야 할 것입니다. 우선 위 매뉴얼은 2020년 12월에 발간된 것인데요, 근로기준법이 2021. 4. 13. 일부 개정되면서 법 제76조의3 제2항에 신고 접수 사건에 대한 사용자의 '지체 없는 객관적 조사 의무'가 명시적으로 규정되었고, 이러한 조사 의무를 이행하지 않는 경우 500만원 이하의 과태료까지 부과되는 제재 규정이 마련되기에 이른 것입니다. 따라서 위 매뉴얼은 객관적 조사 의무를 강화하는 것을 내용으로 하는 법률 개정 전에 발간된 것일 뿐만 아니라, 그 내용상으로 보더라도 신고인이 신고를 접수하였으나 행위자로부터 분리만을 원한다고 하여 아예 조사를 생략한 채, 즉 조사 없이 행위자를 신고인으로부터 분리시키는 조치를 한다거나, 당사자들이 합의를 원한다고 하여 약식 조사만을 하는 것은, 오히려 행위자로부터 객관적 조사도 거치지 아니한 채 자신을 분리 조치하는 부당한 불이익 처분을 하였다는 문제 제기를 받는다거나, 조사를 아예 하지 않거나 약식 조사를 실시함으로써 객관적 조사 의무를 다하지 아니하였다는 판단을 받을 위험이 있는 것입니다[5].

또한 합의를 원한다고 하여 약식 조사만을 하였다가 나중에 합의가 결렬되었을 때, 그때 정식 조사를 한다는 것인데 그럼 이전의 약식 조사를 과연 객관적 조사 의무를 이행한 것으로 볼 것인지, 그제야 정식 조사가 이루어지게 되었으므로 이는 지체 없는 조사 의무를 이행한 것이라고 볼 수 없는 것은 아닌지 심각한 의문이 들면서 법 위반 혐의가 제기될 수 있는 것입니다.

다른 한 가지 위험은, 매뉴얼에 따르면 당사자들 간 합의가 이루어지는 경우를 전제로 조사를 생략하거나 약식 조사를 한다는 것인데, 이 과정에서 당사자 및 관련자들에 대한 객관적이고 구체적인 조사 없이 합의로 사건을 종료하는 것에 목적을 두게 되는 경우, 사실을 명백히 밝혀 그에 따른 적절한 조치가 이루어지지 않음으로써 추후에 오히려 회사가 '회사 내부에서 일을 크게 벌이고 싶지 아니하여 쉬쉬했다. 사건을 은폐했다'라는 지적을 받게 될 위험이 생길 수도 있다는 것입니다.

또한 실무에서는 어떤 일이 발생할 수 있냐면, 실제로 직장 내 괴롭힘이 있었는데 당사자 간 합의로 종결하여 사건을 마무리하고 행위자에 대하여 징계 조치 등을 하지 않은 경우, 나중에 해당 행위자가 또다시 유사한 비위행위를 하여 징계를 할 때, 회사 입장에서는 과거의 사례까지 고려하여 반복하여 비위를 범하였음을 이유로 중징계를 하였으나, 징계처분을 받은 자는 '과거 일은 합의로 원만히 처리되었고 나는 그런 비위행위를 한 적이 없었는데 일이 커지는 것이 싫어 그냥 합의를 한 것이다'라

---

[5] 매뉴얼의 내용이 법률에서 규정하고 있는 조사 의무에 우선하는 효력이 있다고 할 수 없음은 당연합니다. 즉 나중에 법 위반 여부를 판단 받게 되는 시점이 왔을 때, '매뉴얼에 따랐을 뿐인데요.'라고 주장하는 것은 법 위반 여부를 결정함에 있어 아무런 영향을 미치지 못할 수 있는 것입니다.

고 주장하는 일이 발생하고 이때 회사 입장에서는 실제로 자세한 조사를 실시한 바가 없어 이러한 주장에 적극적으로 대응하지 못하고 할 말이 없게 되는 상황이 생기는 것입니다.

따라서 이러한 여러 법상·실무상 위험을 고려하였을 때, 추후 법적 분쟁이 발생하게 될 경우 회사가 법상 조사 의무를 이행하였다고 확실히 판단받기 위해서는, 회사로서는 직장 내 괴롭힘 신고가 있는 경우, 신고인인 피해근로자의 입장과 요구사항은 이를 정확히 파악하는 절차를 거치되, 이러한 피해근로자의 요청에만 근거하여 조사 여부 및 조사의 방식(약식으로 할지 정식으로 할지)을 결정할 것이 아니라, 법률 규정의 내용을 충실히 따른다는 목적에서 지체 없이 사실 확인을 위한 당사자 및 관련자 조사, 증거수집 등의 광범위하고 충분한 조사를 객관적으로, 철저히 실시하는 것이 바람직하다고 할 것입니다.

객관적 조사를 신속히 실시할 수 있도록 만반의 준비를 하세요

그럼 도대체 법에서 규정하고 있는 "지체 없는 객관적 조사"라 함은 어떤 조사를 말하는 것일까요? 우선 "지체 없는"이라 함은 신속성을 의미하는 것으로, 합리적인 이유 없이 신고 접수 후에 조사를 실시하지 아니한 채 상당한 시간을 지연하는 일이 없어야 함을 그 취지로 말하는 것입니다. 그래서 법에서 기간을 특정하여 명시하지는 않았지만 일반적 통념에 따라 신속한 조사를 실시하면 그 의무를 이행한 것으로 볼 수 있을 것입니다.

이때 회사에 따라 취업규칙에 신고를 접수받은 후 며칠 안에 조사를 개시하여 며칠 내로 조사를 완료하여야 한다는 내용의 규정을 두는 곳이 있기도 한데요, 물론 이러한 규정을 두어 보다 철저한 사건 처리를 도모하겠다는 취지는 좋지만, 기간을 특정하여 규정하였다가 사안에 따라 조사를 개시하기까지 좀 더 시간이 필요한 경우가 발생하면 이때는 유연한 절차 진행이 어려울 수 있는 소지가 있는 만큼, 만약 기간을 규정해 놓는 경우라면 정당한 사유가 있는 경우 기간을 연장할 수 있도록 하는 등의 방법을 고려해 보는 것이 바람직할 것입니다.

예를 들어 이런 경우인데요, 취업규칙에 신고 접수 후 일주일 안에 조사를 개시한다고 규정해 놓은 회사가 있었습니다. 그런데 접수된 사안이 너무 복잡하고 신고 내용이 수년에 걸친 행위자들의 여러 행위들을 포함하고 있어 조사를 해야 할 당사자와 관련자들도 수십 명에 이르렀던 것이지요. 그래서 해당 회사는 원래 조사를 감사실에서 담당해 왔는데 도저히 내부적으로 조사를 하는 것이 불가능하다고 판단하여 외부 전문 인력에게 조사를 위탁하기로 결정을 한 것이었습니다. 그래서 그때부터 변호사 등 조사를 담당할 외부 업체(인력)를 검색해서 접촉하기 시작한 것이죠. 그런데 그 와중에 노동조합 측에서 이런 소식을 듣더니 "왜 조사를 담당할 외부 업체를 회사에서 일방적으로 정하냐! 우리도 업체를 추천하겠다." 이렇게 나오며 시간이 점차 흐르게 됐고, 그 사이 신고인은 취업규칙에 일주일 안에 조사를 개시하기로 되어 있는데 왜 아직까지 조사를 개시 안하냐면서 또 회사에 항의를 하고 아주 난리가 아닌 상황이 된 것이지요. 여러분 실무상 어려움이 바로 이런 것이랍니다!

　조사를 담당할 외부 인력을 섭외하고 계약을 체결하고 하는데 물리적으로 시간이 걸릴 수밖에 없는 것은 당연할 것입니다. 업무를 해 보신 분들은 아시겠지만 담당 부서는 나름의 절차가 있고 고충이 있겠지요. 계약이 어디 쉽게 되나요. 규정상 비교 견적도 받아야 할 수 있고, 회계부서와도 이야기되어야 하고, 이러다 보면 시간 지나는 것은 순식간인 것입니다. 그럼 이러한 경우에 대해서까지 취업규칙상 절차 규정을 위반한 것이고 법상 지체 없는 조사 의무를 위반한 것으로 보아야 할까요? 그건 아닐 것입니다. 하지만 설령 위와 같은 사정이 있어 지체 없는 조사 의무 위반에는 해당하지 않는 것으로 본다고 하더라도 담당자 입장에서는 최대한 조사가 신속하게 개시될 수 있도록 노력해야 하는 것은 당연합니다.

　따라서 이러한 경우를 염두에 두고 유연한 규정을 마련할 필요가 있다고 할 것이고요, 이러한 일들이 실제로 발생하게 된다는 경험하에 제가 많은 회사들에 조언을 드리는 내용은, 일단 조사를 회사 내부에서 실시하는 경우가 아닌 외부에 위탁하여 실시하는 경우를 예정에 두고, 이러한 조사를 담당할 인력 풀(pool)을 미리 구성해 놓고 계시라는 것입니다. 이하에서 다시 말씀드리겠지만 신고 접수 사건에 대하여 사실 확인을 위한 조사를 할 때 이를 회사 내부에서 자체적으로 진행하실 수도 있겠지만, 조사의 객관성을 더욱 높이기 위한 목적에서 외부에 위탁하여 전문가를 통해 조사를 하실 수도 있는데, 이때 만약 신고 접수가 이루어지고 난 이후에서야 사건을 대략 파악해 보니 너무 복잡하고 중대해서 외부 전문가에게 위탁하는 것이 좋겠다고 판단하여 그때부터 조사를 담당할 인력을 찾다 보면 시간이 더 지체될 수 있으므로 사전에 미리 어떤 경우에는 조사를 외부에 위탁하는 것으로 한다고 정해 놓고, 그 조사 업무를 수행할 외부 인력에 대해 인력(업체) pool을 가지고 있다가 사건이 접수되면 곧바로 해당 외부 인력을 통해 조사가 개시될 수 있도록 함으로써 법에서 규정한 지체 없는 조사 의무를 이행할 수 있도록 하는 것입니다.

▎여기서 잠깐!

앞서 고용노동부 매뉴얼에서는 '정식 조사를 할 때 절차의 공정성과 전문성 등을 고려하여 조사위원회 구성이나 외부 기관 위탁을 고려해 볼 수 있다.'라고 하였는데요, 외부 기관 위탁은 지금 제가 말씀드린 방법이고, 조사위원회 구성의 경우 실제로는 좀 어려움이 있을 수 있습니다. 위원회라 함은 다수가 논의 또는 심의를 하는 합의체로 운영되는 경우가 대부분인데, 사실 확인을 위한 조사를 실시하려면 당사자와 관련자들을 대면해서 질의응답을 해 나가는 것이 기본이거든요. 근데 이걸 여러 명이 모인 위원회에서 하다 보면 다수의 위원들이 서로 돌아가면서 질문을 하는 형태가 되어 버려 심도 깊은 사실관계 파악이 어렵고 조사 대상자들에 대한 통일적이고 일률적인 조사 방법의 유지도 어려워 원활히 진행되기 힘들다는 것이지요. 그래서 조사의 경우 딱 조사 담당자를 정해서 그 책임하에 정확한 사실조사가 이루어질 수 있도록 하는 것이 더욱 바람직할 것입니다.

다음으로, 매우 중요한 내용이 나오는데요, 과연 어떠한 경우를 '객관적'인 조사를 이행한 것으로 볼 것인지입니다. 신고인과 피신고인 모두 신고 사건에 대해 어떻게 조사가 진행될지 정말 초미의 관심사가 되겠지요. 나에게 불리한 조사가 이루어지게 되는 것은 아닌지 당사자들 모두 걱정과 우려가 될 수 있을 것입니다. 특히 신고인의 경우 회사 내 지위나 관계에 있어 우위에 있는 행위자를 신고하는 것인 만큼 혹여나 회사가 나보다 직급이 높은 피신고인의 말만 들어 주는 것은 아닌지, 직장 내 괴롭힘이 발생한 회사라고 하면 회사의 이미지가 실추될까 두려워 회사가 괴롭힘 사실을 일부러 인정하지 않는 일이 발생하지는 않을지, 그 조사의 공정성과 중립성 여부에 매우 민감하게 반응할 수 있을 것입니다. 따라서 회사는 당사자가(즉 비단 신고인뿐만 아니라 피신고인도 마찬가지입니다.) 조사 과정과 조사 결과를 신뢰하고 수용할 수 있도록 하여야 하며, 당사자는 물론 관련자와 그 밖에 전체 직원들 모두가 회사에서 실시하는 조사가 공정하고 전문적으로 진행된다는 신뢰를 형성할 수 있도록 조사를 실시하여야 할 것인바, 이때 가장 중요한 것이 바로 조사자의 중립성과 공정성 및 전문직 역량이라 할 수 있는 것입니다.

이에 조사를 감사부서, 법무부서, 인사부서에서 수행하는 경우 조사를 직접 담당할 직원들은 사전에 조사 관련 업무 역량을 높이는 훈련을 충분히 하도록 하며, 체계적이고 공정한 조사가 진행될 수 있도록 사전에 조사할 내용을 미리 준비하고, 나아가 조사를 수행하는 과정에서는 조사대상자들에 대해 편견이나 선입견 없는 객관적이고 중립적인 태도로 사실 여부를 꼼꼼히 확인하는 업무처리를 하여야 할 것입니다.

하지만 사건이 복잡하거나 다수의 당사자 및 관련자들이 존재하는 경우, 내부 직원으로서는 업무 수행에 한계가 있을 수 있으며, 또한 조사대상자들과 직·간접적으로 관계가 있을 수도 있고, 무엇보다 외부의 제3자가 사건을 바라보고 조사하는 것에 비해 객관성이 떨어질 수 있는 것이 사실이라고 할 것인바, 이러한 경우에는 고용노동부도 권유하고 있는 것과 같이 외부 전문가를 통한 조사를 실시하여 조사의 객관성을 담보하도록 하는 것이 필요하다고 할 것입니다. 특히나 행위자로 지목된 자가 대표이사나 임원 등 조사를 담당하는 내부 직원보다 높은 직급에 있다거나 하는 경우에는 필히 외부 기관에 조사를 위탁하여 이를 수행하도록 하는 것이 추후 조사의 객관성 여부를 둘러싸고 분쟁이 발생하거나 고용노동부의 판단을 받아야 할 때 회사의 법 위반 위험을 줄일 수 있는 매우 유용한 요소가 될 것입니다.

결론적으로, 객관적 조사 의무라는 것이 반드시 외부 위탁을 통한 조사를 의미하는 것은 아닙니다. 즉 객관적 조사 의무를 이행한 것이 되기 위해서는 무조건 회사 자체적으로 조사를 실시하면 안 되고 외부 전문가에게 맡겨야 한다는 뜻은 아니라는 것입니다. 당연히 회사는 자체적으로 조사를 할 수 있습니다. 실제로 조사는 회사 자체적으로 하되 조사한 내용을 바탕으로 직장 내 괴롭힘에 해당하는지 여부를 판단할 때 외부 전문가가 참여한 심의위원회를 구성하여 진행하는 회사들도 다수 있습니다. 하지만 회사 입장에서는 항상 legal risk의 발생을 차단하고 관리해야 하는 것입니다. 문제는 항상 누군가 문제를 삼으면 발생합니다. 회사에서 자체적으로 조사를 실시한 것이 아니라 외부 업체(인력)를 통해 전문가가 조사를 실시하였다면 나중에 당사자 중 어느 일방이 조사 결과에 불만을 갖고 사용자가 객관적 조사 의무를 위반하였다는 주장을 하였을 때, 회사 입장에서는 외부 위탁 조사 절차를 거침으로써 조사의 객관성과 공정성을 담보하였음을 강력히 주장할 수 있게 되는 것입니다. 불만을 가진 당사자가 고용노동부에 진정을 넣어 '객관적 조사 의무 위반'의 법 위반 혐의를 조사받게 되는 상황이 닥쳤다고 생각해 보십시오. 무엇으로 객관적 조사가 이루어졌음을 입증할 수 있을까요? 생각처럼 쉽지 않을 것입니다. 이때 탄탄한 근거를 바탕으로 상대방의 주장을 이유 없는 것으로 판단할 수 있게 만들어 주는 것이 바로 외부 위탁 조사의 장점이라고 할 것입니다.

자체적으로 조사하신다면 최소한 이것만은 지켜 주세요

회사에서 자체적으로 조사를 실시하는 경우 근로기준법에 따른 객관적 조사가 이루어질 수 있도록 최대한의 노력을 기울여야 할 것입니다. 이에 본격적으로 조사에 돌입하기 전에 사건의 개요와 당사자 및 관련자들의 관계, 조직의 구성과 특징 등을 미리 파악하고, 조사 대상자, 조사 범위, 조사 방법과 조사 일정 등 조사 계획을 수립하여 체계적인 조사가 이루어질 수 있도록 하여야 할 것입니다.

특히 조사의 핵심은 피해근로자와 행위자를 직접 조사하여 구체적이고 정확한 진술을 확보하는 데 있습니다. 이에 피해근로자와 행위자에 대하여는 부득이한 사정이 없는 이상 대면 조사를 원칙으로 하고, 당사자 외에 참고인이 될 수 있는 관련자들에 대한 조사 역시 가급적 대면 조사를 하는 것이 바람직할 것입니다.

대면 조사를 진행하는 경우에는 조사의 공정성 등을 확보하기 위해 2인 이상의 조사자를 참여시키는 것이 바람직하며 조사 과정은 조사 대상자들의 동의를 얻어 녹음을 하는 것이 좋습니다.

조사의 순서는 피해근로자→참고인→행위자 순으로 진행하는 것이 적절한바, 피해근로자의 주장 내용을 파악하고 이에 부합하는 참고인의 진술이 있는지를 확인한 후 최종적으로 행위자의 진술을 확보하여 추후 신고 내용의 사실 여부를 판단할 수 있게끔 하는 것입니다. 그러나 이러한 순서는 고정적인 것은 아니며 경우에 따라 피해근로자를 조사 후 행위자를 조사하고 이후 참고인들에 대한 조사를 실시할 수도 있습니다. 다만 신고 내용을 정확히 파악하고 행위자와 참고인들에 대한 질의 사항을 준비하여 원활한 조사가 이루어질 수 있도록 하기 위해서 피해근로자에 대한 조사를 가장 먼저 하는 것은 매우 중요하다고 할 것이므로 이 순서는 변경하지 않는 것이 좋습니다. 또한 한 차례 조사를 실시하였을 때 피해근로자와 행위자의 진술 내용이 서로 상이하여 사실확인을 위한 추가적인 조사가 필요한 경우가 발생할 수 있기 때문에 처음 조사를 실시할 때 조사 대상자들에게 이러한 추가 조사 가능성을 사전에 고지하고 필요 시 추가 조사를 진행할 수 있을 것입니다.

조사 대상자들에 대한 조사는 사전에 질의 사항을 준비하여 이를 묻고 답변을 받는 방식이 일반적입니다. 사전에 질의 사항을 철저히 준비하는 것이 중요하나, 실제 질의응답이 이루어지는 과정에서는 예상치 못한 내용이 나올 수도 있고, 이에 따라 사전에 준비하지 아니한 질문들도 얼마든지 해야 할 상황이 발생할 수 있으므로 너무 준비된 질문에만 매몰되기보다는 그때그때 조사 대상자의 답변에 따라 유연하게 진행할 필요도 있습니다. 그리고 앞서 언급한 바와 같이 가장 먼저 피해근로자를 조사한 이후 참고인과 행위자에 대한 조사를 실시하게 되므로 참고인과 행위자에 대한 질의 사항을 준비할 때는 피해근로자의 진술을 바탕으로 그 진술의 사실 여부를 확인할 수 있는 내용을 포함시켜야 할 것입니다.

묻는 만큼 대답이 나온다고 할 수 있을 정도로 질의 사항을 준비하는 것은 매우 중요한 작업입니다. 제가 직장 내 괴롭힘 심의위원회에 참석하여 회사에서 자체적으로 조사한 내용들을 검토하다 보면 조사자가 왜 이런 질문을 하지 않았을까 답답함을 느끼는 경우도 종종 발생하곤 합니다. 조사자가 조사 업무와 관련하여 책임감을 가지고 전문성을 길러야 할 이유입니다. 제가 어떤 회사의 조사 과정을 보고 굉장히 충격을 받은 일이 있었는데, 그 회사는 감사부서에서 직접 조사를 실시하는 경우였습니다. 그런데 당사자들에 대한 조사를, 피해근로자에게는 백지를 주며 '당신이 주장하는 내용을 쓰시오.'라고 하고, 행위자에 대해서는 피해근로자가 쓴 내용을 A4상단에 기재한 후 '이에 대한 본인의 주장을 쓰시오.'라고 하여 그 내용을 받은 것이 전부인 형태로 한 것이었습니다. 우리나라에서 모르는 사람이 없는 대형 은행에서 이 같은 방식으로 직장 내 괴롭힘 조사가 이루어졌다니 정말 충격이 아닐 수 없었습니다. 이건 조사라고 할 수 없는 정도지요. 아무리 조사 방법이 법령에 정해져 있지 않다고 하더라도 사전에 준비된 질의 사항을 바탕으로 사실 여부를 보다 꼼꼼히, 철저히 확인하는 대면 조사가 이루어져야 할 것입니다.

한 번도 질의 사항을 작성해 본 적이 없다, 도저히 조사를 어떻게 해야 될지 모르겠다 싶으면 아래 사항들을 확인한다는 마음으로 조사 과정에 임하시면 됩니다.

▮ Must Check 조사 사항

▶ 사건의 경위와 구체적인 주장 내용
 - 참고인들을 통한 당사자 주장의 사실 여부 확인

▶ 피해근로자, 행위자의 인적 사항(기본 인적 사항은 물론 직급, 직무 내용, 입사 및 승진 시기 등) 및 당사자 관계, 소속 조직의 구성
 - 특히 행위자의 우위성 여부 반드시 확인

- ▶ 괴롭힘 행위의 반복성 또는 지속성, 고의성 여부
- ▶ 행위로 인한 피해근로자의 피해의 정도 및 이를 확인할 수 있는 사항
- ▶ 피해근로자의 요청 사항
- ▶ 괴롭힘 인정 후 행위자 조치에 관한 피해근로자의 의견
- ▶ 행위 사실의 존재 또는 부존재를 입증할 수 있는 직접증거 및 간접증거와 정황증거 등에 대한 자료(목격자 사실확인서, 이메일, 대화 또는 통화 녹음 및 녹취록, 휴대폰 메시지, 일기, 진단서, 상담 기록 등) 제출 요구 및 검증

즉 위와 같은 내용을 확인한다는 목적에서 차근차근 질의 사항들을 준비하다 보면 꼬리에 꼬리를 물고 자연스럽게 질의 사항이 마련되며 사실 여부 확인을 위한 조사가 진행될 수 있을 것입니다.

그리고 앞서 당사자들에 대한 대면 조사가 조사의 핵심이라고 말씀드렸는데, 참고인에 대한 조사 역시 이를 소홀히 하면 안 될 것입니다. 조사 대상자로서의 참고인은 반드시 신고 내용과 관련하여 이를 목격하였다거나, 들은 사실이 있는 소위 사건의 직접 증인인 경우만 포함되는 것은 아닙니다. 업무상 적정범위를 초과한 행위인지, 문제된 행위가 실질적으로 업무상 필요성이 인정되는 행위였는지, 행위자의 행위로 인해 근무 분위기가 저하되는 일이 발생하였는지, 신고 내용이 평소 행위자가 모든 사람들에게 동일하게 하는 행위인지 아니면 피해근로자에 대해서만 한 것이었는지 등 피해근로자 또는 행위자의 직무 내용과, 평소 언행 및 소행, 해당 부서 업무의 특성이나 분위기 등을 잘 알고 있어 이를 바탕으로 신고 내용의 사실 여부 확인에 도움이 되는 임직원들이라면 누구든 참고인이 될 수 있는 것이고, 이러한 참고인에 대한 조사는 필요성이 높게 인정될 것입니다. 하지만 그렇다고 하여 무작정 여러 명의 참고

인을 조사하게 되면 자칫 조사의 핵심을 벗어나게 되고 조사에 장시간이 소요되는 문제가 발생할 수도 있을 것인바, 불필요하게 참고인의 범위를 확장시키지 않으면서 꼭 필요한 참고인을 적절히 선정하여 조사를 실시하는 조사자의 능력이 요구된다고 할 것입니다.

▌여기서 잠깐!

참고인을 조사하는 과정에서 참고인이 자신 또는 신고를 한 피해근로자 외에 다른 근로자도 행위자로부터 직장 내 괴롭힘을 당한 사실이 있다는 내용을 진술하는 경우가 발생할 수 있습니다. 이때는 우선 당초에 신고된 사건에 대해 참고인으로서의 조사는 예정대로 진행하되, 해당 진술이 행위자에 대한 또 다른 직장 내 괴롭힘 발생 사실을 신고하는 취지인지를 분명히 확인하여야 할 것입니다[6]. 이에 신고하는 취지라고 하는 경우 별개 사건으로 사건을 접수하되 당초 사건과의 병합 조사 및 처리를 희망하는 경우 그 의사에 따라 절차를 진행할 수 있습니다.

---

[6] 참고인이 자신도 피해를 입었다고 하는 경우 그 자리에서 곧바로 신고 의사를 확인해 볼 수 있을 것이며, 참고인이 자신과 당초 신고를 한 피해근로자가 아닌 다른 근로자를 피해자로 지목하는 경우에는 해당 근로자에 대한 조사를 실시하여 그 과정에서 신고 의사를 확인하면 될 것입니다. 그리고 이때 해당 근로자에 대하여는 신고 의사를 확인하는 목적 외에도 구체적인 피해 사실을 조사하여 행위자의 괴롭힘 행위에 대한 반복성, 의도성 여부를 판단하는 자료로 삼을 필요가 있습니다. 즉 참고인이 행위자에 의한 다른 피해자를 언급하는 경우에는 이를 가볍게 지나치지 말고 반드시 사실 여부를 확인하는 절차를 거치는 것이 바람직합니다.

조사보고서 작성 시에도
객관성을 유지해 주세요

위와 같이 조사를 실시하였다면 이제 그 내용을 담은 조사보고서를 작성하여야 합니다. 조사보고서는 사업주에게 보고하여야 하며, 회사에서 직장 내 괴롭힘 여부를 판단하고 그에 따른 조치를 결정하는 기구(직장 내 괴롭힘 심의위원회, 인사위원회 등)가 별도로 존재하는 경우, 해당 기구에도 제출이 되어 판단을 위한 자료로 사용되는 것인 만큼 그 중요성은 당연히 높다고 할 것입니다. 조사자는 제출된 조사보고서만으로도 이를 읽는 사람으로 하여금 직장 내 괴롭힘 행위의 사실관계, 직장 내 괴롭힘 해당 여부 판단이 가능하도록 그 내용을 작성하여야 할 것이므로, 이를 위하여 사건 경위와 내용에 문제된 행위를 최대한 자세히 기술하여야 할 것입니다.

한편, 조사를 담당한 자로서 조사 결과에 따른 조사자의 의견을 기재하는 것은 조사보고서에 필요한 내용이라고 할 것이나 이때도 조사자가 유의해야 할 점이 있습니다. 조사를 하는 과정에서 피해근로자와 행위자의 진술이 서로 배치되는 경우가 더 많을 것입니다. 따라서 이때 조사보고서에는 각 당사자의 주장과 진술 내용을 분명히 적시할 필요가 있습니다. 조사자가 임의로 조사를 해 본 결과 어느 일방의 진술은 신빙성이 없다고 판단하여 조사보고서 자체에 당사자 일방의 진술만을 과도하게 기재하거나 어느 일방의 주장이 맞다는 전제하에 의도적으로 진술 내용을 구성하여 보고서를 작성해서는 안 된다는 것입니다. 즉 각 당사자가 어떤 진술을 하였는지, 그래서 당사자들 사이 주장이 일치되는 내용은 무엇이며 대립하는 내용은 무엇인지, 명백히 사실로 인정되는 부분은 무엇이며 확인이 어려운 부분은 무엇인지 그 내용을 정확하게 밝히고, 이에 대해 참고인들은 또 어떻게 진술하였는지 등을 사실 그대로 기재해 주어야 하는 것입니다. 그래야 이러한 조사 내용을 바탕으로 최종적으로 직장 내 괴롭힘 해당 여부를 판단하는 판단 주체가 올바른 판단을 할 수 있을 것입니다.

조사를 직접 담당한 사람이 사건을 누구보다 잘 알 것이기에 조사자의 의견이 중요한 것은 맞습니다. 하지만 또 다른 측면에서 조사자의 개인적·주관적 견해에 의해 직장 내 괴롭힘 해당 여부 판단이 무조건적으로 좌우되어서는 안 될 것입니다. 판단을 하는 사람들도 조사자의 의견에 반드시 구속될 것이 아니라 조사에 부족한 점은 없었는지, 더 확인해야 할 내용은 없는지도 이를 살펴보고, 조사된 내용을 바탕으로 할 때, 조사자와 같은 결론에 이르게 되는지 아니면 다른 판단을 하는 것이 더 맞다고 생각하는지를 진지하게 고민해야 할 것입니다.

결국 조사보고서의 가장 중요한 역할은 어디까지나 사실 확인에 있다고 할 것이므로 당사자와 참고인을 조사한 내용, 또한 이때 확보된 직접증거나 정황증거가 있다면 그 내용을 설명하고 첨부하여 조사보고서를 통해 사실관계를 확정하고 그에 따라 직장 내 괴롭힘 해당 여부 판단을 원활히 할 수 있도록 해야 할 것입니다.

끝으로, 조사보고서에는 직장 내 괴롭힘이 인정되는 경우 행위자에 대하여 어떠한 조치를 희망하는지에 대한 피해근로자의 의견을 들은 내용을 기재하도록 하여 향후 회사가 행위자에 대한 적절한 조치 및 징계 등을 하는데 있어 이를 참고하도록 해야 할 것입니다.

▌여기서 잠깐!

회사에서 자체적으로 조사를 실시하는 경우가 아니라 외부 기관의 전문가에게 조사를 위탁하는 경우, 해당 조사보고서에는 법적인 내용이 담기게 될 것입니다. 예컨대 저 같은 변호사가 조사를 실시하는 경우 조사보고서에는 조사 결과를 바탕으로 한 법적인 판단 내용이 기재될 것인데, 이는 조사된 내용을 바탕으로 관련 법리에 따르는 경우, 문제된 행위를 직장 내 괴롭힘에 해당하는 것으로 볼 수 있을지, 볼 수 있는 경우 그에 따른 행위자에 대한 적정 조치와 징계 수위는 어떠할지에 대한 법률 전문가로서의 견해를 판례나 판정례 등의 법적 근거를 바탕으로 밝히는 것이라고 보시면 될 것입니다. 따라서 이러한 내용도 물론 변호사가 조사자로서의 개인 의견을 기재한 것이라고 볼 수 있겠으나, 이는 단순히 조사자의 개인적·주관적인 의견이라기보다 법리와 유사 선행 사건들에 대한 법원과 고용노동부의 판단 결과 등을 바탕으로 법률 전문가로서의 의견을 제시한 것이라고 볼 수 있는 만큼 이러한 내용에 대해서는 객관성과 전문성을 인정할 수 있을 것이며, 따라서 이러한 조사보고서 내용은 법률자문 의견으로 참고하여 추후 최종적인 직장 내 괴롭힘 여부 판단 시 고려될 수 있을 것입니다. 또한 조사 과정과 조사보고서 작성 과정에서 이렇듯 법률 전문가의 의견을 확보하였다는 것은 추후 직장 내 괴롭힘 해당 여부 판단에 대해 당사자 일방이 이를 수용하시 않고 불복하는 경우, 적법·타당한 판단이었음을 입증할 수 있는 하나의 근거로 활용될 수도 있을 것입니다.

직장 내 괴롭힘 판단은 전문가를 포함시킨 위원회에서 하세요

조사를 모두 마치고 조사보고서 작성까지 완료가 되었다면, 그럼 직장 내 괴롭힘 해당 여부 판단은 누가 해야 할까요? 법률에서는 "사용자"는 신고를 접수받으면 그 사실 확인을 위한 객관적 조사를 실시하여야 하고, 이에 따른 조사 결과 직장 내 괴롭힘 발생 사실이 확인된 때에는 조치를 하도록 규정하고 있으므로, 사용자가 조사보고서를 제출받아 판단을 하면 될 것입니다. 하지만, 사용자가 단독으로 판단을 하는 것보다는 전문가를 포함시킨 협의체 기구에서 이를 판단하는 것이 보다 객관적이고 공정한 판단 결과를 보장할 수 있을 것이며, 향후 발생할 수 있는 법적 분쟁 상황에서 회사가 적법·타당한 판단을 하였음을 주장하는 절차적 정당성 확보의 근거가 될 수 있겠지요. 이에, 설령 조사 자체는 회사 내부에서 자체적으로 이를 하더라도 직장 내 괴롭힘 해당 여부를 판단할 때는 가급적 외부 전문가를 포함시킨 협의체를 구성하여 그 기구에서 이를 판단하실 것을 권유드립니다. 고용노동부 역시 심의위원회를 구성하여 직장 내 괴롭힘 인정 여부를 확인하고 행위자에 대한 조치 및 피해자에 대한 보호조치에 관한 내용을 심의할 것을 권고하고 있습니다.

또한 심의위원회가 이와 같은 내용에 대하여 판단을 하되 최종적으로는 심의위원회의 의견을 바탕으로 인사위원회 등의 기구에서 실제 행위자에 대한 조치를 의결하는 절차로 운영하는 것이 가장 바람직할 것이나, 사업장의 규모 또는 특성에 따라 이를 하나로 통합하여 인사위원회에서 직접 직장 내 괴롭힘 인정 여부를 확인하고 그에 따른 조치를 결정할 수 있을 것입니다. 이렇게 심의위원회 구성을 권고하고 있는 것은 앞서 말씀드렸듯이 사용자에 의해 단독으로 이루어지는 직장 내 괴롭힘 해당 여부 판단보다 심의위원회를 통해 다수의 위원들이 사건을 심도 깊게 논의하고 심의하는 과정을 거치는 것이 보다 객관적이고 올바른 판단이 이끌어 낼 수 있기 때문입니다. 특히 지위 또는 관계의 우위성이나 신체적·정신적 고통의 발생 여부는 비교적 통일된 판단이 이루어질 수 있겠으나, 행위자의 행위가 적정범위를 넘었는지 여부에 대해서는 개인별로 적정 수준이라는 기준치가 서로 다를 수 있어 아무래도 전문성을 갖춘 다양한 위원들의 참여하에 다수의 의견을 종합적으로 고려함이 보다 합리적인 결정을 하는 데 도움이 될 수 있을 것입니다.

결론적으로, 가장 이상적인 사건 처리 절차는 '외부 전문가에 의한 조사→외부 전문가 위원을 구성원으로 포함시킨 직장 내 괴롭힘 심의위원회의 직장 내 괴롭힘 해당 여부 판단→인사위원회 또는 징계위원회[7]의 최종 의결'이라고 할 것이며, 이때 심의위원회는 직장 내 괴롭힘 해낭 여부를 판단하고 피해근로자 및 행위자에 대한 조치(이때 행위자에 대한 조치는 단순히 징계를 권고하는 것을 넘어 교육이수를 명하거나, 피해근로자의 요청 등을 감안하

---

[7] 물론 이때 인사위원회나 징계위원회에도 외부 위원을 포함시키는 것이 얼마든지 가능합니다. 특히 이 경우에는 징계 수위 등을 결정하여야 하므로, 징계에 관한 법적 업무 경험을 가진 법률 전문가를 포함시키는 것이 바람직할 것입니다.

여 부서 이동, 피해근로자에 대한 사과 등 다양한 방법을 고려해 볼 수 있습니다.)를 권고하는 것으로 하되 실제로 행위자에 대한 징계를 포함한 구체적인 조치와 사후적 피해근로자 보호조치에 대해서는 인사위원회 또는 징계위원회가 이를 의결하면 될 것입니다.

따라서 직장 내 괴롭힘 업무 담당자께서는 이러한 바람직한 일련의 사건 처리 절차를 염두에 두어 심의위원회를 사전에 구성해 놓을 필요가 있다고 할 것인바, 각 위원의 자격과 전문성, 외부 위원과 내부 위원의 참여 비율 및 전체 위원의 수 등을 꼼꼼히 따져 위원을 위촉하고 해당 위원회에서 객관성과 공정성, 전문성을 갖춘 판단이 이루어질 수 있도록 지원하여야 할 것입니다.

임시 조치와 직장 내 괴롭힘 발생 사실이 확인된 이후 조치를 구분하세요

당사자들과 업무 담당자분들이 많이 헷갈려 하시는 내용 중 하나인데요. 임시 조치와 직장 내 괴롭힘 발생 사실이 확인된 이후의 조치(편의상 '사후 조치'라고 하겠습니다.)는 서로 별개의 것으로서 그 내용이 각기 다릅니다. 법조문을 보면 분명히 구분되는데요. 그 내용을 자세히 살펴보면 다음과 같습니다.

〈임시 조치와 사후 조치 비교〉

구분	임시 조치	사후 조치
근거	법 제76조의3 제3항	법 제76조의3 제4항 및 제5항
시기	조사 기간 동안	조사 결과 직장 내 괴롭힘 발생 사실이 확인된 이후
대상자	피해근로자등(피해를 입은 근로자 또는 피해를 입었다고 주장하는 근로자)	피해근로자, 행위자
조치 내용	▶ 근무장소의 변경, 유급휴가 명령 등	▶ 피해근로자에 대해서는 근무장소의 변경, 배치전환, 유급휴가 명령 등 ▶ 행위자에 대하여는 징계, 근무장소 변경 등
위반 시 제재	없음	법 제116조 제2항 제2호에 따른 500만원 이하 과태료

위 표를 통해 알 수 있듯이, 임시 조치는 사용자가 직장 내 괴롭힘 신고를 접수하여 그 사실 확인을 위한 조사를 실시하고자 할 때, 조사 기간 동안, 말 그대로 임시적으로 피해근로자등을 보호하기 위한 조치를 하는 것입니다. 아무래도 자신이 신고를 한 대상과 함께 근무를 하다 보면 정상적인 근무가 어려울 수 있고, 조사도 원활히 진행될 수 없는 위험이 있으며, 현존하는 괴롭힘 행위의 중단 등 즉각적인 보호가 필요한 경우가 있기 때문입니다. 따라서 이러한 임시 조치는 '조사 기간 동안' 한정하여 이루어지는 것이며, 아직 직장 내 괴롭힘 사실 여부가 정확히 확인되지는 않았다고 하더라도 피해를 입었다고 주장하는 근로자에게는 그 필요성 여부를 검토하여 조치가 이루어질 수 있는 것입니다.

하지만, 법률 규정을 보더라도 알 수 있듯이 이러한 임시 조치는 피해근로자등의 요청이 있다고 하여 무조건적으로 또는 의무적으로 이루어져야 하는 것은 아니며 사용자가 그 필요성 여부를 검토하여 임시 조치가 필요하다고 인정하는 경우에 한하여 이를 하는 것이고, 임시 조치를 하지 아니하였다는 이유만으로 직접 법률상 제재가 가해지지는 않습니다. 또한 임시 조치를 하는 경우에도 그 조치의 내용을 법에서 고정적으로 정하고 있지는 않기 때문에 사용자는 임시 조치로서 근무장소 변경, 유급휴가 명령, 재택근무 명령 등의 여러 다양한 형태를 고려해 볼 수 있을 것이며 반드시 피해근로자등이 요구하는 내용의 조치를 하여 주어야 하는 것은 아닙니다.

여기서 유의해야 할 점이 하나 있는데요, 임시 조치는 어디까지나 피해근로자등을 보호하기 위한 목적에서 이루어지는 것이며, 이때 신고를 하였다는 이유로 피해근로자등이 부당하게 근무에서 배제되거나 인사 처분을 받는 등의 불이익을 겪어서는 아니 되므로, 사용자는 임시 조치를 함에 있어 피해근로자등의 의사를 청취하여 이에 반하는 조치를 하지 않도록 해야 할 것입니다. 무슨 말이냐면, 신고를 한 피해근로자등을 보호하겠다는 목적에서 피해근로자등에게 회사에 나오지 말라고 강제로 휴가를 부여한다거나, 오히려 피해근로자등을 피신고인과 떨어진 곳으로 보내는 등의 조치를 피해근로자등이 원하지도 않았는데 해서는 안 된다는 것입니다. 목적이 피해근로자등의 보호라는 정당한 것이라는 이유만으로 피해근로자등의 의사에 반하는 임시 조치가 이루어져서는 안 된다는 의미입니다.

다음으로, 사후 조치는 조사가 종료된 이후 조사 결과, 직장 내 괴롭힘 발생 사실이 확인된 때 피해근로자와 행위자에 대하여 각 이루어지는 것입니다. 즉 이때 사후 조치의 대상이 되는 피해근로자는 이제 단순히 피해를 입었다고 주장하고 신고한 자에 그치는 것이 아니라 그 주장을 인정받은 자라고 할 수 있겠지요. 따라서 사용자는 이러한 피해근로자에 대해 해당 피해근로자가 요청을 하는 경우, 근무장소 변경 등의 적절한 조치를 할 의무가 발생하는 것입니다. 만약 행위자에 대하여 징계 등의 적절한 조치가 이루어짐으로써 피해근로자가 자신에 대한 별도의 사후적 보호 조치까지는 필요하지 않다고 한다면 조치를 반드시 하지는 않아도 됩니다. 다만 피해근로자가 명시적으로 조치를 요청하였고 그 필요성이 인정됨에도 불구하고 사용자가 부당하게 이를 거부한 경우 사용자는 과태료의 제재를 받게 될 것입니다.

끝으로, 피해근로자에 대한 사후 조치의 내용은 임시 조치의 내용과 대부분 비슷할 수 있겠으나 직장 내 괴롭힘 사실이 확인된 이상 피해근로자가 괴롭힘으로 인해 발생하게 된 정신적 질환 등에 대한 치료를 받기 위하여 휴가를 청구하는 경우 이를 사용할 수 있도록 하는 것도 적절한 조치의 내용이 될 수 있을 것입니다.

한편, 직장 내 괴롭힘 사실이 확인되면 피해근로자에 대한 사후적 보호조치와 더불어 행위자에 대한 적절한 조치가 이루어져야 합니다. 사용자는 이 경우 지체 없이 행위자에 대한 징계, 근무장소 변경 등 필요한 조치를 하여야 하는데요, 피해근로자를 보호하기 위한 취지에서 행위자를 피해근로자로부터 분리시키는 근무장소 변경 등의 조치뿐만 아니라, 행위자의 직장 내 괴롭힘 행위가 재발되는 일이 없도록 하고 직장 내 괴롭힘에 대한 감수성을 높이기 위한 목적에서 교육이수명령 및 상담 또는 코칭 등을 받도록 하는 결정도 할 수 있을 것입니다.

그런데, 행위자에 대한 사후 조치로 그 무엇보다 중요한 것은 위법한 직장 내 괴롭힘 행위를 한 것에 대한 징벌적 차원에서 이루어지는 징계라고 할 것인바, 징계가 행위자에 대한 사후 조치의 핵심이라고 해도 과언이 아닐 것입니다. 즉 사용자로서는 직장 내 괴롭힘 사실이 확인된 이상 행위자를 부당하게 징계로부터 면책시키는 일이 없게끔, 괴롭힘 행위의 구체적 내용, 고의 여부, 비위행위의 정도 등을 종합적으로 고려한 징계 조치를 반드시 하여야 할 것이며, 이를 위반하는 경우 사용자는 과태료 처분을 받게 될 것입니다.

이와 관련하여 개인적으로 경험했던 안타까운 사례를 하나 말씀드리고 싶은데요. 어느 회사에서 직장 내 괴롭힘 신고를 받고 조사를 실시한 결과 직장 내 괴롭힘에 해당한다는 판단을 하였습니다.(이 회사는 별도의 위원회를 구성하여 직장 내 괴롭힘을 포함한 고충사항을 심의하는 절차를 거쳤습니다.) 그런데 해당 회사는 이렇듯 별도의 심의기구가 직장 내 괴롭힘을 인정하는 판단을 하였음에도, 심의기구의 행위자에 대한 징계 요청에 따라 개최된 인사위원회에서 행위자에 대하여 '괴롭힘의 비위행위를 한 사실은 인정되나, 그간의 공적 등을 고려하여 불문에 붙이겠다.', 즉 징계를 하지 않겠다는 결정을 내렸던 것입니다. 아무리 징계권한이 사용자의 재량권이라고 하더라도 이러한 사용자의 조치는 「근로기준법」 제76조의3 제5항을 위반한 것이라고 보아야 마땅할 것입니다. 그럼에도 불구하고 피해근로자가 진정을 제기한 이 사건에 대해 고용노동부는 법 위반 없음의 종결처리를 하였는데요, 정말이지 너무나 억울한 경우가 아닐 수 없었습니다. 모쪼록 일선 근로감독관들께서 사용자의 사후 조치 의무 준수 여부에 대하여 보다 적극적이고 엄중한 수사를 하여 피해근로자의 권리를 보호하고 직장 내 괴롭힘 근절 및 예방을 위한 사회적 분위기 조성에 앞장서기를 바랍니다[8].

---

[8] 고용노동부는 '고용노동청에 직장 내 괴롭힘을 신고해도 이를 반려하거나, 조사 후 별다른 조치를 받지 못한 채 끝나고 만다.', '검찰 송치 사건의 비율이 극히 낮다.'라는 등의 내용으로 신문기사가 보도되자, 2022. 11., 2023. 1. 두 차례에 걸쳐 '사실은 이렇습니다'라는 해명 자료를 냈는데, 이에 따르면 2022. 8. 말 기준 취하 등을 제외하고 고용노동청에 접수되어 근로감독관이 실제 조사·수사한 사건은 총 8,549건이며, 이 중 조사·수사를 거쳐 법 위반 없음으로 처리한 사건이 약 65%, 법 위반이 확인되어 조치한 비율이 약 35%(△개선지도 2,624건, 30.7%, △검찰송치 344건, 4.0% 중 기소송치 133건, 1.5%)라고 밝혔습니다. 물론 사안의 내용을 알 수 없는 상황이므로, 법 위반 없음으로 종결 처리한 사건이 65%라는 수치만으로 고용노동청의 조사·수사가 잘못되었다 잘되었다를 판단할 수는 없을 것입니다. 하지만 제가 직접 경험하였던 위 사례만을 보더라도 과연 이러한 사건에 대해 사용자가 조치 의무를 충분히 이행하였다고 보아 법 위반이 없다고 보는 것이 타당한 것인지 의문을 자아내는 것이 사실인바, 직장 내 괴롭힘 근절을 위하여 고용노동부(근로감독관들이)가 보다 적극적인 자세와 법적인 전문성을 바탕으로 조사·수사에 임할 필요가 있다고 할 것입니다.

징계는 정말 제대로 해야 합니다

　직장 내 괴롭힘이 인정되는 경우, 행위자에 대한 조치로서 이제 징계를 해야 할 텐데요. 징계를 제대로 하지 않았다가는 곧바로 징계를 받은 근로자에 의해 노동위원회를 통한 부당징계구제신청, 법원을 통한 징계무효확인소송 등이 제기될 수 있으므로 회사는 징계를 하는 경우 그 절차와 내용에 있어 철저하게 적법성과 타당성을 갖춰야 할 것입니다.

　고용노동부 매뉴얼에서는 직장 내 괴롭힘 행위자에 대하여 "단호하고 엄격한 징계 조치를 하여야 한다."라고 규정하고 있는데요, 물론 직장 내 괴롭힘의 심각성과 그 비위의 중대성, 피해근로자의 고통과 회사 전체의 근무환경 및 조직 분위기 저하 등을 고려하면 행위자에게 엄격한 입장에서 중한 징계를 하는 것이 타당하겠으나, 직장 내 괴롭힘이라는 징계사유 역시 여러 징계사유들 중 하나에 해당하므로, 기존 징계 재량권의 범위에 관한 법리를 존중하며 이에 따라 적법·타당한 수준의 징계가 이루어져야 할 것입니다. 즉 '무조건 직장 내 괴롭힘은 중징계가 원칙이다.'라는 전제하에 개별 사건의 구체적인 내용이나 특성, 비례의 원칙에 따른 세심한 고려 없이 높은 수위의 징계를 강행하였다가는 회사가 한 해당 징계의 양정이 지나치게 과도하여 위법·부당하다는 판단을 받을 수도 있으므로 징계 의결 과정에서 회사는 그 어떤 때보다 높은 주의를 기울여야 하는 것입니다.

이에, 우선 법원에서 징계양정의 적정 여부를 판단하는 기준에 대해 판시하고 있는 내용을 살펴보면 다음과 같습니다.

> **대법원 2017. 3. 15. 선고 2013두26750 판결**
> 피징계자에게 징계사유가 있어서 징계처분을 하는 경우, 어떠한 처분을 할 것인지는 징계권자의 재량에 맡겨져 있다. 다만 징계권자의 징계처분이 사회통념상 현저하게 타당성을 잃어 징계권자에게 맡겨진 재량권을 남용하였다고 인정되는 경우에 한하여 그 처분이 위법하다고 할 수 있다. 징계처분이 사회통념상 현저하게 타당성을 잃어 재량권의 범위를 벗어난 위법한 처분이라고 할 수 있으려면 구체적인 사례에 따라 징계의 원인인 비위사실의 내용과 성질, 징계로 달성하려는 목적, 징계양정의 기준 등 여러 요소를 종합하여 판단할 때에 징계내용이 객관적으로 명백히 부당하다고 인정되어야 한다.
> 해고처분은 사회통념상 고용관계를 계속할 수 없을 정도로 근로자에게 책임 있는 사유가 있는 경우에 정당성이 인정되고, 사회통념상 근로자와 고용관계를 계속할 수 없을 정도인지는 사용자의 사업 목적과 성격, 사업장의 여건, 근로자의 지위와 담당직무의 내용, 비위행위의 동기와 경위, 근로자의 행위로 기업의 위계질서가 문란하게 될 위험성 등 기업질서에 미칠 영향, 과거의 근무태도 등 여러 가지 사정을 종합적으로 검토하여 판단하여야 한다.

이처럼 원칙적으로는 징계처분에 대해 징계권자는 재량을 가지나, 징계사유 즉 비위사실의 구체적인 내용이나 성질, 징계를 통해 달성하고자 하는 목적, 징계양정 기준 등을 종합적으로 고려하여 사회통념상 현저하게 타당성을 잃는 경우, 그러한 징계는 위법하다고 볼 것이므로, 회사 입장에서는 징계 재량권을 일탈 또는 남용하였다는 판단을 받지 않기 위해 직장 내 괴롭힘을 취업규칙상 징계사유로 분명히 규정하고 사전에 그에 관한 세부 징계양정 기준을 마련하여 징계 의결 시 이러한 기준을 따를 필요가 있을 것입니다.

또한 징계사유를 확정할 때 행위자의 비위사실을 구체적이고 정확히 기술하고, 해당 비위행위로 인한 피해의 내용과 심각성, 회사에 끼친 악영향 등을 징계 자료에 포함시켜야 할 것이며, 평소 회사가 직장 내 괴롭힘 금지의 중요성을 강조하였으며 이와 관련하여 예방 교육을 실시한 사실이 있었다면 그 내용과 함께 이러한 내용을 바탕으로 회사 내에서 직장 내 괴롭힘을 근절하기 위해 반드시 해당 징계(양정)가 필요하였음을 분명히 밝히는 것이 필요할 것입니다.

이 밖에 회사가 직장 내 괴롭힘을 징계사유로 하여 해고와 같은 중한 징계를 한 경우, 그러한 징계의 정당성을 인정받기 위해 유용하게 사용할 수 있는 주장(판례 법리)으로는 다음과 같은 내용이 있습니다.

> **수원지방법원 2023. 2. 9. 선고 2022가합10067 판결**
> 객관적으로 상대방과 같은 처지에 있는 일반적이고도 평균적인 사람의 입장에서 보아 어떠한 성희롱 행위가 고용환경을 악화시킬 정도로 매우 심하거나 또는 반복적으로 행해지는 경우, **사업주가 사용자책임으로 피해 근로자에 대해 손해배상책임을 지게 될 수도 있을 뿐 아니라 성희롱 행위자가 징계해고 되지 않고 같은 직장에서 계속 근무하는 것이 성희롱 피해 근로자들의 고용환경을 감내할 수 없을 정도로 악화시키는 결과를 가져올 수도 있으므로, 근로관계를 계속할 수 없을 정도로 근로자에게 책임이 있다고 보아 내린 징계해고처분은 객관적으로 명백히 부당하다고 인정되는 경우가 아닌 한 쉽게 징계권을 남용하였다고 보아서는 안 된다**(대법원 2008. 7. 10. 선고 2007두22498 판결 참조). **이러한 법리는 직장 내 괴롭힘 행위를 이유로 한 징계해고처분에도 그대로 적용된다고 봄이 타당하다.**

가해자의 행위에 대해 가해자 혼자만이 피해자에게 책임을 지는 다른 비위행위와는 달리 직장 내 괴롭힘의 경우 사업주가 '사용자책임'을 통해 직장 내 괴롭힘 가해자의 행위에 대해 책임을 부담하는 일이 생길 수 있습니다. 또 한편으로 사용자 입장에서는 직장 내 괴롭힘 행위를 하는 사람이 직장 분위기를 흐리고 다른 근로자들의 근무환경을 저하시켜 다른 근로자들에게도 악영향을 미쳐 결국은 전체 생산성이나 업무 효율성을 떨어뜨리면 이는 회사에게도 직접적인 손해를 가져온 것이 되는 것입니다. 그렇기에 이러한 위험으로부터 벗어나기 위한 사용자의 자구 노력이라고 할 수도 있는 직장 내 괴롭힘 행위자에 대한 징계는 이를 함부로 징계권을 남용한 것이라고 보아서는 안 될 것입니다. 이러한 의미에서 위와 같은 판례 법리는 지극히 타당해 보입니다. 책임이 주어지는 만큼 권한도 주어지는 것이니까요. 다만, 이러한 판결이 모든 직장 내 괴롭힘 혐의자에게 징계해고를 해도 된다는 의미는 당연히 아니므로 위 판결 내용을 정확히 알고 분석하여 적용을 해야 할 것입니다.

즉, 과연 징계혐의자의 행위가 사용자로 하여금 추후 사용자책임에 따른 손해배상책임을 지게 할 가능성이 얼마나 높으며, 또한 손해배상책임을 진다면 그 범위는 어느 정도 될 것인지(사용자책임에 따른 손해배상책임에 대한 내용은 다음 장에서 실제 판결을 통해 자세히 살펴볼 예정입니다.), 징계혐의자의 행위가 피해근로자를 포함하여 다른 근로자들의 근무환경을 구체적으로 얼마나, 어떻게 악화시켰는지에 대해 충분한 내용과 근거를 확보하고 있어야, 사용자의 중징계가 정당성을 인정받을 수 있을 것입니다. 즉 이러한 내용이 충분하고 철저하게 마련된다면 해당 징계혐의자에게 해고 등의 중한 징계처분을 하는 경우에도 노동위원회나 법원을 통해 그 정당성을 인정받을 수 있을 것입니다.

반대로, 해고 등의 중징계를 받아 회사가 징계 재량권을 일탈·남용하였음을 주장하고자 하는 행위자의 입장에서는, 위 회사의 주장과 완전히 반대되는 주장을 하면 될 것입니다. 특히 징계 중 해고라는 가장 극단의 징계를 받게 되는 경우에는 아무리 직장 내 괴롭힘이 인정되는 경우라고 하더라도, 그러한 행위가 고용관계를 계속할 수 없을 정도로 심각한 수준에 해당하지 아니하는 이상 노동위원회와 법원은 다른 징계들보다는 보다 엄격한 입장에서 징계양정의 적정성을 판단할 가능성이 있으니(아무래도 해고는 생계를 박탈하는 것이기도 하니까요.) 노동위원회 위원들 또는 재판부의 마음을 흔들 수 있는 여러 사정들을 발굴하여 징계 재량권의 과도함을 끝까지 호소해 봐야 할 것입니다.

▌여기서 잠깐!

행위자에 대한 징계를 의결하게 되는 인사위원회 업무를 담당하시는 분들께 조언을 드리고자 합니다. 회사 입장에서 직장 내 괴롭힘을 징계사유로 징계를 하는 것이 처음이거나 몇 번 되지 않았을 수 있을 것입니다. 그래서 기존에 유사한 사례들에 대해 징계가 이루어졌던 경우에는 예전 징계 수위를 참조할 수 있어서 별 어려움이 없을 수 있지만, 직장 내 괴롭힘으로는 어느 정도의 징계를 해야 적정하다고 볼 것인지 막막할 수 있을 것입니다. 특히나 직장 내 괴롭힘 조사를 회사에서 자체적으로 실시하였고 직장 내 괴롭힘 해당 여부 판단도 별도의 심의위원회를 거치지 않고 사용자가 한 것이라면 징계 수위 결정에 있어 더욱 고민이 될 수 있을 텐데요, 이때 필요하다면 외부 전문가의 (법률)자문 의견을 얻어 인사위원회 의결 시 참고 자료로 활용할 수 있을 것입니다[9]. 즉, 다른 회사의 경우 유사한 직장 내 괴롭힘 행위에 대해 어떤 수준의 징계를 하는지, 이에 대한 노동위원회나 법원의 판단 경향은 어떠한지 등을 잘 알고 있는 전문가를 통해 해당 사건에 대한 적정 징계 수위 및 그 밖에 적정한 조치 등을 자문받음으로써 인사위원회가 보다 객관적이고 적정한 징계양정을 결

---

[9] 실제로 국가기관이나 공공기관 등에서는 성희롱, 성폭력 등의 성 비위를 징계사유로 하여 징계 절차를 진행할 때 관련 전문가의 의견을 첨부하도록 하고 있는바, 이와 유사하게 직장 내 괴롭힘을 징계사유로 한 사건에서도 해당 분야 전문가의 의견을 들어 이를 바탕으로 징계처분 내용의 적법성과 타당성을 보다 높이고자 하는 것입니다.

정할 수 있을 것입니다.

또한 다른 조언으로는, 담당자분들께서 행위자(징계혐의자)에게 교부할 징계의결요구서 및 징계처분서(징계사유설명서)를 작성할 경우, 징계의결이 요구된 이유(인사위원회에 회부된 이유), 인사위원회가 해당 징계 의결을 하게 된 구체적인 이유와 근거 등을 잘 정리하여 이를 서면에 명시하셔야 한다는 것입니다. 징계를 받은 근로자는 이러한 기재 내용을 바탕으로 징계에 불복하여 쟁송을 제기할 것이기에, 위와 같은 내용을 충실히 기재함으로써 추후 행위자가 징계의결요구서 및 징계처분서 내용의 부실 등을 이유로 방어권이 침해되었다거나, 해당 징계가 절차적으로 위법하다는 주장을 하는 일이 없도록 하여야 할 것입니다.

불리한 처우는 절대로 안 돼요

지금부터 정말 중요한 내용입니다. 앞서 한 번 말씀드렸는데요. 직장 내 괴롭힘과 관련하여 형사처벌 규정을 두어 가장 세게 제재를 하는 것이 바로 불리한 처우 금지 의무를 위반했을 때입니다. 입법자가 사업장 내 괴롭힘 신고 등의 해결 절차와 시스템이 제대로 작동할 수 있도록 하기 위하여 엄격한 처벌 규정을 둔 것이라고 할 수 있겠지요. 만약 신고를 하거나 피해를 주장하였다는 이유로 오히려 본인이 불리한 처우를 받게 되는 일이 발생하게 된다면 당연히 근로자들은 위축이 될 수밖에 없어 직장 내 괴롭힘 관련 시스템이 제대로 작동할 수 없게 되고 괴롭힘은 근절될 수 없을 것입니다. 피해자는 피해를 참고 숨기며 결국은 고통 속에서 문제를 덮어 버리게 될 테니까요. 따라서 사용자는 피해근로자가 직장 내 괴롭힘에 대하여 문제를 제기할 때 2차적 피해를 염려하지 않고 안심하여 그 절차를 진행할 수 있도록 하여야 할 것인바, 사용자는 직장 내 괴롭힘 발생 사실을 신고한 근로자 및 피해근로자등에게 해고나 그 밖의 불리한 처우를 하여서는 아니 되며, 이를 위반하는 경우 3년 이하의 징역 또는 3천만원 이하의 벌금에 처해지게 되는 것입니다.

이러한 법률 규정의 내용을 잘 뜯어보면 우선 불리한 처우를 해서는 안 되는 대상은 신고를 한 근로자, 피해를 입은 근로자 또는 피해를 입었다고 주장하는 근로자가 됩니다. 즉 자신이 직접 괴롭힘을 당하지는 않았으나 직장 내 괴롭힘 발생 사실을 신고한 근로자와 사실조사 및 판단 결과 괴롭힘 피해를 입은 것으로 인정된 근로자는 물론, 결과적으로는 직장 내 괴롭힘이 인정되지 않았으나 직장 내 괴롭힘 피해를 입었다고 주장하며 신고를 한 자에 대해서도 불리한 처우를 해서는 안 되는 것입니다.

이에 대해서는 법원도 분명하게 그 내용을 아래와 같이 판시하였습니다.

> 청주지방법원 충주지원 2021. 4. 6. 선고 2020고단245 판결
> 근로기준법 제76조의3 제6항은 직장 내 괴롭힘이 사실로 확인되었는지 여부에 관계없이 불리한 처우를 금지함으로써 설혹 신고가 진실이 아닌 경우라도 신고 근로자 및 피해근로자를 보호하는 규정이다.
>
> 청주지방법원 2022. 4. 13. 선고 2021노438 판결
> 근로기준법 제76조의3 제6항은 사용자에 대하여 피해근로자의 해고 그 밖의 불리한 처우를 금지할 뿐, 그 적용 범위나 기간을 제한하거나 사용자의 사실확인 조사 여부에 따라 적용 여부를 달리하는 규정을 두고 있지 않다. (중략) 설령 사용자가 조치를 할 당시 「근로기준법」 제76조의3에 의한 일련의 절차가 완료되었고, 그 결과 **직장 내 괴롭힘 사실이 없었던 것으로 조사됐다고 하더라도, 그로써 근로기준법에서 규정하고 있는 피해근로자로서의 지위를 곧바로 상실한다고 볼 수는 없다.** 사용자의 사실확인 조사가 객관적임을 담보할 제도적 장치가 없을 뿐만 아니라 은밀하게 이루어지고, 발가되더라도 조지적인 은폐 시도가 빈번한 직장 내 괴롭힘의 특성 등을 고려하면, 위와 같은 해석은 직장 내 괴롭힘 예방과 피해근로자등을 보호하고자 하는 근로기준법의 목적과는 합치하지 않기 때문이다.

따라서 이처럼 법원이 직장 내 괴롭힘 문제의 심각성을 깊이 인지하고 중하게 받아들여 피해근로자등을 두텁게 보호하는 입장을 분명히 하

고 있는 이상 회사는 '어차피 직장 내 괴롭힘이 인정되지 않았으니 괜찮겠지. 이 경우는 보호해야 할 피해근로자가 아니겠지.'라는 단순한 생각으로 피해를 입었다고 주장한 자에 대하여 불리한 처우를 하는 일이 없도록 유의할 필요가 있겠습니다.

법에서 금지하는 불리한 처우를 한 경우 사용자가 형사처벌을 받게 됨은 물론이며, 이에 그치지 않고 회사가 여러 위험에 처할 수 있습니다. 예컨대 전직 등의 인사 처분 형태로 불리한 처우를 하였다면 이러한 인사 처분이 위법함을 주장하며 구제를 하여 달라는 노동위원회 구제 신청을 받게 될 수 있을 것이며, 해당 인사 처분의 무효를 주장하는 근로자로부터 민사소송 피소가 될 수도 있을 것입니다. 해당 소송에서 추후 패소까지 하게 된다면 그에 따른 경제적 손실과 회사의 이미지 추락 등 상당한 피해를 입게 될 것이고요. 이뿐만이 아니라 불리한 처우를 당한 근로자는 회사를 상대로 불법행위에 따른 민사상 손해배상청구를 할 수도 있으므로, 결국 이러한 위험들을 생각해 보면 법 제76조의3 제6항에서 금지하고 있는 불리한 처우는 절대로 하여서는 안 될 것입니다.

그런데, 사실 작정을 하고 불리한 처우를 대놓고 하는 경우는 오히려 드물 것입니다. 회사로서는 업무상 필요성 등이 인정되는 등 나름 해당 조치에 대한 정당한 이유가 있다고 판단하고 나아가 이러한 조치가 신고와 무관하다고 생각하여 하였는데, 이러한 회사의 입장과 달리 해당 근로자로부터 문제 제기를 당하고 나아가 법원에 의해 불리한 처우로 판단되어 사용자가 근로기준법 위반에 따른 형사처벌을 받게 될 수도 있는 것입니다. 따라서 회사는 직장 내 괴롭힘 피해근로자등이 대상자로 포함된 인사 업무를 처리할 때에는 이러한 legal risk를 관리하는 차원에서 보다 철저한 법적 검토를 거치는 것이 필요할 것입니다.

이제 불이익 처우를 하면 안 된다는 것은 분명히 숙지하셨을 텐데요, 여기서 "아니 그런데 구체적으로 불리한 처우라는 것은 무엇을 말하는 것이지?"라는 궁금증이 생기실 수 있으실 것입니다. 법률 규정에서는 '해고나 그 밖의 불리한 처우'라고만 이를 규정하고 있을 뿐 구체적으로 어떤 경우를 불리한 처우라고 볼 것인지에 대해서는 이를 별도로 규정하고 있지는 않습니다. 그런데 남녀고용평등과 일·가정 양립 지원에 관한 법률(이하 '남녀고용평등법'이라고 합니다.)에서는 근로기준법에서 직장 내 괴롭힘 발생 사실을 신고한 근로자 등에 대한 불이익 처우를 금지하는 것과 거의 같은 내용과 구조로 직장 내 성희롱 발생 사실을 신고한 근로자 등에 대한 불리한 처우를 금지하면서 이때 불리한 처우가 무엇인지 이를 구체적으로 예시하여 규정하고 있는바, 직장 내 괴롭힘에도 이러한 내용을 참고할 수 있을 것입니다.

참고로 최근 나온 법원 판결에서도 "여기서(「근로기준법」제76조의3 제6항에서) 불리한 '조치'에는 파면, 해임, 해고, 그 밖에 신분상실에 해당하는 불이익 조치만이 아니라 직무 미부여, 직무 재배치, 그 밖에 본인의 의사에 반하는 인사조치 등이 포함된다."라고 하였는바(청주지방법원 2022. 4. 13. 선고 2021노438 판결), 그 내용으로 보건대 사실상 법원도 직장 내 괴롭힘 관련 불리한 처우에 남녀고용평등법상 불리한 처우의 내용을 적용하고 있다고 보아도 무방할 것입니다.

〈남녀고용평등법상 직장 내 성희롱 신고 근로자 등에 대해 금지되는 불리한 처우〉

제14조(직장 내 성희롱 발생 시 조치) ① ~ ⑤ 생략
⑥ 사업주는 성희롱 발생 사실을 신고한 근로자 및 피해근로자등에게 다음 각 호의 어느 하나에 해당하는 불리한 처우를 하여서는 아니 된다.
1. 파면, 해임, 해고, 그 밖에 신분상실에 해당하는 불이익 조치
2. 징계, 정직, 감봉, 강등, 승진 제한 등 부당한 인사조치
3. 직무 미부여, 직무 재배치, 그 밖에 본인의 의사에 반하는 인사조치
4. 성과평가 또는 동료평가 등에서 차별이나 그에 따른 임금 또는 상여금 등의 차별 지급
5. 직업능력 개발 및 향상을 위한 교육훈련 기회의 제한
6. 집단 따돌림, 폭행 또는 폭언 등 정신적·신체적 손상을 가져오는 행위를 하거나 그 행위의 발생을 방치하는 행위
7. 그 밖에 신고를 한 근로자 및 피해근로자등의 의사에 반하는 불리한 처우

위 규정에서 보는 바와 같이 불리한 처우는 우리가 쉽게 생각하는 해고나 징계, 전직 및 배치전환 등의 인사 발령만을 말하는 것이 아니라, 평가나 보상, 승진, 교육훈련 등 회사 차원에서 이루어지는 거의 전 영역에서의 차별적 취급과 제한 등을 포함하는 것입니다. 따라서 회사는 위 남녀고용평등법에서 규정하고 있는 분야의 업무(예: 징계, 승진, 직무 배정, 평가, 임금 및 상여금 지급, 교육훈련 등)를 진행할 때는 여기에 직장 내 괴롭힘의 신고인이나 피해근로자등이 혹시 포함되어 있는지, 이들에 대한 조치에 특이 사항이나 문제는 없는지를 한 번쯤 체크하는 것이 바람직할 것입니다.

특히 위에 열거된 내용들 중 눈여겨보아야 할 사항은 제6호입니다. 이에 따르면 신고 등을 하였다는 이유로 해당 근로자를 집단적으로 따돌리거나 정신적으로 고통을 가하는 행위를 한 것에 대해 사업주가 이 같은 행위의 발생을 방치하는 행위까지를 모두 불리한 처우에 해당하는 것

으로 보고 있는 것입니다. 따라서 사업주로서는 그 스스로가 보복적 조치로서 피해근로자등에게 불리한 처우를 하지 않아야 하는 것은 물론이며, 다른 근로자들에 의해서 발생될 수 있는 신고인 등에 대한 2차 가해에 대하여도 이를 적극적으로 차단·방지할 필요가 있습니다. 즉 자칫 다른 근로자들의 신고인 등에 대한 2차 가해를 방치 또는 방관하였다가는 이러한 행위 자체가 곧바로 사업주가 불리한 처우를 한 것으로 보아 사업주가 형사처벌을 받게 될 위험이 발생하는 것입니다. 이 점 다시 한번 주의하시기 바랍니다. 2차 가해가 발생하는 경우 2차 가해자만이 문제가 되는 것이 아니라 회사가 피해근로자등에 대한 불리한 처우를 한 것이 될 수도 있음을요.

다음으로, 사용자의 조치가 피해근로자등에 대한 불리한 처우에 해당하여 위법한지 여부의 판단을 어떻게 할 것인지 그 내용을 알아보겠습니다. 이 내용은 너무나도 중요하다고 할 것인데, 왜냐하면 실질적으로 이러한 내용을 바탕으로 사용자의 형사처벌 여부, 즉 근로기준법 위반에 대한 유무죄 여부와 이와 별개로 해당 피해근로자가 사용자를 상대로 민사상 손해배상청구를 하였을 때 이를 인정받을 수 있을지가 판단될 것이기 때문입니다. 그럼 우선 관련 법리를 살펴보겠습니다.

> **청주지방법원 2022. 4. 13. 선고 2021노438 판결[10]**
> 직장 내 괴롭힘을 신고한 근로자에 대한 사업주의 조치가 피해근로자등에 대한 '불리한' 조치로서 '위법한' 것인지 여부는 그러한 조치가 직장 내 괴롭힘에 대한 문제 제기 등과 근접한 시기에 있었는지, 조치를 한 경위와 과정, 조치를 하면서 사업주가 내세운 사유가 피해근로자등의 문제 제기 이전부터 존재하였던 것인지, 피해근로자등의 행위로 인한 타인의 권리나 이익 침해 정도와 사업주의 조치로 피해근로자등이 입은 불이익 정도, 그러한 조치가 종전관행이나 동종 사안과 비교하여 이례적이거나 차별적인 취급인지 여부, 사업주의 조치에 대하여 피해근로자등이 구제신청 등을 한 경우에는 그 경과 등을 종합적으로 고려하여 판단해야 한다.

이 같은 법원의 불리한 처우 해당 여부 판단 요소들을 정리해 보면 다음과 같은바, 아래의 여러 사정들을 종합적으로 고려하여 법에서 금지하는 불리한 처우가 행해진 것인지를 판단하게 될 것입니다.

첫째, 불리한 처우와 직장 내 괴롭힘에 대한 문제 제기가 근접한 시기에 있었는지 입니다. 이 둘이 근접한 시기에 있을수록 불리한 처우에 해당할 소지가 더욱 높아질 것입니다.

둘째, 불리한 처우를 한 경위와 과정입니다. 불리한 처우가 어떠한 이유와 배경에서 이루어지게 된 것인지, 또한 이러한 처우를 하여야만 할 업무상 필요성 등 정당한 사유가 객관적으로 존재하였는지 여부 및 그 필요성의 정도는 어떠하였는지, 불리한 처우를 하기에 이른 절차에 있어

---

[10] 이 판결은 대법원 2022. 7. 12. 선고 2022도4925 판결로 확정되었는바, 항소심 판결의 내용이 긴 하나 대법원에 의해 확인된 내용이라고 보시면 되겠습니다.
덧붙여 위와 같은 법리는 직장 내 괴롭힘에 관한 직접적인 판결이 나오기 이전에 이미 같은 내용으로 직장 내 성희롱에 관한 남녀고용평등법상 불리한 조치의 판단기준으로서 설시된 바 있었던 것입니다. 이에 위 항소심 판결문에서도 아래 판결을 원용하며 이는 "남녀고용평등법상 직장 내 성희롱에 관한 판결이나 「근로기준법」 제76조의3 제6항에서 정하고 있는 불리한 처우에 해당하는지에 관하여 판단하는 경우에도 그 기준으로 삼을 만하다."라고 명시적으로 밝혔던 것입니다.

피해근로자의 의견을 청취하는 등 그 과정이 적절하였는지 등을 살펴보아야 할 것입니다.

셋째, 불리한 처우를 하며 사용자가 내세운 사유가 직장 내 괴롭힘에 대한 문제 제기 이전부터 존재하였던 것인지 여부입니다. 사용자가 내세운 사유가 이전부터 계속 존재하였던 것임에도 불구하고 직장 내 괴롭힘에 대한 문제 제기를 하기 전까지는 아무런 조치를 하지 않고 있다가 신고가 이루어진 이후에서야 갑자기 조치를 하였다면, 아무리 그 조치에 정당한 이유가 있다고 하더라도 사용자가 내세우고 있는 사유가 명목적·형식적인 것임을 배제할 수 없는 것입니다.

넷째, 불리한 처우로 인해 피해근로자등이 입은 불이익의 정도입니다. 불이익의 정도가 크면 클수록 사용자의 사실상 보복 의도를 추정할 수 있을 것이며, 이는 허용될 수 없는 불리한 처우에 해당한다고 볼 것입니다. 특히 피해근로자가 입은 불이익의 정도는 이를 객관적으로 평가할

> **대법원 2017. 12. 22. 선고 2016다202947 판결**
> 사업주는 직장 내 성희롱과 관련하여 피해를 입은 근로자뿐만 아니라 성희롱 발생을 주장하는 근로자에게도 불리한 조치를 해서는 안 되고, 그 위반자는 형사처벌을 받는다는 명문의 규정을 두고 있다. 사업주가 직장 내 성희롱과 관련하여 피해를 입은 근로자 또는 성희롱 피해 발생을 주장하는 근로자(이하 '피해근로자등'이라 한다)에게 해고나 그 밖의 불리한 조치를 한 경우에는 「남녀고용평등법」 제14조 제2항을 위반한 것으로서 「민법」 제750조의 불법행위가 성립한다. 그러나 사업주의 피해근로자등에 대한 조치가 직장 내 성희롱 피해나 그와 관련된 문제 제기와 무관하다면 위 제14조 제2항을 위반한 것이 아니다. 또한 사업주의 조치가 직장 내 성희롱과 별도의 정당한 사유가 있는 경우에도 위 조항 위반으로 볼 수 없다. 사업주의 조치가 피해근로자등에 대한 불리한 조치로서 위법한 것인지 여부는 불리한 조치가 직장 내 성희롱에 대한 문제 제기 등과 근접한 시기에 있었는지, 불리한 조치를 한 경위와 과정, 불리한 조치를 하면서 사업주가 내세운 사유가 피해근로자등의 문제 제기 이전부터 존재하였던 것인지, 피해근로자등의 행위로 인한 타인의 권리나 이익 침해 정도와 불리한 조치로 피해근로자등이 입은 불이익 정도, 불리한 조치가 종전 관행이나 동종 사안과 비교하여 이례적이거나 차별적인 취급인지 여부, 불리한 조치에 대하여 피해근로자등이 구제신청 등을 한 경우에는 그 경과 등을 종합적으로 고려하여 판단해야 한다.

수도 있겠으나, 동시에 해당 조치로 인해 피해근로자 본인이 개인적으로 느낀 감정 등을 바탕으로 주관적인 평가가 가능한 요소라고 할 수 있을 것입니다. 예컨대 사용자가 전보 발령을 하였는데, 새로운 발령지가 객관적인 근무환경이나 근무조건의 측면에서는 더 나으나, 해당 근로자 개인의 입장에서는 원거리 출퇴근을 하여야 하는 부담이 가중되고 새로운 업무에 적응해야 하는 어려움이 있는 등으로 불이익을 느낄 수도 있는 것입니다. 이에 법원 역시 이와 관련하여 "피해근로자의 주관적 사정"을 고려한다는 설시를 하였는바, 결국 문제가 되는 조치의 불리한 처우 해당 여부 판단에 있어 피해근로자의 입장이 고려되지 않을 수 없는 것입니다.

다섯째, 불리한 처우가 종전 관행이나 동종 사안과 비교하였을 때 이례적이거나 차별적인지 여부입니다. 설령 불리한 처우가 이루어진 것에 대해 나름의 이유가 존재한다고 하더라도 그러한 조치가 유독 피해근로자등에 대하여만 이루어졌다거나, 이전에는 전례가 없는 특수한 것이라거나 한 경우라면 불리한 처우임을 추정할 수 있을 것입니다.

여섯째, 불리한 처우에 대하여 피해근로자등이 구제신청 등을 한 경우 그 경과입니다. 앞서도 제가 설명을 드렸지만 불리한 처우에 대해 피해근로자등이 노동위원회 구제신청을 하거나 법원에 무효확인을 구하는 등의 소송을 제기할 수 있을 것입니다. 따라서 이때 이 같은 관련 쟁송의 경과와 내용도 위법한 불리한 처우인지 여부를 판단하는 요소가 될 수 있는 것입니다.

일곱 번째, 사용자의 직장 내 괴롭힘 사실조사 및 사전(임시) · 사후 조치의 적정성입니다. 이 내용은 위 항소심 판결문의 '관련 법리' 부분에는 명시되지 않았으나 불리한 처우 해당 여부에 관한 구체적 판단 부분에서 이를 밝히고 있는 내용입니다. 참고로 이 내용은 항소심 판결문보다 해당 사건의 원심 판결문에서 이를 보다 구체적으로 판시하고 있는바, 그 내용은 다음과 같습니다.

> **청주지방법원 충주지원 2021. 4. 6. 선고 2020고단245 판결**
> 근로기준법 제76조의3 제3항에서 사용자의 사전 임시조치 시 '피해근로자의 의사'에 반하는 조치를 금지한 점, 제4항에서 직장 내 괴롭힘이 인정된 후 사용자는 '피해근로자가 요청하는 경우'에 근무장소 변경, 배치전환 등으로 조치할 수 있는 점, 제5항에서 행위자(가해자)에 대한 징계 시 '피해근로자의 의견'을 들어야 하는 점 등에 비추어 보면, 불리한 처우인지를 판단함에 있어 피해근로자의 주관적 의사를 가장 중요한 요소로 고려하여야 한다고 봄이 타당하다. 또한 제3항은 신고 접수 후 직장 내 괴롭힘 사실 유무의 확인 전까지 사전 조치의무이고, 제2항은 신고 접수 후 직장 내 괴롭힘의 사실 유무에 대한 사용자의 조사의무이고, 제4, 5항은 직장 내 괴롭힘이 사실로 확인된 경우에 한하여 사용자에게 부과되는 사후 조치의무이며, 제6항은 직장 내 괴롭힘이 사실로 확인되었는지 여부에 관계없이 불리한 처우를 금지함으로써 설혹 신고가 진실이 아닌 경우라도 신고근로자 및 피해근로자를 보호하는 규정이므로, **제6항의 불리한 처우를 판단함에 있어 위와 같은 사전 조치, 사실조사, 사후 조치 등 일련의 절차가 적절한지 여부도 함께 고려함이 옳다.**

쉽게 설명하면 이런 의미입니다. 사용자가 직장 내 괴롭힘 신고를 받은 후 행한 일련의 조사나 사전·사후 조치들을 보았을 때, 신고를 엄중히 받아들여 직장 내 괴롭힘 사실 여부를 명백히 밝히기 위한 충분한 조사를 실시하고, 특히 피해근로자를 보호하기 위한 사전·사후 조치와 행위자에 대한 징계 등의 적절한 조치의무를 충실히 이행하였다면 이러한 사용자가 피해근로자에게 한 조치는 이를 불리한 처우에 해당하지 않는 것으로 볼 가능성이 높겠으나, 반대로 사용자가 이러한 모습을 전혀 보이지 않은 채 법상 사용자로서의 의무를 게을리하거나 불충분한 조치를 하는 데 그쳤다면 이러한 사용자가 한 조치에 대하여는 불리한 처우에 해당함을 강하게 의심할 수 있다는 것입니다.

즉 어떤 사용자가 신고 사건에 대해 제대로 된 객관적 조사도 하지 않았으며, 신고를 한 피해근로자를 보호하기 위한 임시 조치도 전혀 취하지 아니하였고, 심지어 직장 내 괴롭힘이 인정된 이후에도 피해근로자가 요구하는 조치를 하지 않고, 행위자에 대한 징계도 하지 않고 넘어갔다면 혹은 직장 내 괴롭힘에 해당하는 것으로 볼 여지가 충분함에도 불구하고 사용자 1인의 독자적인 판단으로 직장 내 괴롭힘에 해당하지 않는다는 결론을 내려 사건을 종결시켰다면, 이러한 상황에서 사용자가 한 피해근로자에 대한 조치는, 사용자가 아무리 말로는 이러한 조치를 한 이유가 피해근로자를 위해서라거나 업무상 필요성으로 인한 부득이한 것이라거나, 사내 규정에 따른 것이라는 등의 주장을 하더라도, 이를 믿기 어렵다는 것입니다.

이에 위 사건에서 법원은 사용자가 '사실조사 및 사전(임시)·사후 조치'와 관련하여 얼마나 부실하고 부적절하게 업무를 수행하였는지를 매우 구체적이고 자세히 지적하였는바, 이러한 내용은 회사가 실무적으로 직장 내 괴롭힘 사건 처리를 함에 있어 반드시 알고 있어야 할 중요 내용이라고 할 것이므로 다소 길더라도 그 내용을 발췌 인용하며 설명을 드리도록 하겠습니다.

① 「근로기준법」 제76조의3 제3항은 사용자에게 사전 조치의무를 부과하면서 유급휴가 명령을 예시하고, 피해근로자의 의사에 반하는 조치를 할 수 없도록 규정하고 있으므로, 위와 같은 경우 회사는 피해근로자 등에게 유급휴가 조치 등을 취함이 상당하다. (그러나 회사는 이를 전혀 하지

않았다.) ➡ 피해근로자등을 보호하기 위한 사전 조치 전혀 없음

② 「근로기준법」 제76조의3 제2항은 사용자로 하여금 지체 없는 사실확인 조사 의무를 부과하고 있다. 그런데 회사가 신고 접수 후 사실확인 조사를 한 것은 인사위원회의 심의가 전부인데, 인사위원회는 피해근로자를 비롯한 참고인의 진술 청취나 의견진술 기회 등을 부여하지 않은 채 행위자(피신고인, 가해자)의 소명만을 청취하였다. 즉 행위자의 일방적 소명만을 청취한 결과로 인사위원회가 직장 내 괴롭힘이 없었다는 결론을 내었다. 이는 절차상 중대한 하자가 부당한 실제적 결과를 야기한 것에 다름 아니다. ➡ 객관적 조사 의무를 전혀 이행하지 않음. 외부 전문 인력을 통한 조사를 하지 아니하였음은 말할 것도 없고 아예 피해자와 참고인에 대한 조사(특히 대면 조사 방식으로) 자체를 실시하지 아니함. 이렇듯 부실한 조사하에 직장 내 괴롭힘 여부 판단 역시 별도의 심의위원회를 거치는 등의 절차를 이행하지 아니하였고, 사실상 아무런 조사 결과 보고조차 없이 인사위원회가 날림으로 괴롭힘에 해당하지 않는다는 결정을 내림.

③ 회사는 오히려 행위자에게 방어의 기회를 제공하고 행위자의 문제를 경징계로 무마하려 하였다. ➡ 직장 내 괴롭힘 해당 여부를 판단하는 과정에서 피해근로자와 행위자에게 공정한 주장·소명의 기회를 부여하지 아니하고 오히려 회사가 행위자에 편향된 불공정한 입장을 취하였음. 또한 확인된 사실관계에 반하여 부당하게 직장 내 괴롭힘 사실을 인정하지 아니하였고, 괴롭힘 비위행위의 내용과 정도에 부합하지 아니하는 가벼운 징계를 함. 이로 인해 결국 행위자에 대하여 적정한 징계 조치가 이루어지지 못하게 됨.

④ 사용자는 인사위원회에 외부 인사가 참여하였으므로 공정성이 있다고 주장하나, 행위자 일방의 소명만 제공한 채 나머지 판단 자료를 배

제한 것은 허울뿐인 인사위원회라 할 것이다. ➡ 직장 내 괴롭힘 해당 여부 판단이 철저한 사실조사 결과를 바탕으로 이루어지지 못하였고, 외부 전문가를 포함한 심의위원회 구성 등을 통해 직장 내 괴롭힘 해당 여부 판단이 이루어진 것도 아님. 즉 심의위원회와 인사위원회가 구분되어 절차를 진행한 것이 아니라 인사위원회가 괴롭힘 해당 여부 판단과 행위자에 대한 조치 등을 함께 결정하였는데, 이때 판단 주체가 공정성, 전문성, 객관성을 갖추었음을 입증할 만한 충분한 근거가 없음.

이러한 판결 내용을 통해 회사는 직장 내 괴롭힘 사건(업무)을 처리하는 과정에서 과연 어떻게 이를 진행해야 향후에 문제가 발생하지 않게 될 것인지 유용한 깨우침을 얻을 수 있을 것입니다. 그리고 이때 조사 과정에서부터 직장 내 괴롭힘 해당 여부 판단 과정, 징계 등 심의·의결 과정에 이르기까지 사용자가 하여야 할 올바른 사건 처리의 구체적인 방법에 대해서는 제가 앞서 이를 충분히 설명드렸으니, 이 시점에서 앞으로 돌아가 다시 한번 확인해 보시면 더욱 해당 내용의 중요성과 유익성을 실감하실 수 있으실 것입니다. 지금 이 문제는 사용자가 형사처벌을 받냐, 안 받냐(최악의 경우 벌금도 아닌 징역의 실형을 선고받을 수도 있는)의 너무도 중요한 것이기에 철저한 준비가 필요한 것이지요.

참고로 위에서 인용한 판례 사건은 제1심에서 사용자에게 징역 6월, 집행유예 2년을 선고하고 보호관찰 및 120시간의 사회봉사를 명하였으며, 이에 피고인(사용자)이 항소 및 상고하였으나 대법원에서 최종 기각되며 제1심의 형이 확정되었습니다. 즉 벌금형에 그친 것이 아니라 (집행유예가 붙긴 했지만) 실제로 그리고 직장 내 괴롭힘 최초로 징역형이 선고된 것입니다. 이 사건의 경우 당초 피고인에게는 200만원의 구약식이 청구되었습니다. 그런데 법원은 사용자의 근로자에 대한 보호의무와 안전배려의무를 강조하며, 작금의 노동환경에 비추어 볼 때, 사용자가 보호하여야 할 근로자의 생명·신체·건강에는 유형적·물리적 위험으로부터의 보호, 안전배려 뿐만 아니라 무형적·정신적 위험으로부터의 보호, 안전배려까지 포함되어 있다고 봄이 옳고, 이러한 취지에서 「근로기준법」 제76조의3이 직장 내 괴롭힘이라는 구체적 행위태양을 유형화하여 그 무형적·정신적 위험으로부터 근로자를 보호하도록 사용자에게 의무를 지운 이상 사용자는 이를 충실히 이행하여야 한다는 전제하에 벌금형이 아닌 징역형으로, 구약식 청구보다 높은 형을 선고한 것입니다. 그러면서 다만, 이 사건이 직장 내 괴롭힘 규정의 신설 직후에 발생한 것으로 소규모 기업을 운영하는 피고인이 미처 대응하지 못한 측면을 유리한 정상으로 참작하여 형의 집행을 유예한 것인데, 이러한 내용의 제1심 판결이 2021. 4. 선고되었음을 고려하면, 그때로부터 몇 년여의 시간이 경과하고, 그 사이 다수의 직장 내 괴롭힘 사건이 발생함에 따라 오히려 이에 대한 사회적 인식이 높아진 지금과 같은 상황에서는 더 이상 이러한 이유를 유리한 양형 요소로 기대하는 것은 어렵다고 할 것입니다. 그러니 더욱더 이 불리한 처우 금지와 관련해서는 사업주들의 철저한 주의가 필요합니다.

그럼 끝으로 사용자가 피해근로자등에 대하여 행한 조치가 불리한 처우에 해당하지 않는 것으로 판단되기 위한 방법 즉 사용자를 '근로기준법 위반(불리한 처우 금지 위반)'의 형사처벌 위험으로부터 벗어날 수 있게 하는 방법을 정리해서 말씀드릴 테니 사용자와 회사 측 업무 담당자분들께서는 이를 잘 활용하시기 바라며, 반대로 피해근로자 입장이신 경우 사용자의 불리한 처우 금지 위반을 주장하실 때, 사용자가 과연 이러한 내용들을 이행하였는지 여부를 확인하셔서 공격 포인트를 찾아 주장을 펼쳐 나가시면 되겠습니다.

❶ 피해근로자등에 대한 조치와 직장 내 괴롭힘에 대한 문제 제기 시점 사이에 상당한 여유를 둔다.

❷ 조치가 필요한 경우라 하더라도 특별히 긴급한 필요가 있지 않은 이상 일단은 직장 내 괴롭힘 사건 처리가 완료될 때까지 조치를 하지 않는다.

❸ 신고된 사건에 대해 철저하고 공정한 객관적인 사실조사를 실시한다.

❹ 피해근로자등을 최대한 보호하는 입장에서, 가능한 임시 조치 방법을 고민하여 이를 행한다. 사업장의 현실적인 상황 등을 이유로 임시 조치를 전혀 하지 않는 일이 없도록 여러 방법을 고안해 본다.

❺ 피해근로자등이 희망하는 임시 조치가 있는지 그 의견을 청취하는 절차를 거친다.

❻ 직장 내 괴롭힘 해당 여부를 판단하는 과정이 충실하고 공정하게 이루어질 수 있도록 판단 주체(심의위원회 등을 구성하고 외부 전문가 참여율을 높인다)를 구성하고, 풍부한 논의 자료를 바탕으로 판단을 한다. 또한 심의가 이루어지는 과정에 가급적 피해근로자로 하여금 진술할 수 있는 기회를 제공한다.

❼ 직장 내 괴롭힘이 인정된 경우 행위자에 대해 징계 조치를 반드시 하도록 하며, 함부로 징계를 면책시키거나 징계 수위를 감경하지 않도록 한다. 또한 이러한 징계 절차 진행 과정에서 반드시 피해자의 의견을 청

취하는 절차를 거친다.

❽ 직장 내 괴롭힘이 인정된 경우 피해근로자에게 희망하는 사후적 보호조치가 있는지를 확인하여 해당 조치를 하도록 하며, 만약 피해근로자가 희망하는 방법이 현실적으로 불가능하다면 다른 대안을 찾아 행한다.

❾ 피해근로자에 대해 조치를 할 수 밖에 없는 상황이라면, 해당 조치에 대한 정당한 필요성을 입증할 수 있는 객관적이고 구체적인 자료와 근거를 최대한 갖추어 놓는다. 또한 해당 조치 전에 피해근로자와 그 내용을 성실히 협의하고 양해를 구한다. 특히 만약 해당 조치로 피해근로자에게 생활상 불이익이 발생할 수 있는 경우라면 이를 최소화할 수 있는 방법을 강구하고 노력하는 모습을 보인다.

비밀유지의무는 계속됩니다

조사와 판단을 거쳐 행위자와 피해근로자에 대한 조치까지 모두 이루어지게 되면 다 끝났다고 생각할 수 있을 테지만 끝나도 끝나지 않는 것이 있습니다. 바로 비밀유지의무의 준수입니다. 법 제76조의3 제7항에서는 동조 제2항의 사실 확인을 위한 객관적 조사를 실시하는 과정에서 직접 괴롭힘 발생 사실을 조사한 사람, 조사 내용을 보고받은 사람 및 그 밖에 조사 과정에 참여한 사람에 대해 비밀유지의무를 부과하고 있습니다.

이때 조사한 사람은 말 그대로 조사자를 의미하는 것이고, 조사 내용을 보고받은 사람은 조사 결과에 대해 이를 보고받은 회사 내 결재 라인에 있는 모든 사람들을 말한다고 할 것입니다. 만약 직장 내 괴롭힘 해당 여부 판단을 위해 외부 위원을 포함한 심의위원회가 꾸려진 경우라면, 해당 위원회의 위원들 역시 조사 내용을 실질적으로 보고받았다고 볼 것이므로 이들도 비밀유지의무를 준수해야 할 의무가 있다고 할 것입니다. 또한 조사 과정에 참여한 사람이라 함은, 신고인과 피신고인은 물론 참고인이 모두 포함된다고 보아야 할 것이므로 이러한 비밀유지의무 대상자들에게는 반드시 비밀유지 서약서를 작성하도록 하는 것이 바람직합니다.

비밀유지의무를 위반한 자는 500만원 이하의 과태료를 받게 되며, 경우에 따라서는 이러한 위반행위를 이유로 민사상 손해배상책임을 부담할 수도 있습니다.

따라서 조사를 실시하기에 앞서 조사자는 그 스스로 비밀유지 서약서를 작성하고 향후 조사 내용에 대해 철저히 비밀을 준수하여야 할 것이며, 신고인, 피신고인, 참고인들에 대한 조사를 실시할 때 이들로부터 비밀유지 서약서를 징구하는 절차를 거쳐야 할 것입니다. 그리고 이때, 조사자는 조사 대상자들로부터 단순히 서약서만 받는 데 그치지 말고 이 같은 법상 비밀유지의무의 내용과 중요성, 위반 시 과태료 제재 및 비밀 유출에 의한 민사상 손해배상책임을 부담할 수 있다(신고인과 피신고인 모두로부터 책임을 추궁당할 수 있습니다.)는 내용에 대하여 이를 충분히 설명하여 줄 필요가 있습니다.

특히 이때, 비밀유지의무를 위반하여 조사 내용을 함부로 유출하게 되는 경우 이러한 행위는 2차 피해를 가하는 것이 될 수 있으므로 조사자는 스스로 이를 분명히 인식하고[11], 나아가 이러한 내용을 피신고인과 참고인들에게 정확히 주지시킬 필요가 있습니다. 피해근로자인 신고인 스스로가 신고 내용 즉 자신의 피해 사실을 다른 사람에게 알리는 것은 문제가 되지 않으나, 만약 피신고인이나 참고인이 조사 이후 자신이 조사받은 내용을 다른 사람에게 알리는 등의 행동을 한다면 이는 비밀유지의무를 위반한 것이 됨과 동시에 피해근로자에 대해 직장 내 괴롭힘 2차 가

---

[11] 남녀고용평등법에 따른 직장 내 성희롱 조사자의 비밀유지의무에 관한 내용이기는 하나, 법원은 조사자가 조사 과정에서 취득한 신고인(피해근로자)이 작성한 피해보고서를 피신고인(가해자)에게 전달하고, 신고인에게 고소 취하를 계속적으로 권유한 행위에 대하여 이를 비밀유지의무를 위반한 것이자 2차 피해를 가하는 위법한 행위를 한 것으로 보아 조사자에게 신고인이 입은 정신적 손해(위자료)를 배상할 것을 명한 바 있습니다. (대구지방법원 포항지원 2021. 12. 23. 선고 2020가단110333 판결) 이러한 내용은 직장 내 괴롭힘의 경우에도 적용될 수 있을 것인바, 조사자의 비밀유지의무 위반 행위는 근로기준법에 따른 과태료 부과 대상이며, 이러한 행위가 동시에 2차 피해를 야기하는 것이 되는 경우 민사상 손해배상책임까지 부담하게 될 수 있음에 유의하여야 할 것입니다.

해를 한 것이 될 수 있는 가능성이 높기 때문입니다. 이에 실제로 조사를 받은 참고인이 조사 과정에서 알게 된 내용에 대하여 이를 피신고인에게 알려 주고, 다른 직원들에게도 조사 내용을 유포하면서, 피신고인 편을 들고 신고인을 따돌려 신고인으로부터 오히려 직장 내 괴롭힘 2차 가해자로 신고를 당하는 일이 종종 발생하곤 하는 것입니다.

따라서 조사자는 형식적으로 비밀유지 서약서를 받는 데 그칠 게 아니라 조사 전 피신고인에게는 비밀유지의무의 철저한 준수를 당부하며 2차 가해를 하는 일이 없도록 유의할 것을 당부하고, 참고인에게도 혹시 피신고인이나 다른 직원들이 조사 내용을 알려 달라고 하는 경우 비밀유지 서약서를 작성하였음을 알리며 이를 분명히 거부하고 역시 2차 피해를 가하는 일이 없도록 주의시켜야 할 것입니다. 그리고 피신고인과 참고인들 스스로도 이를 통해 비밀유지의무를 철저히 준수하고 2차 피해가 발생하는 일이 없도록 유의하여야 할 것입니다.

▌ **여기서 잠깐!**

2차 피해를 가하는 일이 없도록 하라며 2차 피해 방지를 강조하는데 정확히 어떤 행위가 2차 피해를 주는 것이 되는지 이를 알아보겠습니다. 2차 피해를 주는 행위가 무엇인지 정확히 알아야 의도치 않게 2차 피해를 가하거나, 부당하게 2차 피해를 가한 자로 지목되는 일을 막을 수 있을 것입니다.

① 사건을 은폐하거나 축소하려는 행위
② 피해자의 의사에 반하여 신고를 철회하거나 행위자와의 합의를 종용 내지 강요하는 행위
③ 피해자의 신고와 관련하여 그 신고 내용이나 피해자의 인적 정보 및 평판에 관한 내용을 타인에게 전달하는 행위(정보통신망을 이용한 행위를 포함)

④ 피해자를 비난하거나 피해자에게 책임을 전가하려는 행위

⑤ 정당한 이유 없이 행위자를 옹호하거나 두둔하는 행위

⑥ 정당한 이유 없이 피해자에게 피해 사실 언급 및 피해 사실을 확인하려는 행위

⑦ 피해자 및 조력자에 대한 악소문을 유포하는 행위

⑧ 그 밖에 이에 준하는 행위

※ 위 ①~⑧의 내용은 여성가족부의 '여성폭력 2차 피해 방지 지침 표준안' 제7조에서 규정하고 있는 2차 피해를 주는 행위의 예시를 참고한 것입니다.

행위자에 대한 형사처벌은 따로 고소를 해야 합니다

　직장 내 괴롭힘 행위를 하였다고 행위자(가해자)가 곧바로 형사처벌을 받게 되는 것은 아닙니다. 직장 내 괴롭힘 사실이 확인되면 회사는 근로관계 안에서 사용자로서의 징계권 등을 바탕으로 근로자인 행위자에 대해 징계 등의 조치를 하는 것이지요. 이는 고용노동청 역시 마찬가지입니다. 직장 내 괴롭힘 피해를 당한 분들 중에서는 행위자에 대한 엄중한 처벌이 이루어지기를 바라며 고용노동청에 신고를 하시는 분들도 많은데요, 고용노동청이 행위자에 대해 직접 과태료를 부과하거나 형사처벌을 받을 수 있게 해 주지 않습니다. 앞서 근로기준법을 살펴보았지만, 직장 내 괴롭힘과 관련하여 형사처벌이 이루어지는 경우는 오직 사용자가 직장 내 괴롭힘 발생 사실을 신고한 근로자 및 피해근로자등에게 해고나 그 밖의 불리한 처우를 한 경우뿐입니다. 과태료 처분의 제재 역시 직접적으로 직장 내 괴롭힘 행위를 하였다는 이유로 그 행위자에 대해 이루어지는 것은 아닙니다.

　따라서 '행위자에 대하여 형사처벌을 받게 하고 싶다!'라는 분들이라면 직장 내 괴롭힘 신고와 별개로 형사고소를 하셔야 하고, 고소는 범죄의 혐의가 있어야 할 수 있는 것이므로 결국 행위자의 괴롭힘 행위가 형사범죄에 해당하는 경우에 한하여 고소를 하여 형사처벌을 받게 할 수 있는 것입니다.

즉 괴롭힘 행위가 단순히 근로기준법에서 금지하고 있는 직장 내 괴롭힘에 그치지 않고 동시에 '폭행, 상해, 모욕, 명예훼손, 강요, 협박, 강제추행, 업무상 위력 등에 의한 간음 등'의 범죄에 해당하는 경우 이에 대해 수사기관에 고소를 하여 형사처벌을 받게 할 수 있는 것입니다.

실제로 모욕이나 명예훼손(정보통신망을 이용한 경우 포함)이 자주 문제가 되는데요, 이때는 피해근로자께서 직장 내 괴롭힘 사실을 회사에 신고하시거나 고용노동청에 진정을 제기하는 것과 별개로 수사기관(경찰)에 행위자를 고소하여 형사사건 절차가 진행될 수 있도록 하셔야 한다는 말씀입니다. 이 때문에 사실 피해근로자분들께서 여러 기관에 문제를 제기해야 하는 번거로움을 느끼기도 하시고, 그 시점을 고민하시기도 합니다. 예컨대 다른 직원들 앞에서 모욕적인 언사를 반복해서 듣는 괴롭힘을 당하였을 때, 직장 내 괴롭힘 신고와 형사고소를 각 어느 시점에 할 것인지 고민이 되는 것이지요. 이 문제는 일률적으로 정할 것은 아니고 개별 사안의 특성이나 상황을 고려해서 진행하시면 될 것입니다. '빨리 형사범죄로 인정이 되어야 회사에서도 직장 내 괴롭힘 해당 여부를 판단하고 행위자에 대한 조치를 함에 있어 강력한 징계처분을 할 수 있을 것 같다.'라고 여겨지면 형사고소를 먼저 신속히 할 수 있을 것이고, 회사의 신고 사건 처리 경과를 지켜보고 형사처벌 희망 여부를 생각해 보겠다는 판단이 드신다면 회사 내 절차를 우선하여 진행하실 수 있을 것입니다.

▌여기서 잠깐!

일반적으로 형사처벌이 이루어지는 경우라고 하면 형법상 범죄만을 생각하시는 경우가 많은데요, 그렇지 않습니다. 법률에서 위반 시 형사처벌 규정을 두고 있다면 이러한 법률 위반 행위는 범죄에 해당하는 것이기 때문에 형법 외에 여러 법률에서 범죄 행위를 규정하고 있는 것입니다.

그런데 근로감독관은 근로기준법뿐만 아니라 남녀고용평등법 등 여타 법률에 규정된 범죄에 관하여 사법경찰관의 직무를 수행하므로(「사법경찰관리의 직무를 수행할 자와 그 직무범위에 관한 법률」 제6조의2 제1항 참조), 직장 내 괴롭힘 행위가 남녀고용평등법에서 위반 시 형사처벌 규정을 두고 있는 금지행위로서 이루어졌다면 피해근로자는 고용노동청에 고소를 하여 행위자로 하여금 형사처벌을 받게 할 수 있습니다.

예컨대, 「남녀고용평등법」 제22조의2 제6항에서는 가족돌봄휴직 또는 가족돌봄휴가를 이유로 해당 근로자를 해고하거나 근로조건을 악화시키는 등 불리한 처우를 하여서는 아니 된다고 규정하고 있으며, 동법 제37조 제2항 제6호에서는 이를 위반하는 행위를 한 경우 3년 이하의 징역 또는 3천만원 이하의 벌금에 처하도록 하고 있습니다. 그런데 만약 어떤 사용자가 근로자가 가족돌봄휴가를 사용한다는 이유로 근로자를 안 좋게 보면서 열악한 근무지로 전보 발령을 한다거나 다른 직원들 앞에서 해당 근로자를 비꼬는 말을 계속하고 성과급을 지급하지 않는 등의 행위를 하였다면 이는 근로기준법에서 금지하고 있는 직장 내 괴롭힘에 해당함과 동시에 「남녀고용평등법」 제22조의2 제6항을 위반한 것에 해당할 수 있는 것입니다. 따라서 이러한 경우에 해당 근로자는 직장 내 괴롭힘 신고를 함과 별개로 고용노동청에 해당 사용자의 남녀고용평등법 위반 행위를 "고소"하여 근로감독관이 사법경찰관으로서 범죄 해당 여부를 수사할 수 있도록 할 수 있는 것입니다.

이에 피해근로자의 입장이라면 행위자가 자신이 행한 가해행위에 대해 최대한의 책임을 지기를 원하실 것이므로, 행위자의 괴롭힘 행위가 근로감독관이 관할하는 법률에 규정된 범죄에 해당하는 것으로 여겨지는 경우라면, 고용노동청에 이러한 내용에 대한 고소("진정"이 아닌 "고소"임을 분명히 밝히고 강력한 처벌을 희망한다는 의사를 고소장 등을 통해 밝히는 것입니다.)를 신속히 진행하시는 것이 향후 직장 내 괴롭힘 신고 사건 진행에 있어서도 보다 유리한 상황을 만들 수 있을 것입니다.

민사상 손해배상청구를
할 수 있습니다

직장 내 괴롭힘이 인정되어 행위자에 대한 징계가 이루어졌더라도 경징계에 불과하여 피해근로자 입장에서 성에 차지 않을 수 있습니다. 또는 원하던 수준의 중징계가 이루어졌지만, 징계는 징계일 뿐 행위자의 괴롭힘으로 인해 지금까지 받아 왔던 정신적 고통에 대한 손해를 아직 배상받지 못하였으므로 금전으로나마 고통을 위로받고 싶을 수도 있습니다. 실제로 괴롭힘으로 인해 불안장애, 우울증 등이 발생하여 지속적으로 병원을 다니며 치료를 받고 있고 이에 따른 치료비가 계속 나가는 상황이라면 더욱이 이러한 손해는 마땅히 행위자가 이를 부담하여야 하는 것이라는 생각을 하게 될 것입니다.

그래서 이런 때는 법원에 민사상 손해배상청구를 하실 수 있습니다. 즉 피해근로자는 직장 내 괴롭힘 행위 전반에 대하여 행위자에게 "고의 또는 과실로 인한 위법행위로 타인에게 손해를 가한 자는 그 손해를 배상할 책임이 있다."라는 「민법」 제750조에 근거하여 손해배상청구를 할 수 있으며, "타인의 신체, 자유 또는 명예를 해하거나 기타 정신상 고통을 가한 자는 재산 이외의 손해에 대하여도 배상할 책임이 있다."라는 제751조 제1항에 따라 재산 이외의 손해에 대해서도 손해배상책임을 추궁할 수 있습니다. 괴롭힘 행위로 인해 받은 정신적 고통에 대한 위자료를 청구할 수 있는 것입니다.

또한 이때 손해배상책임은 반드시 직장 내 괴롭힘을 직접 한 행위자에 한정되지 않고 "타인을 사용하여 어느 사무에 종사하게 한 자는 피용자가 그 사무집행에 관하여 제3자에게 가한 손해를 배상할 책임이 있다."라는「민법」제756조 제1항 본문에 따라 직무와 관련하여 괴롭힘 행위를 한 해당 행위자의 사용자도 이를 부담할 수 있는 것입니다. 다만 위 조항 단서에서는 "사용자가 피용자의 선임 및 그 사무감독에 상당한 주의를 한 때 또는 상당한 주의를 하여도 손해가 있을 경우에는 그러하지 아니한다."라고 규정하고 있으므로, 사용자로서는 평소 직장 내 괴롭힘 예방과 방지를 위한 노력을 적극적으로 기울여 왔으며 특히 괴롭힘 행위를 한 행위자의 업무 수행 과정에 있어서도 행위자가 괴롭힘 행위를 하지 않도록 이를 철저히 관리하였음에도 불구하고 이러한 일이 발생하였음을 입증하여 책임을 면할 수 있을 것입니다.

특히 사용자 입장에서는 '내가 직접 괴롭힘 행위를 한 것은 아니니 손해배상책임을 부담하진 않겠지.'라는 생각을 하셔서는 안 됩니다. 사용자는 행위자의 괴롭힘 행위를 방조하였다는 이유로도「민법」제756조 사용자 배상책임을 부담할 수 있으며, 근로자와 사용자간 근로계약 관계에서 파생되는 사용자의 근로자에 대한 안전배려의무 위반에 따른 책임으로서도 배상책임을 부담할 수 있어 결국 이 경우 행위자와 사용자가「민법」제760조(수인이 공동의 불법행위로 타인에게 손해를 가한 때에는 연대하여 그 손해를 배상할 책임이 있다)에 따른 공동불법행위책임을 부담하게 되는 것입니다. 이에 실무적으로는 손해배상청구소송 제기 시 행위자와 사용자를 모두 피고로 하여 연대책임을 묻는 경우가 많습니다.

끝으로 민사상 손해배상청구를 할 수 있다는 것에 대해서는 이를 잘 알고 있는데, '정확히 얼마나 받을 수 있냐?'라는 질문을 하시는 분들이 많아 이에 대해 말씀드리면, 직접적인 재산상 손해는 이를 객관적으로 계산할 수 있을 것이고(예컨대 병원비는 진료비 영수증 등을 바탕으로 해당 금액을 청구하면 될 것입니다.), 문제는 위자료인데 안타깝지만 사실 우리나라 법원이 인정하는 위자료 수준이 그렇게 높지는 않습니다[12]. 특히 직장 내 괴롭힘은 폭행 등으로 직접적인 신체적 피해를 야기하는 경우보다는 정신적 피해를 가져오는 경우가 많은데, 하다못해 정신건강의학과 병원에서 진단이나 진료도 받지 않고 혼자서 꽁꽁 싸매고 있었던 경우라면 '내가 그동안 얼마나 고통을 받았는지'를 법원에서 주장·입증한다는 것은 결코 쉽지 않은 일이기도 합니다.

결국, 직장 내 괴롭힘 사건은 각 사안별로 그 내용과 형태가 모두 달라 일률적으로 배상액을 말하긴 어려우나, 일단 위자료의 산정은 괴롭힘이 있었던 기간, 괴롭힘의 구체적인 내용과 정도, 행위자의 고의 여부 또는 과실의 정도, 피해자가 입은 손해의 정도 등을 종합적으로 고려하여 결정되게 될 것이며[13], 이에 실제 사안들에서 법원이 인정한 금액을 보면 50만 원부터 2,500만 원까지 다양한 수준을 보였던 것입니다.

---

[12] 다음 장에서 실제 판결들을 살펴보면 일반적인 직장 내 괴롭힘 행위에 대한 위자료로 주로 200만 원~500만 원, 심각하고 반복적인 괴롭힘 행위에 대해 500만 원~1,000만 원 정도를 인정하고 있음을 볼 수 있습니다.

[13] 불법행위로 입은 정신적 고통에 대한 위자료 액수는 사실심법원이 여러 사정을 참작하여 그 직권에 속하는 재량에 의하여 확정할 수 있으며(대법원 2002. 11. 26. 선고 2002다43165 판결 등), 법원이 불법행위로 인한 위자료를 산정함에 있어서는 피해자의 연령, 직업, 사회적 지위, 재산 및 생활상태, 피해로 입은 고통의 정도, 피해자의 과실정도 등 피해자 측의 사정에 가해자의 고의, 과실의 정도, 가해행위의 동기, 원인, 가해자의 재산상태, 사회적 지위, 연령, 사고 후의 가해자의 태도 등 가해자 측의 사정까지 함께 참작하게 됩니다(대법원 2009. 12. 24. 선고 2007다77149 판결).

근로감독에 대비해야 합니다

'근로감독이 나온다!' 사용자를 긴장할 수밖에 없게 하는 말일 텐데요. 사업장 근로감독이라 함은 감독관이 근로조건의 기준을 확보하기 위하여 사업장, 기숙사 그 밖의 부속 건물에 임검하여 노동관계법령 위반 여부를 점검하고 법 위반 사항을 시정하도록 하거나 행정처분 또는 사법처리하는 일련의 과정을 말합니다. 사업장 근로감독은 정기감독, 수시감독, 특별감독의 3가지로 나뉩니다. 정기감독은 장관이 매년 수립·시행하는 사업장근로감독종합시행계획에 따라 실시하는 것이므로, 정기감독을 받게 되는 사업장들은 이를 미리 알고 준비할 수 있어 사실 큰 문제가 되지는 않을 것입니다.

문제는 수시감독과 특별감독인데요. 직장 내 괴롭힘 사건이 발생하는 경우 이 같은 예정에 없던 근로감독이 갑작스럽게 실시될 수 있음을 사전에 인지하시어 사업장에서는 평소에도 직장 내 괴롭힘 관련 risk 철저히 관리하는 것이 필요합니다. 그럼 수시감독과 특별감독에 대하여 이를 좀 더 자세히 설명드리겠습니다.

먼저, 수시감독이라 함은 사업장근로감독종합(세부)시행계획이 확정된 이후 정기감독계획에 반영하지 못한 사항 중 특정한 경우에 해당하는 사업장 또는 업종을 대상으로 별도의 계획을 수립하여 실시하는 근로감독입니다. 그런데 이때, 이 특정한 경우에 해당하는 사업장에는 ① 동향, 제보, 언론보도 등을 통하여 노동관계법령 위반 가능성이 있다고 판단되는 사업장, ② 근로감독 청원 등이 접수되어 사업장 감독이 필요하다고 인정되는 사업장이 포함되는 것입니다.[14] 이에 직장 내 괴롭힘 피해를 입은 근로자가 언론이나 관련 시민단체 등에 그 내용을 제보하여 해당 내용이 보도되거나 사회적으로 널리 알려지는 등의 일이 발생하고, 해당 내용으로 보았을 때 근로기준법에서 규정하고 있는 직장 내 괴롭힘 관련 사용자의 의무 등을 위반한 것으로 보이는 경우 해당 사업장에 대한 수시감독이 실시될 수 있는 것입니다. 또한 어느 행위자 한 명이 수인에 대해 직장 내 괴롭힘 행위를 하는 일이 일어나 해당 근로자들이 집단적으로 근로감독을 청원하는 등의 일이 발생하였다면, 이러한 경우 역시 고용노동청은 이를 바탕으로 사업장 전반에 걸친 법 위반 여부 확인이 필요하다는 판단하에 수시감독을 실시할 수 있습니다. 즉 사업장 내에서 발생한 직장 내 괴롭힘을 회사에서 제대로 처리하지 못하였다가는 피해근로자등이 외부 공론화 등을 통해 해결을 모색하려 할 수 있고, 이 과정에서 사업장은 예정에 없던 근로감독을 받게 될 수 있는 것입니다.

다음으로, 특별감독이라 함은 특정한 경우에 해당하는 사업장에 대하여 노동관계법령 위반사실을 수사하기 위해 실시하는 근로감독을 말하는바, 이 경우는 관련 규정에서 더욱 명확히 직장 내 괴롭힘 사건으로 인한 특별 근로감독의 실시를 예정하고 있습니다. 즉 '폭언, 폭행, 직장 내 성희롱, 괴롭힘 등 근로자에 대한 부당한 대우로 사회적 물의를 일으킨

---

14 근로감독관집무규정 제12조 제2호 참조

사업장'에 대하여 특별감독이 실시될 수 있음을 근로감독관집무규정에서 명시하고 있는 것입니다.[15]

이에 실제로 고용노동부에서는 2021년에 우리나라의 한 대표적인 IT 기업에서 직장 내 괴롭힘으로 근로자가 사망하는 사건이 발생하자, 해당 회사에 대해 직장 내 괴롭힘을 비롯한 조직문화와 근로조건 전반에 대한 심층적인 점검이 필요하다는 판단으로 특별근로감독을 실시하였던 것입니다. 이때 고용노동부는 특별근로감독 과정에서 사망한 근로자에 대한 직장 내 괴롭힘 사실 여부와 함께 사내 직장 내 괴롭힘 신고 채널의 적정한 작동 여부를 점검하였고, 이 외에 근로기준법 등 노동관계법 전반에 대한 심층 점검을 실시하였는바, 그 결과 고용노동부는 문제가 된 사안에서 직장 내 괴롭힘이 인정된다는 점과 사용자가 직장 내 괴롭힘 관련 조치 의무를 위반하였음을 확인하였고, 직장 내 괴롭힘 사내 신고 채널이 부실하게 운영되고 있음은 물론 신고자에 대하여 불리한 처우가 있었음을 확인하였습니다. 이에 이러한 위반 사항에 대해 각 근로기준법에 따라 검찰 송치 및 과태료 부과 처분을 진행하고, 직장 내 괴롭힘 재발 방지 등을 위하여 조직문화를 개선할 것을 행정지도 한 것입니다.[16]

이 같은 특별감독 실시 내용은 사업장에 매우 중요한 시사점을 준다고 할 것이므로 이 내용을 조금 더 자세히 살펴보겠습니다.[17]

① 우선 고용노동부는 사망한 근로자가 직속 상사(임원급)로부터 지속

---

15 근로감독관집무규정 제12조 제3호 라목 참조
16 참고로, 직장 내 괴롭힘 관련 내용 외에 임금체불 등 근로기준법 위반, 남녀고용평등법 위반 등의 사실이 적발되어 이에 대해서는 별도로 관련 사법·행정조치를 하였습니다.
17 특별감독의 내용에 대해서는 '고용노동부 2021. 7. ○○○ 특별감독 결과, 직장 내 괴롭힘 등 노동관계법 위반 확인 보도참고자료'를 참조하였습니다.

적으로 폭언과 모욕적 언행을 들었으며, 의사결정 과정에서도 의도적으로 배제되었고, 과도한 업무 압박에 시달렸다는 내용과 관련하여, 이를 사망한 근로자와 같은 부서에서 근무한 직원들의 진술 및 사망한 근로자의 일기장 등 관련 자료를 통해 사실로 확인된다고 보았습니다. 이에 이와 같은 행위는 「근로기준법」 제76조의2에서 금지하고 있는 직장에서의 지위나 관계상의 우위를 이용하여 업무상 적정범위를 넘어 정신적·신체적인 고통을 준 직장 내 괴롭힘에 해당한다고 판단한 것입니다.

② 「근로기준법」 제76조의3 제2항에 따르면, 사용자는 직장 내 괴롭힘 발생 사실을 인지한 경우 지체 없이 사실 확인을 위한 조사를 실시해야 함에도, 회사는 사망한 근로자에 대한 직장 내 괴롭힘 사실을 사전에 인지하고서도(사망한 근로자 본인을 포함하여 다수의 직원들이 임원(최고운영책임자)에게 가해자의 직장 내 괴롭힘에 대해 직접 문제 제기를 한 사실이 있었던 것입니다.) 사실확인을 위한 조사를 진행하지 않았는바, 이는 법상 사용자 조치의무를 이행하지 않은 것으로 확인하였습니다.

③ 고용노동부는 특별감독 과정에서 문제가 된 사건만을 조사한 것이 아니라 근로기준법에 직장 내 괴롭힘 관련 규정이 신설되어 시행이 된 이후, 그간 회사 내에서 직장 내 괴롭힘 신고를 접수받아 처리한 모든 사건을 점검하였는바, 신고 내용이 직장 내 괴롭힘에 해당한다고 보는 것이 타당한 사안임에도, 회사가 직장 내 괴롭힘 '불인정' 결정을 하는 등 일부 신고 사건에 대하여 불합리하게 처리를 하였다고 판단하였습니다. 이때 고용노동부가 회사가 불합리한 처리를 하였다고 본 사례는 ⅰ) 직속 상사의 모욕적 언행, 과도한 업무 부여, 연휴 기간 중 업무 강요가 있었음에도 이를 직장 내 괴롭힘에 해당하지 않는다고 본 경우와, ⅱ) 직속 상사의 의도적 업무 배제 등에 대해 조사를 의뢰받은 외부 기관이 추가 조

사가 필요하다는 의견을 제시하였음에도 불구하고 추가 조사 없이 직장 내 괴롭힘 불인정 처리를 한 경우였습니다.

특히 고용노동부는 ⅰ) 사례에 대하여 회사가 단순히 직장 내 괴롭힘 해당 여부를 잘못 판단한 것에 그치는 것이 아니라, 조사가 부실하게 진행되어 이로 인해 직장 내 괴롭힘에 해당한다고 볼 사안을 해당하지 않는 것으로 처리한 것임을 지적하였고, 나아가 괴롭힘 신고가 있었으므로 긴급 분리 조치를 하겠다는 명목으로 행위자가 아닌 오히려 신고를 한 피해근로자를 소관 업무와 무관한 부서로 배치하고 직무를 부여하지 아니하였는바, 이는 「근로기준법」 제76조의3 제6항에 해당하는 불리한 처우로서 형사처벌 대상임을 확인한 것입니다.

④ 한편, 특별감독 과정에서에서 직장 내 괴롭힘 등 조직문화 진단을 위해 전 직원 대상 설문조사가 실시된 결과 응답자의 절반 이상이 최근 6개월 동안 한 차례 이상 직장 내 괴롭힘을 겪었다고 하였는바, 고용노동부는 회사의 조직문화를 전반적으로 개선할 필요성이 매우 높다는 판단을 하였고 이에 회사로 하여금 조직문화 개선 방안과 직장 내 괴롭힘 재발 방지계획을 수립하여 제출하도록 지도하였던 것입니다.

따라서 위와 같은 내용을 통해 각 사업장에서는 특별감독이 실시되는 일이 없도록 또는 특별감독 등 근로감독이 실시되더라도 노동관계법령 위반사실이 없는 것으로 확인될 수 있도록, 평소 직장 내 괴롭힘 관련 위험관리(Risk Management)를 하는 것이 필요하다고 할 것입니다. 이에, 위 사례를 바탕으로 회사에서 유의하셔야 할 내용을 정리해 보면 다음과 같습니다.

❶ 직장 내 괴롭힘 사실조사 및 해당 여부 판단 시, 당사자들의 주장

외에도 참고인 조사(진술 확보), 자료 제출 요청 등 여러 방법을 통해 최대한 증거를 확보하도록 합니다.

❷ 직장 내 괴롭힘 사실조사는 객관적이고 공정하며, 그 내용이 충실히 이루어져야 하므로, 가능하다면 전문 외부 기관에 이를 맡기도록 하고, 그렇지 못한 경우라면 사용자는 사내 조사 담당자가 충실한 내용으로 조사를 하였는지, 조사 결과를 바탕으로 한 직장 내 괴롭힘 해당 여부 판단이 이루어지기 전 이를 확인하도록 해야 합니다. 또한, 외부 기관에 조사를 의뢰한 경우 해당 기관의 의견은 일응 회사의 자체적인 결정보다 객관적이라고 볼 것이므로, 외부 기관의 조사 결과나 의견은 이를 최대한 존중하고, 만약 이와 다른 처리를 하는 경우라면 그 이유와 근거를 분명히 설명할 수 있도록 준비해야 할 것입니다.

❸ 사용자가 직장 내 괴롭힘 발생 사실을 인지한 경우에는 지체 없이 조사를 실시하여야 할 것인데, 이때 '사용자'에는 대표이사 또는 사장만 포함이 되는 것이 아니므로 특히 관리자 지위에 있는 분들의 경우 직장 내 괴롭힘 발생 사실을 인지하였다면 즉시 이를 회사에 공식 보고하고 관련한 법적 절차가 신속히 개시될 수 있도록 해야 합니다.

❹ 직장 내 괴롭힘 신고를 한 피해근로자등에 대하여 조사 기간 동안 행위자와 분리하는 조치를 하는 경우가 많은데, 이때 피해근로자등의 의사에 반하여 피해근로자를 이동시키는 행위를 하여서는 아니 될 것이며, 가급적 행위자를 이동시켜 분리시키되, 만약 피해근로자등이 스스로 이동하여 분리되는 것을 희망한다면 그에 따라 처리하되 그 의견을 분명히 남겨 놓아야 하겠습니다. 또한 피해근로자등이 원치 아니하는 조치를 보호를 위해서라는 명분으로 강제로 하여서는 안 됩니다.

❺ 직장 내 괴롭힘 신고 사건을 접수하거나, 발생 사실을 인지한 경

우 해당 내용과 그 사건의 처리 과정 등을 꼼꼼하게 기록하여 두어야 합니다.

❻ 직장 내 괴롭힘 해당 여부 판단은 외부 전문가가 다수 참여한 심의위원회 등 독립성이 보장된 기구에서 당사자들에게 의견 진술의 기회를 부여한 후 구체적인 심의를 거쳐 이루어지는 것이 바람직합니다.

❼ 직장 내 괴롭힘을 신고하는 신고 채널로서 "신고센터"를 운영하고, 신고 접수와 함께 상담(이때 상담은 근로자들 중 담당자를 정할 수도 있고 회사가 위촉한 전문 상담사를 통한 상담을 실시하는 것으로 할 수도 있습니다.)을 제공하는 등을 절차를 마련해 놓을 필요가 있습니다. 이때 신고센터라는 것은 반드시 물리적으로 별도의 기관이나 조직을 운영하라는 의미가 아니라, 신고 접수 및 사건 처리 지원을 담당하는 업무 주체를 만들어 이를 통해 직장 내 괴롭힘 신고 접수가 원활하게 처리될 수 있도록 하여 신고 채널의 부실 운영이라는 지적을 받는 일이 없도록 하는 목적입니다.

❽ 신고센터에 관한 내용을 포함하여, 직장 내 괴롭힘 발생 시 신고부터 사건 처리에 이르는 절차에 대하여 이를 분명히 정하여(취업규칙에 규정하는 것 포함) 근로자들에게 이를 널리 알리고 홍보할 필요가 있습니다. 회사가 직장 내 괴롭힘 근절과 예방에 적극적인 입장임을 알리고, 피해를 입은 근로자들이 자유롭게 신고를 할 수 있도록 하는 조직분위기를 만들 필요가 있습니다.

❾ 전체 근로자들을 대상으로 정기적으로(연도별, 상하반기별, 분기별 등) 직장 내 괴롭힘 관련[18] 무기명 설문조사를 실시하여 조직문화를 진단하고 이를 통해 발견된 문제점을 개선해 나가도록 해야 합니다. 무기명 설

---

[18] 직장 내 괴롭힘 외에 직장 내 성희롱 등 익명성 보장이 요구되는 민감한 쟁점으로서 조직문화 진단을 위해 필요한 다른 사항들에 대해서도 함께 설문조사를 실시할 수 있을 것입니다.

문조사를 실시하는 경우 신고에는 이르지 않았으나 조직 내 존재하는 직장 내 괴롭힘 관련 문제를 파악하여 더 큰 문제 발생을 예방하는 조치를 할 수도 있을 것입니다.

위와 같은 내용은 단순히 특별근로감독에 걸리지 않기 위해, 근로감독을 잘 받기 위해 알아 두어야 할 내용이 아니라, 종국적으로 회사가 근로자들을 존중하고, 근로자들로 하여금 괴롭힘 없는 근무환경에서 안전하게 일 할 수 있는 조직문화를 만들기 위한 목적에서 실천해 가야 할 내용이라고 할 것입니다. 회사가 이러한 목적에서 진심과 의지를 갖고 직장 내 괴롭힘 근절과 예방을 위해 노력할 때, 사용자로서 위반행위가 인정되어 책임을 추궁당하는 일도 자연스럽게 발생하지 않게 될 것입니다.

2장

본격!
직장 내 괴롭힘
판례 분석

공인노무사 출신
노동전문변호사가
알려 주는

진짜 쓸모 있는
직장 내 괴롭힘
법 이야기

직장 내 괴롭힘 해당 여부

CASE 1 　 직장 내 괴롭힘 불인정 판결

(광주지방법원 2021. 2. 5. 선고 2020가합52585 판결[19])

[판결의 주요 내용]

> 이 사건 비위행위가 직장 내 괴롭힘에 해당하는지 여부
>
> 가) 지위 또는 관계 등의 우위를 이용하여 업무상 적정범위를 넘어선 행위인지
> 원고는 토의 결과를 발표하고 있었고, 발표 도중 자신과 가까운 ○○○법인지사 테이블에 앉아 있던 E에게 나이를 물어보았다. 증인 E의 증언에 의하면, 원고는 '직원들의 역량과 나이의 차이에 따라서 고객들을 배분하겠다'는 취지로 발표를 한 사실, 당시 E는 PT 화면에 제일 가까운 앞쪽 가운데에 앉아 있었는데, 단상에서 발표를 하던 원고는 PPT 화면을 보고 있던 E를 지목하여 나이를 물어본 사실을 인정할 수 있다.
> 영업 사원의 평균 연령이 50세 이상이 된다는 점을 설명하기에 앞서 참석자들의 참여를 유도하여 집중도를 높일 의도로 나이를 물어보았다는 원고의 주장이 비합리적이라거나 거짓이라고 볼 만한 사정은 없는 점, 원고보다 하위의 직원들이 주로 고객을 직접 상대하는 업무를 담당하는 것으로 보이는 점, 원고와 E는 같은 부서에서 근무한 적이 없고 **원고가 E에 대하여 지위의 우위를 이용한 행위를 할 만한 특별한 이유가 없는 점** 등을 고려하면, 원고가 E에게 나이를

---

[19] 광주고등법원 2021. 7. 22. 선고 2021나20889 판결로 확정되었습니다. 참고로, 다만 제1심에서는 회사가 원고에 대해 한 징계처분은 무효이나(직장 내 괴롭힘으로 인정되지 않으므로) 전보 명령은 적법하다고 보았으나, 항소심에서는 전보 명령까지 무효라고 판단하였습니다.

물어보는 질문을 하였다고 하더라도, 이는 발표자와 청중의 관계를 이용하여 마침 가장 가까이에 앉아 있던 E에게 질문을 하였을 뿐이라고 봄이 타당하고, 상급자인 원고가 지위의 우위를 이용하여 하급자인 E에게 나이를 물어보는 질문을 하였다고 단정하기 어렵고 달리 이를 인정할 증거가 없다. 또한 **원고가 '직원 개인의 역량과 나이를 고려하여 고객을 배정하겠다'는 취지의 발표를 한 후 영업 사원의 연령에 관한 설명을 하기 위하여 E에게 나이를 물어보는 질문을 한 것**이 업무상 적정범위를 넘어선 것이라고 보기 어렵다.

나) E에게 정신적 고통을 주었는지
직장 내 괴롭힘의 결과라 할 수 있는 정신적 고통은 주관적인 것이 아니라 객관적인 것으로서 피해자와 같은 처지에 있는 일반적이고도 평균적인 사람이라면 그 행위로 인해 고통을 느낄 수 있음이 인정되어야 한다. 피고의 고충 담당 부서가 조사한 참고인 19명은 전반적으로 원고의 이 사건 비위행위가 행사 분위기와 맞지 않았다는 점에는 동의를 하면서도, 그것이 상대방을 비하하는 발언이었는지 여부에 관하여는 5명이 비하 발언에 해당한다고, 5명은 비하 발언에 해당하지 않는다고 대답하였고, 나머지 9명은 듣는 사람에 따라 기분이 나쁠 수도 아닐 수도 있다고 판단을 유보하는 답변을 한 사실을 알 수 있다. 여기에다가 공식적인 행사에서 진행자로부터 갑작스럽게 질문을 받을 때 이에 대하여 어떻게 반응할 것인지는 질문을 받는 사람에 따라서 다양할 수 있다는 점 등을 더하여 보면, 이 사건 비위행위로 인하여 E와 같은 처지에 있는 일반적이고도 평균적인 사람이라면 고통을 느낄 수 있다는 사실이 인정된다고 보기 어렵다.

[판례 분석]

위 사건은 회사에서 법인 고객 업무를 담당하는 직원 총 119명이 참석한 행사에서 ○○○법인지사 지사장인 원고가 토의 결과를 PPT로 발표하며, 자신과 가까운 △△△법인지사 테이블에 앉아 있던 차장(E직원)에게 나이를 물어보고 A직원이 대답하지 않자 재차 'How old are you?'라고 영어로 나이를 물어본 행위에 대해, 회사가 이러한 원고의 행위가 자신이 상급자임을 인식한 상태에서 나이를 물어본 것으로써 지위의 우위성을 이용한 것이고, 회사 임직원들 모두 영업 조직의 고령화를 알고 있는 상황에서 원고가 영업 조직의 고령화 현상을 설명하면서 E직원에게 나이를 물어보고 특히 공개적인 자리에서 재차 영어로 나이를 물어본 것은 사회통념에 비추어 상당하지 않은 행위이므로 직장 내 괴롭힘에 해당한다고 보아 징계를 하였다가, 원고가 해당 징계의 무효 확인을 구하는 소를 제기한 사건입니다.

이에 대하여 법원은 위 판결 내용에서 확인할 수 있듯이, 지위 또는 관계 등의 우위를 이용하여(성립요건 1) 업무상 적정범위를 넘어선 행위를 한 것인지(성립요건 2) 및 그러한 행위로 인해 정신적 고통이 발생하였는지(성립요건 3)의 3가지 요건을 바탕으로 원고의 발언이 직장 내 괴롭힘에 해당하는지 여부를 판단하였습니다.

그런데, 원고에게 직급상 우위가 인정된다고 하더라도, 원고의 발언은 이러한 지위의 우위를 '이용'하여 이루어진 것은 아니었으며, 당시 E직원에게 나이를 물어보는 질문을 하게 된 경위가 발표 내용 중 영업 사원의 연령에 관한 설명을 하는 과정에서 청중과의 소통 차원에서 이루어지게 된 것이라고 보아 이는 업무상 적정범위를 넘어선 것이라고 보기 어렵다고 판단한 것입니다. 또한, E직원은 원고의 발언으로 인해 심한 불쾌감과 모욕감을 느꼈으므로 정신적 고통이 발생하였다고 주장하였으나, 법원은 정신적 고통 여부는 주관적인 기준이 아닌 피해자와 같은 처지에 있는 일반적이고도 평균적인 사람을 기준으로 객관적인 기준에 의거하여 인정되는 것임을 전제로, 이 사안의 경우 당시 상황을 직접 목격하였던 직원들을 참고인으로 조사한 결과, 이들 중 다수가 원고의 발언이 비하 발언인지 판단하기 어렵고, 오히려 그중 여럿은 비하 발언이 아니었다고 대답한 내용 등을 보았을 때, 객관적인 기준에서는 정신적 고통이 발생하였음을 인정하기 어렵다고 본 것입니다.

따라서 이 같은 판례를 통해 다음과 같은 사실을 알 수 있다고 할 것입니다.

첫째, 직장 내 괴롭힘에 해당하기 위한 요건인 '우위성'은 단순히 우위성이 존재하기만 하면 되는 것이 아니라 이를 이용하여 행위를 하였어야 함을 의미합니다. 위 사안을 예로 들면 원고가 E직원보다 직급상으로 우위에 있더라도 나이를 물어보는 것은 반드시 직급상 우위가 있지 않더라도, 즉 직급상 우위성을 굳이 이용하지 않더라도 할 수 있는 일이라는 것입니다. 반면에 예를 들어 만약 퇴근 시간이 되었음에도 상사가 업무를 마칠 것을 종용하였다면 이는 직급상 우위를 이용하여 한 것이라고 볼 수 있을 것입니다. 직급상 우위라는 권위를 내세워 부하 직원의 의사에 반하는 행위를 지시 또는 강요한 것이라고 볼 수 있을 테니까요.

둘째, 어떠한 발언이 업무상 적정범위를 넘어선 것인지 여부는 발언이 이루어지게 된 경위와 맥락, 당시의 상황, 행위자와 피해자의 관계, 발언의 횟수와 정확한 내용 등을 종합적으로 고려하여 판단될 것이라는 점입니다.

셋째, 정신적 고통이라 함은 단순한 불쾌감이나 당혹스러움에 불과한 정도로는 이를 인정하기 어려우며, 나아가 이는 개인이 주관적으로 느낀 감정이 아니라 해당 상황을 경험했을 때 다른 사람들 역시 고통을 느낄 수 있는 정도여야 이를 인정할 수 있다는 것입니다. 따라서 정신적 고통의 존재를 주장하고자 하는 측에서는 자신이 고통을 느꼈다는 내용만을 강조할 것이 아니라, 객관적으로 보더라도 이 정도면 고통을 느꼈을 것이라는 사실을 입증하기 위해 같은 상황에 있는 다른 사람들의 견해 등을 활용하여 이를 주장의 근거로 삼을 수 있을 것입니다.

끝으로, 위 판결과 관련하여 하나 더 말씀드리고 싶은 내용은, 회사가 직장 내 괴롭힘의 피해를 입었다고 주장하는 근로자의 주장을 최대한 경청하고 보호하는 조치를 취하는 것은 매우 바람직한 일이긴 하나, 그렇다고 하여 객관성을 잃고 신고인에게 편향된 모습을 보이는 것은 올바르지 않다는 것입니다. 가해자로 지목된 근로자 역시 부당하게 자신의 권리를 침해 받아서는 아니 되는바, 만약 회사가 해당 근로자에게 사실이 아닌 괴롭힘의 비위 사실을 인정한다거나, 비위 사실은 인정되더라도 그에 따른 적정한 조치 수준을 넘어 과도한 징계를 하는 경우 해당 징계가 취소되거나 무효로 판단되는 일이 발생할 수 있기 때문입니다. 따라서 회사는 이 두 가지 측면을 잘 고려하여 적법·타당한 판단이 이루어질 수 있도록 노력해야 할 것입니다.

CASE 2 직장 내 괴롭힘 불인정 판결

(서울북부지방법원 2021. 11. 3. 선고 2019가단15561 판결)

[판결의 주요 내용]

> 원고가 제출한 증거들만으로 원고가 2019. 7. 1. 복직한 후 피고회사의 E차장의 지시에 따라 종전 업무가 아닌 주/보조 계단 마포질 및 벽체 세제 청소 업무를 하다가 발목이 접질리는 부상을 당하였다거나, E차장이 원고에게 부당해고 구제신청 사실을 거론하여 모욕감을 주는 등으로 원고에게 직장 내 괴롭힘에 해당하는 행위를 함으로써 원고가 정신적 고통을 당하였다고, 즉 원고의 복직 후 근무와 원고가 주장하는 부상 또는 정신적 손해 사이에 상당인과관계가 존재한다고 인정하기에 부족하다.
> ① E차장은 복직한 원고에게 당일부터 1차 해고 전 원고가 담당하던 2층 및 3층 청소가 아닌 '주/보조 계단, 지하 2층, 쓰레기 분리 작업 보조' 업무를 배정하는 내용을 포함하여 미화 담당 근로자들의 담당 구역을 변경하였다. 그러나 그 중 쓰레기 분리 작업은 담당 구역 변경 전에 'K'가 전담하는 업무였고, 지하 2층은 'L'이 담당하던 '지하상가' 미화 업무의 일부로 보이며, '주/보조 계단' 업무 정도만 변경 전에 전담자를 두지 않았던 것에 불과하고, '주/보조계단' 청소도 **피고회사 소속 미화 담당 근로자들의 업무에 속한다고 봄이 상당하며, 미화 담당 근로자들의 담당 구역은 정기적으로 순환되어 온 것으로 보이므로, E가 위와 같은 업무를 특정 미화 담당 근로자에게 배정하는 것이 합리성을 결여한 부당한 조치라고 단정하기 어렵다.**
> ② 원고는 복직한 후 위와 같이 변경된 업무를 수행하다가 계단에서 발목을 접질렸다고 주장하나, 원고의 복직 당일 D가 예고 없이 사직하는 바람에 원고가 종전에 D가 담당한 7층, 8층 미화 업무를 담당한 사실이 확인되므로, 원고는 하루만 위와 같이 변경된 담당 구역의 미화 업무를 담당한 것으로 볼 수밖에 없다.
> ③ 그런데 원고는 2019. 7. 2.부터 7층, 8층 미화 업무를 담당하였다가, 2019. 7. 5. 우측 팔꿈치의 통증, 우측 발목 통증을 호소하면서 M한의원에서 통원 치료를 받았고, 2019. 7. 6. 3일 전부터 발목이 아프다고 호소하면서 N병원에서 통원 치료를 받다가 2019. 7. 9. 위 병원에 입원하여 '발을 제외한 하지의 기타 골부착부병증, 류마티스 관절염, 상세불명의 방광장애'를 진단명으로 하여 다양한 치료를 받았다. 그러나 원고가 치료받은 내용 중 상당 부분은 원고가 주장

> 하는 계단에서 발목이 접질린 것과 무관한 것으로 보인다.
> ④ 원고는 복직한 후 근무 중 부상을 당하였다고 주장하면서도 원고가 주장하는 부상 직후에 다른 근로자들이나 미화반장 또는 관리차장에게 부상 사실을 직접 말하지 않은 것으로 보인다.
> 따라서 원고의 직장 내 괴롭힘 등과 관련한 치료비 및 위자료 청구에 관한 주장은 이유 없다.

[판례 분석]

위 사건은 해고를 당하였다가 부당해고 판정을 받은 원고가 회사에 복직하였는데, 이후 사용자를 위하여 행위하는 자인 E차장이 원고가 종전에 수행하던 업무가 아닌, 이전에 아무도 전담하지 않던 업무를 수행하라는 지시를 하였고, 원고가 이를 수행하던 중 발목이 접질리는 부상을 당하여 산업재해 처리와 병가, 휴직 등을 신청하였으나 E차장이 이를 모두 거부하고 계속 비상계단 청소 업무를 지시하였으며, 동료 직원들 앞에서 원고의 부당해고구제신청 사실을 거론하여 모욕감을 주었는바, 이로 인해 불면, 불안, 우울감, 식욕 저하 등이 심해졌으므로 이 같은 E차장의 행위가 직장 내 괴롭힘에 해당한다고 주장하며 회사에 손해배상(치료비 및 위자료)을 청구한 사건입니다.

법원은 이에 대해 위 판결 내용에서 살펴본 바와 같이 여러 구체적인 사정을 바탕으로, E차장이 원고가 주장하는 바와 같은 행위(담당 업무 변경 및 지시)를 한 사실은 있으나[20], 이러한 행위가 적정범위를 넘어 이루어진 것으로서 직장 내 괴롭힘에 해당하지는 않는다고 보았는바, 이러한

---

20 근무 중 부상을 당하였다는 사실에 대해서는 이를 인정하기 어렵고, 치료 사실은 확인된다고 하더라도 그러한 신체 상태가 업무상 사고와 인과관계가 있다고 보기는 어렵다고 판단하였습니다.

판단의 핵심은 근로자가 이전에 하지 않았던 새로운 업무를 부여받았다고 하더라도 그러한 업무가 원래의 업무 범위에 속하며, 구역별 업무 담당자 배정이 순환하여 이루어져 왔던 이상, 이전에 해당 업무를 하지 않았다는 이유만으로 새로운 업무의 배정이 합리성을 결여한 행위라고 볼 수 없다는 것입니다.

그런데 담당업무 변경, 새로운 직무 부여, 근무구역 변경 등(이하 '담당업무변경등'이라 함)은 사용자와 관리자에 의해 사업장에서 종종 이루어지는 일이고, 이에 대해 해당 근로자가 이를 직장 내 괴롭힘으로 인식하는 경우가 있을 수 있다는 점도 어느 정도 예상할 수 있는 것인바, 그렇다면 과연 어떤 경우에는 담당업무변경등이 적정범위를 벗어나 합리성을 결여한 행위에 해당하고 어떠한 경우는 정당한 인사 명령 및 업무 지시가 되어 이를 괴롭힘에 해당하지 않는다고 볼 것인지 그 판단이 쉽지 않은 것입니다. 이에 위 판례를 분석하여 법원에서 판단 요소로 보고 있는 내용들을 정리해 보면 다음과 같습니다.

첫째, 변경된 담당 업무 또는 새로이 부여된 직무가 당초 근로계약상 업무 또는 직무의 범위에 해당하는지 여부입니다. 변경된 업무나 새롭게 부여된 직무가 당초 해당 근로자의 근로계약상 업무(직무) 범위에 포함되어 있는 것으로 볼 수 있다면, 설령 이러한 업무를 이전에는 수행하지 않았다고 하더라도 이러한 사정만으로 이러한 담당업무변경등을 합리성을 결여한 업무 배정이라고 단언하기 어렵습니다. 그리고 이때, 변경되거나 새롭게 부여된 직무가 해당 근로자의 기존 업무 범위에 해당하는 것인지 여부는 근로계약서에 기재된 직무의 내용이나 범위, 직무기술서, 업무 분장 현황 등을 고려하여 판단할 수 있을 것입니다.

둘째, 담당업무변경등이 이례적으로 이루어진 것인지 아니면 통상적인 인사 조치로 이루어진 것인지 여부입니다. 평소 담당업무변경등이 사내에서 통상적으로 이루어져 왔다면 특별한 사정이 없는 한 해당 근로자에 대하여 이루어진 담당업무변경등도 이를 불합리한 것이라고 보기 어려울 것입니다. 이에 판례는 위 사건에서 그간 근로자들에 대해 업무 담당 구역이 정기적으로 순환되어 왔음을 인정하여, 원고의 담당 구역을 변경한 것도 이러한 정기 순환 조치의 차원에서 이루어진 것이라고 본 것입니다. 따라서 담당업무변경등이 회사에서 관행적 또는 정기적으로 이루어져 왔는지(이때 담당업무변경등을 해 온 전례가 있음은 사용자가 이를 입증하면 될 것입니다.), 담당업무변경등이 이루어진 시점은 언제였는지(아무리 통상적으로 담당업무변경등이 이루어져 왔다고 하더라도 시기적으로 일반적이지 않은 시점에 이루어졌는지 여부), 다른 사람들에 대해서도 비슷한 내용으로 담당업무변경등이 이루어진 경우가 있었는지 여부 등을 구체적으로 종합하여 담당업무변경등의 이례성 여부를 판단할 수 있을 것입니다.

셋째, 담당업무변경등이 이루어지게 된 경위와 당시 회사의 상황이 고려될 수 있을 것입니다. 이전에는 문제가 된 사안과 같은 담당업무변경등이 이루어진 적이 없었다고 하더라도 해당 시점에 그러한 담당업무변경등을 하였어야 할 특별한 사정이나 이유가 인정되는 경우 이를 합리성을 결여한 조치라고 볼 수 없는 것입니다. 이에 이 사건에서 법원은 원고가 변경된 업무를 부여받게 된 경위가 이전에 해당 업무를 수행하던 근로자의 갑작스런 퇴사가 있었고 이에 극히 단기간 동안 해당 업무를 하였음을 토대로 회사의 조치가 합리성을 결여한 것이라고 볼 수 없다고 판단한 것입니다.

넷째, 변경되거나 새로이 부여된 업무의 내용이, 기존 업무의 양 또는 내용과 비교할 때 그 양이 과도하거나, 해당 근로자의 직급이나 직책, 자격 등을 기준으로 하였을 때 지나치게 쉽거나 어려운 등으로, 객관적으로 판단하였을 때 근로자에게 맞지 않는 내용의 업무를 부여하였다면 이는 적정범위를 넘은 행위라고 볼 수 있을 것입니다.

폭행, 모욕 등과 같이 그 자체로 위법함이 분명한 행위와는 달리, 담당 업무의 변경 등과 이에 따른 업무 지시, 나아가 인사 발령 등은 기본적으로 사용자가 가진 인사권에 기해 이루어지는 것이어서 이러한 형태의 행위가 직장 내 괴롭힘에 해당하는지 여부는 이를 판단하기가 어려운 것이 사실입니다. 어디까지가 정당한 인사권과 관리권의 행사인지 그 경계가 모호하기 때문입니다[21]. 따라서 이러한 사안에서는 위에서 정리한 요

---

[21] 이에 판결 중에서는 "전보나 전직과 관련한 인사권 내지 그에 대한 업무상 필요성과 관련한 사용자 측의 상당한 재량을 인정할 필요성이 있음은 물론이지만, 다른 한편, 업무상 필요성이라는 것은 상대적으로 비대칭적으로 정보를 보유하는 사용자 측에서 쉽사리 만들어 낼 수 있는 것 또한 부인하기 어렵다. 게다가 전직, 전보, 직위교체, 보직교체, 급여 체계 변화, 사무공간 배정 등 다양한 인사 수단을 조합함으로써 실질적으로는 징계와 다름없거나 오히려 그보다 더 심각한 위해를 가하는 경우들도 종종 볼 수 있다. 따라서 업무상 필요성이 일부라도 인정되는 것으로 보이더라도 인사권이 행사된 경위와 맥락, 인사명령의 내용이 종전 인사 관행과 비교할 때 얼마나 이례적인지 등 제반사정을 신중하게 고려하여 그 인사권이 남용되었을 가능성이 있는지 여부를 판단함이 옳다. 업무능률 증진, 경제적 수익성 제고 등과 같이 추상적, 일반적인 경영상 필요성이 인정된다 하더라도, 이를 이유로 한 모든 형태의 전직처분이 정당화되는 것은 아니고, 해당 전직처분이 실제로 그와 같은 목적을 달성하기 위한 적합한 수단이어야 업무상 필요에 따른 정당한 인사권의 행사라고 평가할 수 있다(서울행정법원 2022. 4. 8. 선고 2021구합52754 판결)."라고 하여 사용자의 인사권 행사에 대한 업무상 필요성 주장을 보다 엄격하게 검토하겠다는 입장을 보인 사례도 있습니다. 따라서 이러한 엄격한 법원의 입장에 대비하기 위하여 회사 입장에서는 단순히 업무상 필요성을 갖추는 것을 넘어 이러한 조치의 과정 전반에 걸쳐 대상 근로자의 의견을 성실하게 청취하고 가급적 이러한 의견을 반영하기 위한 노력을 기울여야 할 필요가 있으며, 조치를 시행하는 경우에도 유무형의 생활상 불이익을 최소화하기 위한 노력 역시 하는 것이 추후 해당 조치에 대한 정당성을 인정받을 수 있는 근거가 되어 줄 것입니다.

소들을 중심으로, 그 행위가 적정범위를 이탈하여 직장 내 괴롭힘에 해당하는지 여부가 보다 실질적이고 구체적으로, 그리고 면밀하게 검토되어 판단되어야 할 것입니다.

CASE 3 직장 내 괴롭힘 불인정 판결

(대전지방법원 2021. 7. 1. 선고 2020가합105450 판결)

[판결의 주요 내용]

'직장 내 괴롭힘'은 당사자의 관계·행위가 행해진 장소 및 상황·행위에 대한 피해자의 반응·행위의 내용 및 정도·행위가 지속된 기간 등과 같은 사정을 종합적으로 살펴 판단하여야 한다. 다만, 피해자와 비슷한 처지에 있는 보통의 사람 입장에서 보아 신체적·정신적 고통 또는 근무환경 악화가 발생할 수 있는 행위가 있고, 그로 인하여 피해자에게 신체적·정신적 고통 또는 근무환경의 악화라는 실제 결과가 발생하였음이 인정되어야 한다.
직장 내 괴롭힘을 행위 유형에 따라 분류하자면, ① **근로자에 대한 직접적인 괴롭힘 행위**(모욕, 협박, 허위사실의 유포), ② **근로자를 배척 또는 소외시키는 행위**(따돌림, 대화 거부, 정보 차단하기), ③ **근로자의 노동에 대한 괴롭힘 행위**(아무런 일도 주지 않거나 허드렛일 부여, 과도한 업무 부여, 불가능한 마감 기한 제시) **등으로 분류할 수 있다.**

피고 B의 각 행위가 원고의 인격권을 침해하는 행위라고 볼 수 없다.
① B의 업무 지시가 원고의 업무 특성에 비추어 볼 때 적정한지 여부는 별론으로 하더라도, 업무상 적정범위를 완전히 일탈하였다고 단정하기 어렵다. **업무 지시가 업무상 적정범위를 완전히 일탈하였는지를 판단하기 위해서는 업무의 지시 방식, 내용, 시기와 기간, 필요성의 정도, 피해근로자의 대응 방식, 다른 근로자와의 차별 내용과 형태, 업무 지시나 업무 배제의 사유, 피해근로자의 업무 여건에 대한 배려 정도 등을 종합하여 판단하여야 한다.** 예컨대, 이메일에 따르면, 피고 B가 원고에게 소송 서류를 출력하도록 지시한 취지는 보고를 위한 문서를 구비하라는 취지로 보인다. 소송의 현황 및 경우의 수에 따른 비용을 검토하라는 지시 역시 법률 비전문가인 B에게 H연구소가 진행하는 소송의 대략적인 개요, 분석, 예상을 보고해 달라는 취지로 보인다. 그 방식 등의 적정성은 별론으로 하더라도, 그와 같은 취지 자체가 부당하다고 보기 힘들다. 따라서 B의 위 지시들이 원고에 대한 괴롭힘 행위에 해당한다고 단정하기 어렵다. 나아가 업무 방식 합의서에 따르면, 피고 B은 원고에게 장시간 이석 금지, 직근 상급자인 피고 B에 대한 보고, 부서 내 사안의 부서 내 조율 등을 요구하는 과정에서 원고와 갈등을 야기한 것으로 보인다. 관리자의 지휘, 감독 권한을 고려

할 때, 그 방식, 내용, 기간 등의 적정성은 별론으로 하더라도 그와 같은 요구 자체가 부당하다고 보기 힘들다.

② 원고의 좌석 배치는 다른 근로자의 근로 형태를 고려할 때, 그 자체만으로 위법하다고 보기 어렵다. 나아가 고충처리조사 관련 진술서에 따르면, 원고와 좌석 배치는 피고 B가 결정한 것이 아니라, 피고 D가 결정한 것으로 보인다.

③ 이메일 등을 고려할 때, B가 원고가 신청한 휴가를 부당하게 반려하려 하였음을 인정하기 부족하다. N에 따르면, 피고 B는 부친상으로 인한 휴가에서 복귀한 이후 원고의 휴가 신청을 결재하겠다는 취지였던 것으로 보인다. 또한 원고는 피고 D에게 이메일을 보낸 후 예정된 일시에 휴가를 사용하였다.

④ 원고에게 국정감사 자료를 직접 작성하라는 피고 B의 지시가 적정한지 여부는 별론으로 하더라도, 그 자체로 괴롭힘에 해당한다고 보기 어렵다. 원고는 국정감사자료 작성을 담당하고 있었으므로, 기존 자료를 분석하여 자료를 작성하라는 B의 지시가 보통의 사람 입장에서 보아 원고의 노동에 대한 괴롭힘 행위에 해당할 정도의 과도한 업무 부여에 해당한다고 보기 부족하다. 나아가 타 부서에 대한 업무 부담을 줄이겠다는 B의 지시가 그 자체로 부당하다고 단정하기 어렵다. **다만 피고 B가 원고에게 해악을 고지하여 원고를 협박하였다면, 근로자에 대한 위법한 직접적 괴롭힘에 해당할 여지가 있으나**, 원고가 제출한 증거만으로는 피고 B가 공포심 또는 위구심을 일으킬 정도의 해악을 고지하여 원고를 협박하였음을 인정하기 부족하다.

⑤ B가 원고의 대외활동이나 출장에 대하여 **부정적인 입장을 보였다고 하여 그 자체로 원고를 직접적으로 괴롭히거나 원고를 위법하게 배척 또는 소외시켰다고 보기는 부족**하다. B가 원고에게 유독 엄격한 절차를 요구하였다는 취지의 원고 주장에 따르더라도, B가 원고의 대외활동이나 출장 일체를 제한한 것으로는 보이지 않는다. B가 원고의 대외활동이나 출장 신청을 일부 반송하였다 하더라도 그와 같은 사정만으로 피고 B가 원고를 괴롭힐 의도로 승인권을 남용하였다고 보기 어렵다.

⑥ B가 원고에게 다소 부적절한 언사를 한 사실을 인정한다 하더라도, 원고가 제출한 증거만으로는 원고를 협박하였거나 원고를 모욕하였다고 인정하기 부족하다.

⑦ B가 W소장 감사 관련하여 **언성을 높여 원고를 질책한 사실은 인정된다.** 그러나 원고가 제출한 증거만으로는 원고를 '공연히' 협박하였거나 원고를 모욕

> **하였다고 인정하기 부족하다.** 나아가 원고의 주장에 따르더라도, 원고는 피고 B의 지시에 응하지 않은 것으로 보인다.
> ⑧ 직장 내 괴롭힘은 피해자와 비슷한 처지에 있는 '보통의 사람 입장에서 보아' 신체적·정신적 고통 또는 근무환경 악화가 발생할 수 있는 행위가 인정되어야 한다. 원고가 제출한 증거만으로는 피고 B의 지시가 **보통의 사람 입장에서 보아 원고에게 고통이나 근무환경의 악화를 야기하는 행위, 특히 원고의 자진 퇴사를 의도하는 행위임을 인정하기 부족하다.**

[판례 분석]

위 사례는 원고가 피고 B의 부당한 지시, 협박과 모욕 등 여러 가지 직장 내 괴롭힘이 있었음을 주장하였으나 법원에서는 이를 인정하지 아니한 사안입니다. 그런데 직장 내 괴롭힘에 따른 인격권 침해를 부인하며 법원이 들고 있는 판단 이유를 잘 살펴보면 피고 B가 어느 정도 부적절한 행위를 한 사실은 분명히 있음을 인정하고 있다는 것을 알 수 있습니다. 그러나 그러한 부적절한 행위의 정도가 직접적인 협박이나 모욕 등에 이르지는 않았다거나, 피고 B의 원고에 대한 출장이나 휴가 사용 등의 제한이 실제로 출장을 못 가게 되었다거나 휴가를 사용하지 못하게 되었다는 결과에는 이르지는 않았다는 내용을 언급하며 결론적으로는 직장 내 괴롭힘을 인정하지 아니한 것입니다. 특히 법원은 피고 B의 행위가 원고가 느끼기에는 괴롭힘으로 다가올 수도 있었겠지만 이를 보통의 사람 즉 평균적인 일반인을 기준으로 하였을 때는 그렇지 않을 수 있다는 판단을 한 것으로 보입니다. 물론 경우에 따라 다른 사람들과의 관계에 있어 좀 더 예민하고 민감한 성격을 지닌 사람이 있을 수 있습니다. 그러한 사람이 주관적으로 또는 개인적으로 피해를 느꼈다고 하여 직장 내 괴롭힘이 무조건 인정되어야 하는 것이 아닌 것도 맞습니다.

하지만 직장 내 괴롭힘 해당 여부의 판단은 단순히 어떠한 한 가지 행위만을 외형적으로 평가하기보다는 피해근로자와 행위자와의 관계 속에서 이루어진 일련의 행위들을 좀 더 내부적 입장에서 세심히 살필 필요가 있습니다. 이에 위 판례도 판시하였듯이 당사자의 관계로, 피해자의 반응, 행위의 내용과 행위가 지속된 기간 등을 종합적으로 살펴야 하는 것입니다. 그런데 이러한 기준에서 이 사건 당사자들을 살펴보면 피고 B가 원고에 대하여 지속적·계속적으로 각종 업무 지시와 관련해서 부적절한 모습을 보이고 있을 뿐만 아니라 휴가 사용, 출장, 좌석 배치 등과 관련해서도 유독 원고와 갈등을 보이며 다른 직원들과는 다른 대우를 하고 있는 것을 볼 수 있는바, 심지어 이러한 일련의 과정 속에서 법원도 인정하고 있듯이 부적절한 언사 등이 사용되기도 한 것입니다. 또한 이러한 일들을 겪으며 원고는 계속하여 문제를 제기하고 부당한 지시에 대해서는 이를 거부하기도 하며 적극적인 반응을 보이고 있기도 합니다. 그렇다면 이러한 행위는 협박이나 모욕과 같은 범죄행위에 이르지 않는다고 하더라도 근로기준법이 금지하는 직장 내 괴롭힘에 해당한다고 보아 피해근로자의 인격권을 침해하는 것이라고 봄이 타당하다고 할 것인바, 위 판결의 경우 직장 내 괴롭힘 해당 범위를 너무 좁게 해석한 것은 아닌지 하는 의문이 듭니다.

한편, 위 판결이 이와 같은 결론을 내린 것은 민사소송의 형태로 사건이 진행되며 '인격권 침해' 여부에 더 초점을 두었기 때문일 수도 있습니다. 즉, 노동법적 관점보다는 불법행위에 따른 손해배상 특히 인격권 침해 여부에 대한 판단을 하며 민법적 관점에서 사건을 들여다보았기 때문에 단지 직장 내 괴롭힘에 해당하는지 아닌지보다는 인격권을 침해하는 직장 내 괴롭힘 행위인지 여부를 엄격하게 판단했기 때문에 그 인정 범위가 좁아진 것일 수 있다는 의미입니다.

그렇기에, 직장 내 괴롭힘으로 신고를 당한 피신고인 또는 손해배상 청구 소송을 당한 피고의 입장에서는 위 판결의 내용만을 생각하여, 자신의 행위가 '협박이나 모욕에는 이르지 아니하였다'는 식의 주장만을 전면적으로 내세웠다가는, 나중에 협박이나 모욕에 이르지 않더라도 직장 내 괴롭힘의 성립에는 지장이 없다는 판단이 나올 수 있으므로, 주장 내용에 대한 전략을 세심히 잘 세울 필요가 있을 것입니다.

또한 반대로, 직장 내 괴롭힘 신고를 하는 피해근로자 또는 손해배상 청구 소송의 원고 입장이시라면, 앞서서도 제가 한 번 말씀드린 바 있는데, 자신이 겪은 여러 괴롭힘으로 인한 피해를 호소하는 것도 물론 필요하지만 이에 더하여 행위자의 행위가 단지 나만이 아니라 다른 사람에게도 이런 일이 발생하였다면 고통을 느끼고 근무환경이 저해되는 결과를 가져왔을 것이라는 점을 명확히 표현하여 알리는 것이 반드시 필요하다고 할 것입니다. 피해근로자 입장에서는 자신이 받은 피해를 설명하기 위해 본인이 얼마나 고통을 겪었는지를 강조하게 되는데 이 경우 판단자의 입장에서는 자칫 이러한 피해근로자의 피해 주장을 개인적·주관적인 것으로만 받아들일 위험이 있는 것입니다. 따라서 자신이 호소하는 피해가 단순히 나만이 느끼는 주관적인 감정이 아니라 나와 비슷한 처지에 있는 보통의 사람이라면 그 누구든 정신적 고통을 느끼게 될 만한 것이라거나, 근무환경이 악화되는 것임을 객관적으로 설명하고 이를 강조하여 판단자들로 하여금 공감을 이끌어 내고 직장 내 괴롭힘에 해당한다는 판단을 받아 내는 것이 필요하다고 할 것입니다.

CASE 4 직장 내 괴롭힘 불인정 판결

(대전지방법원 2021. 11. 9. 선고 2020구합105691 판결)

[판결의 주요 내용]

① 〈사안1〉 참가인이 피해자 E에게 카카오톡을 통해 'ㅇㅇ시교육청, 4차 산업형 인재 양성 캠프 열어'라고 기재된 기사 링크를 전송하면서 "교육청에서는 벌써 보도 자료를 냈구나"라는 메시지를 전송한 사실, 이에 대하여 피해자 E가 "헉……"이라는 메시지를 전송하자 참가인은 **"헉이 아니라 바로 보도자료 준비해서 내겠습니다 해야죠."** 라는 메시지를 전송한 사실이 인정된다. 그러나 위 메시지의 내용, 메시지를 보내게 된 동기, 시점, 전후 상황, 참가인과 위 피해자의 관계 등을 종합하여 보면 참가인은 위 피해자에게 **보도 자료를 준비할 필요가 있다는 취지로 해당 기사를 언급하며 보도 자료의 준비를 독려한 것에 불과한 것으로 보이고**, 비록 메시지를 보낸 시간이 근무시간 전이기는 하나 인터넷 기사의 특수성, 신속한 보도 자료의 필요성 등에 비추어 볼 때 참가인이 우위를 이용하여 업무상 적정범위를 넘어 위 피해자에게 정신적 고통을 주거나 근무환경을 악화시키는 등 괴롭혔다고 보기 어렵다.

② 〈사안2〉 참가인은 교육 운영 실적 집계 업무와 관련하여 업무 담당자인 피해자 E가 위탁 업체인 M의 교육 인원이 5명에 미달함에도 불구하고 교육 인원 충족 기준을 검토하지 않고 위탁 업체인 M이 1회 교육 운영을 한 것으로 집계하자 이를 지적하기 위하여 "네가 그러고도 담당자냐?"라는 발언을 한 사실이 인정되는바, 위와 같은 발언을 하게 된 동기, 전후 상황, 참가인과 위 피해자와의 관계 등을 종합하면, 위와 같은 발언은 **상급자로서 하급자인 위 피해자에 대하여 위 피해자가 처리한 업무의 오류에 관하여 지적한 것으로 보일 뿐**, 참가인이 우위를 이용하여 업무상 적정범위를 넘어 위 피해자에게 정신적 고통을 주거나 근무환경을 악화시키는 등 위 피해자를 괴롭힌 것이라 단정할 수는 없다.

③ 〈사안3〉 참가인은 ㅇㅇ가공실 관련 홈페이지의 공지사항에 공간예약과 관련하여 온라인 신청을 하도록 공지되어 있음에도 불구하고 온라인 신청을 하지 않은 시민이 ㅇㅇ가공실을 사용하게 되자, 이와 관련하여 참가인이 인턴 F에게 잘못을 지적하는 과정에서 **"야 너 미쳤냐? 미친놈이냐?"** 라는 발언을 한 사실이

인정되는바, 위와 같은 발언을 하게 된 동기, 전후 상황, 참가인과 위 피해자와의 관계 등을 종합하면, 참가인의 위와 같은 발언은 **상급자로서 위 피해자에 대하여 위 피해자가 처리한 업무의 오류에 관하여 지적한 것으로 보일 뿐**, 참가인이 우위를 이용하여 업무상 적정범위를 넘어 위 피해자에게 정신적 고통을 주거나 근무환경을 악화시키는 등 위 피해자를 괴롭힌 것이라 단정할 수는 없다.

④ (사안4) 참가인의 **"너희들 대학 나왔잖아. 근데 이것도 못하냐.", "대학 나온 사람이 이 정도는 해야지."** 발언이 다소 부적절하기는 하나, **일회적 발언**이었던 것으로 보이는 점, 참가인은 팀 내에서 추진하는 사업 개편 지시에 따라 **팀장으로서 업무 수행을 독려하는** 차원에서 위와 같은 발언을 하게 된 것으로 보이는 점 등을 종합하여 볼 때, 참가인이 우위를 이용하여 업무상 적정범위를 넘어 위 피해자들에게 정신적 고통을 주거나 근무환경을 악화시키는 등 위 피해자들을 괴롭혔다고 단정할 수는 없다.

[판례 분석]

위 판결은 위와 같은 여러 신고 내용에 대하여 모두 직장 내 괴롭힘에 해당하지 않는다는 판단을 하였으나, 이를 직장 내 괴롭힘 해당 여부 판단의 기준이 되는 선례로 여겨서는 안 될 것이라는 주의의 말씀을 드리고자 판결을 소개합니다. 보시다시피 위 사안의 행위자는 단순히 업무상 필요에 의해 상급자로서 하급자에게 업무 지시나 업무 오류에 대한 지적을 한 것을 넘어 객관적으로 보았을 때 적정 수위를 넘는 수준의 발언을 한 것으로 보입니다. 판결에서도 '발언이 다소 부적절하기는 하다'고 판시하여 이러한 부분을 인정한 바 있습니다.

그럼에도 불구하고 위 판결은 하급자가 업무적 오류를 범한 것은 사실이라는 점, 행위자가 업무적인 이유가 아닌 사적 이유 또는 개인적인 감정에서 하급자에게 부적절한 발언을 한 것이 아니라는 점, 부적절한 발언이 계속적으로 이루어진 것이 아니라 일회성에 그쳤다는 점 등에 큰 의미를 부여하여 이 같은 행위자의 행동이 직장 내 괴롭힘에 해당하지 않는다고 판단한 것입니다.

　물론 위와 같은 판결의 내용을 행위자 입장에서는 자신에게 유리한 주장의 근거로 사용할 수는 있을 것입니다. 그러나 아무리 업무적인 필요성이 있다고 하더라도 그 표현의 방법이나 정도가 적정범위를 넘는다면 이는 직장 내 괴롭힘에 해당한다고 볼 것인바, 다시 한번 위 판결을 판단의 기준으로 여기는 것은 위험하다는 말씀을 드리며, 어떠한 행동이 직장 내 괴롭힘에 해당하는지 잘 모르겠다는 생각이 드실 때는 1장에서 설명드린 내용을 다시 떠올려 보시기 바랍니다.

CASE 5 직장 내 괴롭힘 인정 판결

(서울남부지방법원 2023. 2. 9. 선고 2020가단289488 판결)

[판결의 주요 내용]

① 피고가 "다른 비서들에게 '원고가 **가슴을 수술한 것 같다**'라는 말을 하였다.", "다른 비서들에게 탕비실에서 '원고는 **일도 못하는데 임원들 홀리는 무언가가 있다.**', '원고는 **속 긁는 자격증이 있는 애다.**', '원고는 **맨날 점심 사 먹던데 법인카드 쓰는 거 아니냐. 내가 장담하는데 원고는 돈 없다.**'라는 취지의 험담을 하였다."는 이유로 견책의 징계처분을 받은 점, ② 원고가 2020년경에도 공황장애 등으로 정신과 치료를 받았는데, 진료기록부에는 '사업부를 옮기면서 직장 동료가 더 심하게 괴롭혀서 직장 내 괴롭힘으로 신고를 했고 그것 때문에 그 사람을 징계 처리하고 있다. 지속적인 괴롭힘, 성희롱 등의 문제로 너무 스트레스를 받고 있다.'라는 내용이 기재되어 있는 점, ③ 증인이 법정에 출석하여 '피고가 원고에 대하여 험담을 하거나 원고가 가슴 수술을 받은 것 같다고 말하였다.'는 원고의 주장에 부합하는 증언을 한 점 등에 비추어 보면, 피고가 다른 사원들에게 "원고가 가슴 수술한 것 같다"는 말을 한 사실이 인정되고, 이러한 피고의 행위는 원고에게 정신적 고통을 주거나 근무환경을 악화시키는 '직장 내 괴롭힘' 행위에 해당한다.

[판례 분석]

타인의 외모, 성형 여부, 신체 사이즈, 몸매 등에 관한 발언은 회사 내에서 하지 않는 것이 가장 좋습니다. 특히 이러한 내용을 다른 직원들에게 말하고 소문을 퍼트리는 험담, 모욕, 명예훼손적 발언은 그 자체로 타인에게 정신적 고통을 안겨 주는 행위임과 동시에 다른 직원들로 하여금 해당 직원을 멀리하는 효과를 불러일으키기 때문에 전형적인 직장 내 괴롭힘에 해당하게 됩니다. 또한 다른 사람을 험담하는 내용이 성적 언동에 해당하는 경우 이는 직장 내 괴롭힘이자 직장 내 성희롱이 되어 관련

규율을 적용받게 될 것입니다.

  이때 유의할 점은 타인에 대한 성적인 발언을 반드시 당사자 앞에서 하는 경우에 한하여 직장 내 성희롱이 되고 직장 내 괴롭힘이 되는 것이 아니라는 것입니다. 위 판결처럼 어떤 직원이 가슴 수술을 한 것 같다는 발언을 해당 직원이 아닌 다른 직원들이 있는 자리에서 하더라도 이는 해당 소문의 전파를 통해 그 직원에게 정신적 고통과 근무환경의 악화를 가져올 수 있으므로 직장 내 괴롭힘이 성립합니다.

  한 가지 더, 이러한 사안에서 행위자들이 주로 하는 변소가 해당 직원과 친밀한 관계였다는 것입니다. 워낙 친밀한 관계였기에 이런 말을 하는 것이 괴롭힌 것이 아니었다. 오히려 이러한 개인적인 내용들을 그 직원이 내게 직접 알려 준 것이었다는 등의 변명인데, 이러한 변소는 받아들여지기 어려운 만큼, 아무리 개인적인 친분이 있다고 하더라도 앞서 말씀드린 것과 같은 사항들은 직장 내에서, 직장 사람들과 해서는 안 되는 발언 내용이라고 할 것입니다.

  한편, 외모와 신체에 관한 발언 외에 직장 내 괴롭힘으로 실제 자주 문제가 되는 것이 사적관계에 관한 발언입니다. 특히 남녀 간의 불륜 관계를 의미하는 소문을 사내에 퍼트리는 경우가 종종 발생하는데 이는 해당 직원에 대한 직장 내 괴롭힘이 되는 것은 물론이며, 형사적으로 명예훼손죄에 해당할 수도 있습니다.

  이에 법원은, 팀 내 상급직 직원이 기혼자인 하급직 여성 직원A에 대하여, 다른 팀원들이 듣는 자리에서, '일을 답답하게 한다.', '회계 업무에 대해서 잘 모른다.', '여자가 출납 자리에 와서 버티느냐, 회계도 모르는 사람이 회계팀에 와서 회계팀 분위기를 흐린다.'라고 말하거나, 다른 직원들에게 'A가 업무 할 때는 아무도 말 걸지 말라, 급여나 법인카드 작업 시기에 왜 술자리나 모임을 만드느냐, A는 빼라.'라는 등의 말을 하고, 자신이 출력한 인쇄물을 A가 대신 가져다주면 A의 앞에서 출력물을 찢거나 무시하는 행동 등을 하였으며, 다른 직원과 팀장에게 'A와 K를 데리고 뭐 먹으러 다니지 말라, A를 왜 회식 자리에 참석시키느냐.', '다른 사람들이 그러는데 A와 F가 커피를 마시고, 차를 같이 타고 다니는 것 같다고 한다. A와 K가 불륜 관계라는 소문이 도니 참고하라.'라고 말한 행위에 대해 사생활에 관하여 확인되지 않은 사실을 유포하여 비방하고, 인간관계에서의 분리 및 신상 침해를 의도하는 등 지위 또는 관계의 우위 등을 이용하여 업무상 적정범위를 넘어서는 직장 내 괴롭힘 행위를 했다고 인정(대전고등법원 2021. 6. 4. 선고 2020누11648 판결)하였는바, 이러한 판결 내용을 토대로 사생활에 관한 허위 사실 또는 사실을 유포하는 행위가 직장 내 괴롭힘에 해당할 여지가 높다는 점을 다시 한번 인지해야겠습니다.

CASE 6 직장 내 괴롭힘 인정 판결

(수원지방법원 2023. 2. 9. 선고 2022가합10067 판결)

[판결의 주요 내용]

「근로기준법」제76조2는 '사용자 또는 근로자는 지위 또는 관계 등의 우위를 이용하여 업무상 적정범위를 넘어 다른 근로자에게 신체적·정신적 고통을 주거나 근무환경을 악화시키는 행위를 하여서는 아니 된다.'라고 규정함으로써 직장 내 괴롭힘을 금지하고 있다.

(가) 원고는 직장 내 지위를 이용하거나 지위 내지 관계의 우위를 이용하여 제1 징계 대상 사실에 관한 비위행위를 저질렀다고 봄이 타당하다.
① 원고는 직책상 신고인의 상급자로서 신고인에 대한 인사 평가 권한을 가지고 있었다.
② 원고는 업무상 필요에 의하여 신고인의 상급자로 영입된 사람으로, 원고가 신고인에 대한 일방적인 구애 행위를 할 당시, 피고는 원고의 주도 아래 40억 원 이상의 비용을 들여 대규모 마케팅 프로젝트를 기획하고 있었고, 원고가 퇴사할 경우 그 프로젝트 진행에 차질이 예상되었다. 이러한 상황에서 원고는 신고인이 교제를 거절하면 퇴사하겠다는 의사를 신고인에게 반복적으로 밝혀 왔다.
③ 원고는 신고인과 업무처리 과정에서 있었던 갈등에 관하여 대화를 나누던 중 '자신을 좋아해 주길 바란다.'라는 말을 하는 등 신고인에게 업무에 사적인 감정을 반영하였거나 사적인 감정을 반영할 수 있다는 모습을 보였다.
④ 원고의 신고인에 대한 구애 행위의 상당수는 사내 업무용 메신저 프로그램을 이용하여 이루어졌다.

(나) 원고의 비위행위는 「남녀고용평등법」제12조가 금지하는 직장 내 성희롱 내지 「근로기준법」제76조2가 금지하는 직장 내 괴롭힘에 해당한다.
① 원고의 신고인에 대한 일방적이고 반복적인 구애 행위의 내용과 정도에 비추어 보면, 원고는 남녀 간의 육체적 관계를 전제로 신고인과의 이성 교제를 바랐던 것으로 보인다. 원고는 지속적으로 신고인의 이성 관계를 확인하려 하였고, 신고인에게 손을 잡고 싶다거나 키스를 할걸 그랬다는 등의 말을 하기도 하였다.

② 원고는 기혼 남성이고, 신고인은 미혼 여성이다. 이 사건에서 신고인은 원고에게 충분히 명시적으로 교제 거절 의사와 그 호감 표시에 대한 거부 의사를 밝혔다. 그런데도 원고는 장기적·지속적으로 집요한 태도로 구애 행위를 계속하였고, 이를 업무와 연관 지을 수 있다는 모습을 보였다. 신고인과 원고가 함께 피고에 재직하는 상태에서, 신고인이 원고와 원만한 관계를 유지하는 방법은 원고와의 교제를 받아들이는 방법밖에 없었을 것으로 보인다.

사회공동체의 건전한 상식과 관행에 비추어 볼 때, 원고의 이러한 언행은 객관적으로 신고인과 같은 처지에 있는 일방적이고도 평균적인 사람으로 하여금 성적 굴욕감이나 혐오감을 일으키는 행위 내지 업무상 적정범위를 넘어 정신적 고통을 주거나 근무환경을 악화시키는 행위에 해당한다.

[판례 분석]

위 사건은 상대방의 의사에 반하여 일방적이고 반복적으로 이루어지는 소위 구애 행위가 직장 내 성희롱이자 직장 내 괴롭힘에 해당함을 분명히 보여 준 사례입니다[22]. 이러한 형태의 행동은 스토킹 범죄에 해당할 수도 있는 만큼 위와 같은 사건이 회사에 직장 내 괴롭힘으로 신고되는 경우 회사는 매우 엄중하게 사건을 조사하고 대처해야 할 것이며, 필요한 경우 형사고발을 하는 등 피해자 보호를 위한 적극적인 조치를 하여야 할 필요가 있을 것입니다.

---

[22] 유사 판례 서울서부지방법원 2021. 5. 27. 선고 2019가합39997 판결: 원고는 2019. 9. 1. 새벽 4시에서 5시 사이에 퇴근하는 피해자를 따라가 주차장에서 자신의 차로 피해자의 차를 가로막은 다음 피해자에게 무선 이어폰을 억지로 주었던 것으로 보인다. 피해자가 그간 원고가 보인 행동을 부담스러워하고 있었던 점, 선물이 교부된 시간과 장소, 선물이 교부된 방법을 고려해 보았을 때 피해자는 원고의 이와 같은 행위를 직장 내 상사에게 기대할 수 있는 호의가 아닌, 직장에서의 지위 또는 관계의 우위를 이용해 업무상 적정범위를 넘어 신체적·정신적 고통을 주는 직장 내 괴롭힘으로 인식했을 것으로 여겨진다.

한편 이 사건은 행위자가 기혼, 피해근로자가 미혼인 만큼 행위자의 구애 행위가 사회공동체의 건전한 상식에 반하는 적정범위를 이탈한 행위임이 비교적 분명하다고 할 것이나, 미혼 남녀 사이에 이성적 호감 표시를 하는 행위가 있을 수 있는 만큼, 어떠한 기준에서 구애 행위를 직장 내 괴롭힘에 해당한다고 볼 것인지 문제가 될 수 있습니다. 실제 사례에서도 이 같은 일이 발생하면 행위자가 서로 간에 싱글이고 상대방에게 이성적 호감을 느껴 대시(dash)를 해 본 것일 뿐이라는 취지로 소명을 하는 경우도 종종 있습니다.

이에 위 판결에서 직장 내 괴롭힘에 해당한다고 본 판단 요소들을 살펴보는 것이 큰 도움이 될 수 있을 것인바, 판례는 ① 행위자가 상대방에 대한 관계에 있어 인사권, 평가권 등의 우월적 지위를 보유하는지 여부, ② 상대방이 행위자의 구애 행위에 대하여 자신의 의사를 자유롭게 표현할 수 있는지 여부. 즉 직장 내에서의 관계나 상황 등으로 인해 행위자의 구애에 대하여 이를 자유롭게 거절하기 어렵거나 곤란한지 여부, ③ 사적 감정을 업무에 반영할 듯한 기색을 보였는지 여부. 즉 만약 구애를 받아들이지 않는다면 업무 수행에 있어 불이익이나 어려움이 생길 것이라는 취지의 발언 등을 하였는지 여부, ④ 구애 행위가 사내 시설과 설비를 이용하여 이루어졌는지 여부, ⑤ 구애 행위의 반복·지속의 정도, ⑥ 구애 행위에 사용된 언어적 표현의 내용과 정도. 예컨대 성적 언동이나 표현이 사용되었는지 여부, ⑦ 구애 행위에 대한 상대방의 반응. 특히 거절의 의사표시 여부 등을 고려하여 구애 행위가 단순히 사적인 이성간의 호감 등을 바탕으로 자연스러운 수준으로 이루어진 것인지 또는 직장 내 괴롭힘에 해당하는지를 판단한 것입니다.

참고로 위 사안에서 눈에 띄는 판단 요소 중 하나는 구애 행위의 상당수가 사내 업무용 메신저 프로그램을 이용하여 이루어졌음을 지적한 부분인데, 사내 업무용 메신저 프로그램을 이용하였다는 것은 근무시간 내에, 회사에서 이 같은 행위가 이루어졌음을 의미하는 것이고 이에, 사적인 시간이 아닌 공적인 근무시간에 부적절한 행위를 하면서 심지어 회사의 시설과 설비를 이용하였다는 것이 법원에 매우 부정적인 인상으로 작용하며 이 같은 행위가 직장 내 괴롭힘에 해당한다는 판단을 하게끔 한 것으로 보입니다.

결론적으로, 회사에서 위와 같은 사건이 발생하는 경우, 행위자의 행동을 이성적 호감의 표시로 볼 것인지 직장 내 괴롭힘에 해당한다고 볼 것인지 판단이 어려울 수 있을 것인데, 앞서 살펴본 바와 같은 판단 요소들을 적극적으로 활용하여 직장 내 괴롭힘 해당 여부를 판단함으로써 사안 처리의 객관성과 적법성을 확보할 수 있을 것입니다.

CASE 7 직장 내 괴롭힘 인정 판결

(서울행정법원 2021. 9. 9. 선고 2020구합74627 판결)

[판결의 주요 내용]

원고가 피해자를 상대로 「근로기준법」 제76조의2에서 금지하는 직장 내 괴롭힘 행위를 한 사실이 인정된다.

원고가 E과장과 함께 피해자에 관하여 주고받은 욕설들은 그 내용, 횟수, 기간 등에 비추어 볼 때 단순히 피해자에 대하여 쌓인 불만을 일회적으로 해소하는 수준에 그쳤다고 보기 어렵다. 더욱이 원고는 "오른손으로 턱을 꽤. 누나(E과장)도 하자. 오른손을 사용하는 것이 중요해. 고개도 돌려야 해. 본인의 정수리가 피해자를 향해야 각도가 완성됨. 한숨도 푹푹 쉬어 주고."라고 하는 등 E과장에게 피해자의 정신적인 압박을 유발할 만한 구체적인 방법까지 제시하기도 하였다. 설령 원고가 위 메시지를 그대로 실행에 옮기지는 않았더라도 한편으로 피해자가 작성한 탄원서에 의하면 **피해자가 업무상 질문을 하려도 원고는 대답 없이 E과장과 서로 쳐다보면서 고개를 젓고, E과장도 피해자의 건의를 무시하고 원고와 상의하여 업무를 처리**하는 등의 상황이 반복되었던 것으로 보인다. 1노골적으로 피해자에게 소외감을 유발하는 행동을 하는 가운데 **사내 메신저를 통해 피해자에 관한 욕설을 주고받은 것**도 자신들끼리 유대감을 구축하는 동시에 피해자를 직장 관계에서 배제하려는 일련의 행위 중 하나였다고 볼 수 있다. **원고와 E과장은 유독 소리를 내어 키보드를 두드리는 행동을 하였고 이에 피해자가 신경이 쓰여서 쳐다보면 그때마다 이들은 사내 메신저로 대화**하고 있었던 것으로 보인다. 그렇다면 원고와 E과장이 피해자에게 자신들이 사내 메신저를 통하여 주고받은 욕설의 내용까지 직접 공개한 것은 아니더라도, 구태여 **원고와 E과장이 피해자를 제외하고서 대화하고 있다는 사실을 피해자가 감지할 수 있도록 비정상적인 방식으로 사내 메신저를 이용**한 것이고, 이로써 업무상 적정범위를 넘어 피해자에게 정신적인 고통을 가하고 피해자의 근무환경을 악화시켰다고 할 수 있다.

[판례 분석]

　위 사건은 아주 교묘한 방식으로 따돌림, 소외감 유발, 정신적 고통 등을 야기함으로써 피해를 당하는 사람 입장에서는 그 고통이 상당히 심하지만 이러한 사실을 입증하기는 어려운 특성을 지닌 사건에 대해 법원이 상황을 정확히 분석하여 직장 내 괴롭힘에 해당한다는 판단을 한 사례라고 보입니다. 나만 빼고 자기들끼리 사내 메신저로 이야기하고, 그것도 내 이야기를 하는 것 같고, 사람이 말을 해도 쳐다보지 않은 채 고개를 돌리고 앉아 있고, 정말 미칠 노릇이 아닐 수 없겠지요. 특히 여러 사람이 합세해서 이런 행위를 한다면 피해근로자 입장에서는 그 고통이 더욱 클 수밖에 없을 것입니다. 또한 이러한 형태의 가해가 때로는 면전에 대고 폭언을 하거나 무시하는 발언을 하는 것보다 더 심각한 정신적 피해를 야기할 수도 있을 것입니다. 끊임없이 신경이 쓰일 테니까요.

　그런데 앞서 말씀드렸듯이 이러한 내용은 피해근로자 입장에서 신고를 하고 입증을 하기가 어려울 수도 있습니다. 사람들이 나를 대하는 분위기가 따돌리는 것 같고, 소외감을 느끼게 한다는 것이 물리적 증거로 보여주기가 어렵기 때문입니다. 그러한 점에서 이 판결을 살펴보면, 피해를 당하는 입장에서 자신이 경험하고 느낀 사실과 당시의 구체적인 상황을 잘 묘사하여 기록해 놓는 것이 도움이 됨을 알 수 있습니다. 이 사건도 피해근로자가 탄원서를 작성하며 자신이 겪은 피해 상황을 차분히 잘 기록하여 두었던 것이 법원이 사실을 인정하고 이를 직장 내 괴롭힘에 해당하는 것으로 판단하는 중요 증거가 된 것으로 보입니다.

　한편, 위 사례를 통해 직장인 여러분들도 조심하셔야 할 부분이 있음을 배울 수 있습니다. 여러 명이 합세하여 어느 한 사람을 따돌리는 일이 생각보다 쉽게 일어날 수 있습니다. 특별한 악의나 적의가 없으면서도 다른 사람의 잘못된 행동에 쉽게 동조하고 가담하였다가는 따돌림 등의 직장 내 괴롭힘 행위자가 될 수 있음을 주의하셔야 할 것입니다. 이 정도는 괜찮겠지, 수위가 높지 않은 정도겠지, 하는 행동들도 지속적이고 반복적으로 이루어지면 이 역시 직장 내 괴롭힘에 해당한다는 판단을 받을 수 있게 될 것입니다. 또한 작위가 아닌 부작위로도 괴롭힘이 성립될 수 있음에 유의하셔야 할 것입니다. '나는 저 사람을 괴롭히는 행동을 적극적으로 한 적이 없어.'라고 생각할지 모르겠지만 피해근로자의 말에 대답을 하지 않거나 피해근로자를 제외하고 다른 사람들하고만 소통을 하는 행위 등도 괴롭힘이 될 수 있는 것입니다. 특히 이러한 행위들은 피해를 당하는 근로자의 근무환경을 악화시킨다는 점에 있어 그 비난가능성이 낮지 않습니다. 즉, 행위자들은 '이런 정도로 신체적·정신적 피해가 발생한다는 것은 과하지 않냐'고 변명할 수 있겠으나, 이러한 행위들이 해당 근로자로 하여금 팀 동료 및 선후배들과 적극적으로 소통하며 업무를 수행해 나가는 것을 방해한다는 것은 이를 부정할 수 없을 것입니다. 따돌림과 소외의 환경 속에 있다 보면 당연히 마음이 위축되고 업무에 대한 의욕도 잃게 될 것이니까요. 따라서 나 혼자는 아닐지라도 혹시 내가 다른 사람들과 함께 무의식중에라도 다른 사람의 근무환경을 악화시키는 행동을 하는 것은 아닐지 항상 유의하시며 건강한 조직 분위기를 만들어 가야 할 것입니다.

끝으로, 위 판례와 관련하여 매우 중요한 쟁점 한 가지가 더 있습니다. 위 사건에서 직장 내 괴롭힘 행위자는 원고(위 판결에서 행위자가 원고가 된 것은 직장 내 괴롭힘을 하였다는 이유로 징계해고 되어 이러한 해고가 부당함을 주장하는 소송을 제기하였기 때문입니다.)와 E과장이 될 텐데요, 두 사람이 공모를 하여 함께 피해자를 따돌리는 방식으로 직장 내 괴롭힘 행위를 하였으니까요(징계양정은 다르나 두 사람 모두 직장 내 괴롭힘을 징계사유로 징계처분을 받았습니다.). 그런데 이때 원고는 오히려 피해자보다 직급이 낮은 하급 직원이었고, E과장은 피해자와 직급이 같았습니다. 다만 E과장의 경우 직급은 같았으나 피해자보다 선임자에 해당하였습니다. 그렇다면 여기서 질문이 나오겠지요. "직장 내 괴롭힘이 성립하는지 여부는 삼각형을 생각하라고 했는데, 그 삼각형 한 꼭짓점이 '우위성' 아니었나요? 본인보다 하급 직원이 괴롭힌 것이라면 우위성이 없어 직장 내 괴롭힘이 성립되지 않는 것 아닌가요?" 하고요. 이 부분에 있어 이 판례는 매우 중요한 내용을 판시하였습니다.

"이 사건에서 원고는 피해자보다 직위가 낮지만 원고와 피해자 및 E과장 단 3명으로 구성된 팀 내에서 가장 선임자인 E과장과 합세하는 수법을 사용하여 피해자를 상대로 지위 및 관계상의 우위를 점할 수 있었고 이러한 우위를 바탕으로 피해자를 괴롭힌 것으로 평가할 수 있다."라고요. 즉 행위자 본인은 비록 피해자보다 직급이 낮을지라도 피해자보다 실질적으로 우위에 있는 자와 함께 괴롭힘 행위를 함으로써 수적(數的) 우위 또는 집단적 힘에서 나오는 우위성을 갖게 되었다고 볼 수 있는 것입니다. 결국 이러한 판례를 통해 우위성이라는 것이 단지 형식적인 직위나 직급 등으로만 결정되는 것이 아니고 실질적인 요소들을 고려하여 결정될 수 있음을 알 수 있다고 할 것인바, 만약 위 사건과 유사하게 자신보다 하급 또는 동급의 지위를 가진 자들에 의해 행해지는 괴롭힘에 대해서도 직장 내 괴롭힘에 해당하지 않을 것이라고 쉽게 포기하지 말고 그 관계성을 잘 분석하여 올바른 판단과 합당한 조치가 이루어질 수 있도록 해 봐야 할 것입니다.

CASE 8　직장 내 괴롭힘 인정 판결

(서울중앙지방법원 2019. 1. 11. 선고 2016가단5302826 판결)

[판결의 주요 내용]

① 피고는 **원고가 없는 자리에서** J, I 등에게 **원고가 회사를 그만두려고 한다거나 원고의 소외 회사 내 입지가 곤란하다는 취지의 말**을 하였고, 이를 들은 I는 원고에게 잘못이 있어서 그런 이야기가 나왔다고 생각하였다고 증언한바, 원고가 회사나 피고에게 퇴직 의사를 밝힌 적이 없음에도 피고가 원고의 의사에 반하여 동료 직원들에게 그 이야기를 전달한 것으로 보인다. 이에 대하여 피고는, 원고 스스로 다른 직원에게 이직의 의사를 표시하였다고 주장하나, 설령 그렇다고 하더라도 피고가 원고의 의사에 반하여 국내에서 함께 근무하던 동료들에게 이를 밝히는 것이 정당화되는 것은 아니다.

② 원고가 본사로부터 비즈니스 세미나 초청을 받고, 피고에게 **출장 계획서를 올렸으나, 피고가 이를 승인하지 않아** 결국 원고가 위 세미나에 참석하지 못하였던바, 피고는 당시 출장이 제한적으로 승인될 때라고 주장하나, 피고가 제시한 대표이사의 이메일은 해외 출장 시 사전에 방문 목적, 일정 등을 알리고 보고서를 작성해야 한다는 내용일 뿐 피고의 주장과 같이 해외 출장이 아시아 사장과 협의를 거쳐 제한적으로 승인되는지 여부에 관하여는 언급이 없고, 특히 본사 초청 세미나의 출장 금지는 이례적인 것으로 보인다.

③ 회사의 워크샵에서 원고가 질의 시간에 ○○공장 근로자들에게 근로계약서가 배포되지 않았다는 부분을 지적하자, 피고가 이를 제지하면서 원고를 **모욕**하는 발언을 하였다.

④ 피고는 업무 시간 중 원고에게 **사적인 심부름**을 시키기도 하였다.

[판례 분석]

위 사건은 직장 사람들에게 특정 직원에 대한 뒷담화나 소문을 퍼트리는 일, 특히 해당 직원의 사직(이직)에 관한 소문을 내는 것은 그 내용이 사실이건 아니건 직장 내 괴롭힘이 될 수 있음을 보여 주는 대표적인 사례입니다. 위 판결도 지적하고 있듯이 어느 직원에 대해 그 직원이 '사직(이직)을 할 것이다.'라는 내용의 소문이 회사 내에 돌게 되면, 다른 직원들은 해당 직원이 현재 직장에서 근무를 하는 데 무언가 문제가 있다는 생각을 하게 될 수 있으며, 이에 해당 직원에 대한 부정적인 인식을 불러 일으킬 수 있고, 나아가 이로 인해 해당 직원을 소외시키거나 차별·배제하는 등의 위험까지 발생시킬 수 있는 것입니다. 따라서 이러한 소문은 단순히 허위 소문을 유포하는 것을 넘어 해당 직원에게 정신적 고통과 근무환경의 악화를 야기할 수 있는 것입니다.

또한 위 사건은 피해근로자에 대해 출장 승인을 불허한 것에 대하여도 이러한 행위가 직장 내 괴롭힘에 해당한다고 판단하였습니다. 이에 대해 행위자는 원래 해외 출장은 사장과의 협의를 거쳐 제한적으로 승인되는 것이므로 피해근로자에 대한 불승인이 특별한 것이 아니라는 취지로 불승인에 정당한 이유가 있었음을 주장하였으나, 출장 관련 문서를 보더라도 사전에 방문 목적이나 일정을 알리고 보고서를 작성하도록 되어 있을 뿐, 출장 승인 여부를 실질적으로 심사하여 이를 결정하는 시스템이 아니었음이 확인되었고(즉 사장과 협의를 거치더라도 이는 형식적인 것에 불과할 뿐이었음), 이에 오히려 불승인이 이례적인 것이었기에 이 같은 행위자의 주장은 이유 없다고 본 것입니다.

이러한 법원의 판단 논리는 출장뿐만 아니라 휴가나 휴직 등의 신청에도 동일하게 적용될 수 있을 것인바, 어떠한 신청에 대한 불승인을 직장 내 괴롭힘에 해당한다고 볼 것인지 여부는 이처럼 ① 불승인에 정당한 이유가 존재하는지, ② 평소 해당 신청에 대한 승인 여부를 실질적으로 심사하는지 또는 형식적으로 심사하는지, ③ 불승인이 이례적인 것인지(불승인을 받은 근로자가 해당 근로자 외에도 존재하는지) 등을 검토하여 판단될 수 있을 것입니다.

한편, 위 사건에서는 행위자가 각종 괴롭힘 행위를 하였음이 인정되었고(총 16개 행위), 원고는 이러한 직장 내 괴롭힘으로 인하여 심리적 불안 증세와 스트레스로 인한 육체적 건강 악화 등 스트레스성 장애로 치료를 받았던 것인바, 법원은 가해행위의 기간, 가해행위의 심각성 정도, 가해행위에 이르게 된 경위 등에 비추어 피해자의 고통이 상당하였을 것으로 보아 위자료의 액수를 900만 원으로 정하였습니다. 그리고 이때 법원은 이 같은 위자료 액수를 산정하는 과정에서 피해근로자가 정신과의원에서 얼마간, 무슨 치료를 받아 왔는지, 직장에서의 문제 외에 다른 원인으로 인해 스트레스가 발생한 것은 아닌지를 구체적으로 심리하였는바, 피해근로자가 수년에 걸쳐 여러 군데의 정신과의원에 내원한 사실이 있었고 1년 이상을 약물치료 등을 받아 왔으며, 직장 생활 외에는 가정 내 문제 등 다른 스트레스 유발 원인은 없음을 확인하였던 것입니다.

덧붙여, 가해자가 자신의 행위가 직장 내 괴롭힘이 아니었다는 취지와 함께 손해배상금의 범위를 다투며(손해배상액의 수준을 낮춰 달라는 주장) 피해근로자와 자신이 평소 문자메시지를 자주 주고받았다거나 회식 자리에서 함께 사진을 찍기도 할 정도로 친밀한 사이임을 주장하였으나, 법원은 이것만으로는 행위자와 피해근로자의 사이가 원만하였다고 인정할 수 없다고 하였습니다.

위와 같은 판결을 통해 피해근로자가 행위자 등을 상대로 민사소송을 제기하는 경우, 직장 내 괴롭힘이 인정된다고 하더라도 거기서 끝나는 것이 아니라 그 이후 손해배상액 산정을 두고 첨예하게 다투게 된다는 점을 알 수 있을 것인바, 원고 입장에서 더 많은 금액을 인정받기 위해서는 소송 제기 전 직장 내 괴롭힘의 정도를 객관화시켜 증거로 보여 줄 수 있는 병원 내원 및 치료 기록을 충실히 확보해 놓을 필요가 있다고 할 것입니다. 또한 세부적인 팁이긴 하나, 정신건강의학과나 상담기관 등을 방문하여 상담을 할 시, 직장 내 괴롭힘 즉 직장 생활과는 무관한 사적인 고민 사항 등을 정신적 스트레스의 원인 등으로 진술하여 그 내용이 의무기록에 포함되는 경우, 이러한 내용이 추후 소송에서 드러나면 원고에게 불리한 요소로 사용될 수 있다는 점도 미리 알아 두시면 도움이 될 것입니다.

CASE 9　직장 내 괴롭힘 일부 인정/일부 불인정 판결

(서울중앙지방법원 2021. 10. 8. 선고 2020가단5296577 판결)

[판결의 주요 내용]

원고는 2013. 1. 2.부터 2021. 6. 12.까지 근무하던 근로자, 피고 B는 2018. 1.부터 원고가 소속된 G팀의 팀장, 피고 C는 2015.부터 2017. 12.까지 G팀 내 원고가 소속된 셀장, 피고 D는 2020. 1.부터 G팀 내 원고가 소속된 셀장으로 재직한 자인데, 원고는 2020. 11. 피고들로부터 직장 내 괴롭힘을 당했다는 취지로 회사 인사 담당 부서에 신고를 하였고, 회사는 신고 내용에 대해 조사한 뒤 피고 B에 대하여, 피고 B가 원고만을 셀에 혼자 배치한 행위는 취업규칙에서 정하고 있는 직장 내 괴롭힘 행위에 해당한다는 이유로 견책의 징계처분을 하였다.

〈직장 내 괴롭힘을 인정한 부분 판단 내용〉

피고 B는 2020. 11. 16.자로 G팀의 **업무 분장을 조정하여 셀 배치를 변경하면서 기존의 A, B, C셀에서 D셀 하나를 더 추가하고 D셀에는 나머지 셀들과는 달리 셀장 없이 셀원인 원고만을 배치**(이 사건 업무 분장 조정)하였는데, ① 이 사건 업무 분장 조정 당시 셀장 없이 원고 1명을 구성원으로 한 셀을 구성해야만 할 업무상 긴절한 필요가 있었다는 점을 인정할 만한 정황이 없는 점, ② 이러한 셀 구성은 G팀의 **기존 팀 구성에 비추어 보더라도 매우 이례적인 것**으로 보이는 점, ③ 피고 B는 원고의 셀장 및 다른 팀원들과의 마찰, 업무 지시 거부 등을 이유로 이 사건 업무 분장 조정을 하였다고 주장하나 원고가 자신의 담당 업무를 명백히 기부한 사실을 인정하기에 부족한 점, ④ 피고 B는 이 사건 업무 분장 조정 이전에 원고에 대한 위와 같은 이례적인 인사 배치에 관하여 설명하거나 원고로부터 의견을 수렴한 바가 없는 점, ⑤ 피고 B는 D셀에 셀원인 원고만을 배치하면서 원고에게 셀장의 권한을 부여한 정황도 없는바, 셀장이 배치되지 않은 D셀의 구성원인 원고로서는 정상적으로 업무를 수행하거나 새로운 업무를 배정받는 데 있어서 상당한 어려움을 겪었을 것으로 보이는 점 등에 비추어 볼 때, 이러한 행위는 업무상 적정범위를 넘어 원고에게 정신적 고통을 주거나 근무환경을 악화시키는 행위(직장 내 괴롭힘)에 해당한다고 봄이 상당하다.

원고가 피고 B의 이러한 위법한 행위로 인하여 상당한 정신적 고통을 받았을 것임이 경험칙상 명백하므로 피고는 「민법」 제750조의 불법행위에 대한 책임으로서 원고가 입은 정신적 손해를 배상할 책임이 있다. (➡ 피고가 원고에게 배상하여야 할 위자료의 액수는 1,000만 원)

〈직장 내 괴롭힘을 부정한 부분 판단 내용〉
원고가 가족돌봄휴직 전 담당하던 업무에 비하여 다소 줄어든 업무만을 맡게 되었다고 하더라도 이러한 업무 분장이 오로지 원고를 괴롭히거나 위법하게 업무에서 배제하기 위한 것이라고 보기에는 부족하다. ① 원고가 가족돌봄휴직을 마치고 복귀하자 피고 B가 원고가 소속된 셀의 업무 분장을 변경하면서 원고에게 업무를 부여하여 원고는 이에 따라 2018. 4.부터는 디지털 렙사 관리, 팀 정산 현황 및 실적 관리 업무를, 2018. 7.부터는 M브랜드 캠페인 업무를 담당하게 되었는데, 원고는 팀 정산 현황 및 실적 관리 업무는 정직원이 담당하는 업무가 아니라는 취지로 주장하나 G팀의 정직원들이 2016.경부터 2018.경까지 위 업무를 실제로 수행한 바 있고, ② G팀의 업무 특성상 캠페인 또는 프로젝트 담당 인력의 운용은 유동적이고 일단 업무 분장이 변경된 이후에도 새로운 캠페인 또는 프로젝트가 시작되면 추가적인 업무가 배분될 수 있는 것으로 보인다. ③ 팀장인 피고 B로서는 업무 분장 조정에 있어 기존 팀원들이 맡고 있는 업무의 연속성도 고려하였을 것으로 보인다. 또한 피고는 원고가 3개월간의 휴직을 마치고 복귀하였으므로 원고에게 일정 기간 동안 다소 적은 업무를 부여하는 것이 팀의 효율적 업무 수행을 위하여 적절하다고 판단한 것으로 보이고 이러한 판단이 크게 부당하다고 보이지 않는다.

[판례 분석]

위 사건은 원고가 따돌림, 불법적인 업무 배제, 퇴직 강요, 단체 대화방에서의 모욕 행위 등 총 8가지의, 피고들의 직장 내 지위를 이용한 괴롭힘 행위들로 인해 정신적·육체적 고통을 당하였음을 주장하며 이에 따른 정신적 손해에 대한 배상을 청구한 것입니다. 원고는 소송 제기 전 회사에 같은 내용으로 직장 내 괴롭힘 피해 사실을 신고하였고, 이에 회사가 조사를 실시한 결과 앞서 살펴본 '직장 내 괴롭힘을 인정한 부분 판단 내용'에 나온 것처럼 피고 B가 기존에 3개로 운영하던 셀에 1개의 셀을 더 만들면서 원고를 셀장도 없는 새로 만든 셀에 배치한 행위만을 직장 내 괴롭힘에 해당한다고 판단하여 피고 B에 대한 징계처분을 하였습니다. 하지만 여러 행위자들의 여러 행위들에 대해 이를 신고한 원고 입장에서는 불만족스러운 결과일 수밖에 없었을 것이고, 이에 원고는 법원에 민사 손해배상청구의 형태로 소를 제기하며 다시 한번 법원에 의한 직장 내 괴롭힘 해당 여부(불법행위로 인한 인격권 침해 여부)를 판단받고자 한 것입니다.

그런데 법원 역시 결론에 있어서는 회사에서 내부적으로 실시한 조사 내용과 마찬가지로 셀 배치 관련 업무 분장 조정 행위 하나만을 직장 내 괴롭힘으로 인정하였고, 나머지 내용들에 대해서는 원고가 주장하는 행위가 사실임을 인정하기 부족하고 달리 인정할 증거가 없다거나, 원고가 주장하는 행위(발언) 자체는 있었던 것이 사실이나, 행위자의 고의성 여부, 발언의 경위, 해당 발언에 대한 상대방(원고)의 반응과 당시 행위자의 태도, 행위의 지속성 여부 등을 고려하였을 때 이 같은 행위가 피해자의 인격권을 침해하는 위법한 행위에 해당하지 않는다고 하였습니다.

한편, 위 판결이 의미가 있는 이유는 원고가 주장했던 직장 내 괴롭힘 행위 중 같은 "업무 분장 조정" 행위라 하더라도 어느 경우는 괴롭힘에 해당하고 어느 경우는 괴롭힘에 해당하지 않는다고 볼 것인지, 그 판단 기준을 구체적으로 밝혔다는 것이며, 이를 통해 하나의 판결에서 내용이 다른 각 업무 분장 조정에 대해 괴롭힘 해당 여부에 있어 서로 다른 결론을 내렸습니다.

이에, 우선 위 판결에 따른 "업무 분장 조정"의 직장 내 괴롭힘 해당 여부 판단을 위한 고려 요소들을 살펴보면, ① 업무 분장 조정을 해야만 할 업무상 긴절한 필요, ② 업무 분장 조정의 이례성 여부, ③ 업무 분장 조정에 이르게 된 경위와 합리적 이유 여부(특히 이러한 업무 분장 조정에 이르게 된 것에 대상자가 원인을 제공한 것인지 여부), ④ 업무 분장 조정을 실시하기 전에 대상자에게 충분한 설명을 하거나 의견 수렴 절차를 거쳤는지 여부, ⑤ 업무 분장 조정으로 인해 대상자가 받게 된 불이익이나 피해의 정도가 중요한 판단 요소로 작용한 것입니다.

즉 업무 분장 조정의 업무상 필요성이 매우 높음을 인정할 만한 특별한 증거가 없고, 새롭게 행해진 업무 분장 조정이 전례가 없는 이례적이 것이었으며, 행위자 측에서 주장하고 있는 업무 분장 조정이 이루어지게 된 사정이나 경위 역시 믿을 만한 것이 되지 못하고, 심지어 행위자가 이같은 행위를 하며 대상자와 그 어떤 협의절차를 거치거나 의견청취조차 하지 않은 채 일방적으로 업무 분장 조정을 하였으며, 이러한 업무 분장 조정이 이루어진 이후 업무를 수행함에 있어 대상자가 상당한 곤란과 어려움을 겪었다면 이는 업무 분장 조정이라는 인사 발령의 외형을 띠었으나 그 실질은 정당한 인사 발령이 아닌 직장 내 괴롭힘에 해당한다고 볼 수 있는 것입니다.

반대로, 업무 분장 조정으로 인해 대상자가 맡게 된 업무가 이전에도 유사한 고용형태와 동일 직급 근로자에 의해 이루어진 선례가 존재하며, 업무 분장 조정 자체가 해당 사업장의 업무 특성으로 인해 빈번하게 이루어질 수 있고, 팀 내 업무 배분 및 업무 효율성, 업무의 연속성 등을 고려하였을 때 업무 분장 조정이 필요한 경우라면 해당 업무 분장 조정으로 인해 업무의 범위가 줄어들어, 대상자가 이에 대해 자신을 업무에서 배제하는 괴롭힘 행위를 하는 것이라고 느꼈다고 하더라도 이러한 업무 분장 조정이 곧바로 괴롭힘 행위로 인정되는 것은 아닙니다.

결국, '정말 그러한 행위를 업무적으로 꼭 해야만 했냐?'라는 질문을 던졌을 때 여기에 누가 더 설득력 있는 답변을 하는지가 판단의 핵심이 될 텐데요. 이러한 판단기준은 업무 분장 조정뿐만 아니라 그 밖의 인사발령에도 적용할 수 있을 것입니다. 즉 위 판결 내용을 통해 업무 분장 조정 외에도 널리 인사 발령을 할 때, 이러한 행위가 혹시라도 추후 직장 내 괴롭힘에 해당하는 것으로 판단될 여지가 없도록, 회사 입장에서는 판단기준의 내용을 미리 숙지하고 활용하도록 하여야 할 것이고, 만약 피해근로자 입장에서 자신에게 행해진 업무 분장 조정이 직장 내 괴롭힘에 해당한다고 주장하는 경우라면, 업무 분장 조정 등의 행위가 정당하다는 점 즉 업무상 필요성이 있었음을 회사나 행위자가 입증할 책임이 있다고 하더라도, 이들이 입증을 하기를 기다리기보다 피해근로자도 직접 위 요소들에 대해 행위자와 회사가 이를 갖추지 못하였음을 적극적으로 주장·입증하는 것이 바람직할 것입니다.

직장 내 괴롭힘으로 인한
손해배상책임

CASE 10 사용자가 직장 내 괴롭힘을 하였다고 보아
그에 따른 손해배상책임으로 위자료 300만 원을 인정한 판결

(서울남부지방법원 2021. 6. 17. 선고 2020가단239162 판결)

[판결의 주요 내용]

인적 신뢰 관계를 기초로 한 계속적 권리의무관계에 해당하는 근로계약의 본질과 성격에 따라 근로자는 성실하게 노무를 제공할 의무를, **사용자는 근로자에 대한 보수지급의무 외에도 근로자의 인격을 존중·보호하며 근로자가 근로제공의무를 이행할 때 피해를 받지 않도록 필요한 조치를 강구하고 근로자의 생명·건강 등에 관한 보호시설을 하는 등 쾌적한 근로환경을 제공함으로써 근로자를 보호할 의무를 부담하고, 사용자가 이러한 보호의무를 위반하여 근로자가 손해를 입은 경우 그 손해를 배상하여야 한다.** 이는 사용자가 직접 직장에서의 우월적 지위를 이용하여 업무상 적정범위를 넘어서는 신체적·정신적 고통을 가하거나 근무환경을 악화시키는 행위('직장 내 괴롭힘', 「근로기준법」 제76조의2)를 한 경우에도 마찬가지다. 이때 손해배상책임의 요건에 해당하는 '직장 내 괴롭힘'은 당사자의 관계·행위가 행해진 장소 및 상황·행위에 대한 피해자의 반응·행위의 내용 및 정도·행위가 지속된 기간 등과 같은 사정을 종합적으로 살펴 판단하되, 피해자와 비슷한 처지에 있는 보통의 사람 입장에서 보아 신체적·정신적 고통 또는 근무환경 악화가 발생할 수 있는 행위가 있고, 그로 인하여 피해자에게 신체적·정신적 고통 또는 근무환경의 악화라는 실제 결과가 발생하였음이 인정되어야 한다.

아래에서 알 수 있는 피고가 원고 A에게 한 발언 내용과 지속기간, 원고 A의 반응 등을 종합적으로 살펴볼 때, 이는 **일상적인 지도 또는 조언 및 충고 수준을**

넘어서 지속적이고, 공개적인 질책을 통하여 직장에서의 우월적 지위를 이용하여 업무상 적정범위를 넘어서는 정신적 고통을 가하거나 근무환경을 악화시키는 행위로 볼 수 있다. 따라서 피고는 원고 A가 입은 정신적 손해를 배상할 의무가 있다.

① 피고는 원고 A의 근무 태만에 대해서 질책하였고('최선을 다하시는데 이렇게 근무를 하세요?', '그렇게 아이를 믿고 하시는데 청소를 그렇게 하시나요, 선생님?', '여러 가지를 다 떠나서 근무를 이렇게 하시면 안 된다는 걸 제가 말씀드리는 거예요.', '싫대요, 부모님들이 싫대.'), 원고 A는 피고가 원고 A를 지나치게 비난한다는 취지로 다투는 등 서로 간에 갈등이 있어 왔다.

② 피고는 2020. 3. 교사 회의에서 원고 A의 업무 분장표가 공란이라고 여러 차례 지적하면서 원고 A가 업무를 하지 않겠다고 하였다는 듯이 여러 차례 원고 A를 질책하는 발언을 하였고('A 선생님은 어떻게 하실 거예요, 이거? 어떻게 빈칸을 낼 수가 있는 이유가 뭔지 얘기 한번 해 보세요.', '이거 어떻게 빈칸이 올 수가 있어요?', '아니, 내가 물어보는 건 왜 빈칸이 왔는지 물어보는 거야.', '어떻게 이렇게 업무가 많은데 빈칸을 낼 수가 있는지를 물어보는 거야, 지금.', '작년에도 빈칸을 해 드렸는데 못하겠다고 빼드렸으면 올해는 그렇다면 다른 업무라도 하셨어야 되는 거 아닌가, 안 그래요?', '올해도 빈칸으로, 못하겠다는 거예요?', '나는 이걸 빈칸으로 냈다는 것 자체가 이해를 못하겠어. **일을 안 하겠다는 소리예요?**', '본인이 무엇을 하실 건지 얘기를 하시라고.'), 원고 A가 업무를 하겠다고 대답하였는데도 같은 취지의 말을 여러 차례 반복하였다.

③ 피고는 2020. 3. 31. 원고 A에게 '선생님이 그러니까 원장에게 그거는 잘못됐다. 사과한다. 이 한마디 말씀을 하시면 저는 아무것도 없습니다.', '여기서 이야기를 하고 깨끗이 끝내자 이 말씀이에요.', '선생님께서 '원장님 그건 제가 그날 말을 실수한 것 같습니다. 죄송합니다.' 한마디면 끝난다고 봅니다.' 등으로 **다른 교사들 앞에서 피고에게 공개적으로 사과하도록 수차례 이야기**하였다.

[판례 분석]

위 판결은 '사용자'가 직장 내 괴롭힘의 직접 행위자가 된 경우에 사용자에게 손해배상책임을 인정한 사례입니다. 사용자는 근로계약에 따른 부수의무로서 근로자를 보호해야 할 의무를 가지기 때문에 근로자들 사이에 행해지는 직장 내 괴롭힘으로부터 근로자를 보호할 의무를 가집니다. 그런데 이러한 보호의무를 가지는 사용자가 직접 직장 내 괴롭힘 행위를 하여 근로자에게 피해를 발생시켰다면 이는 근로자에 대해 계약상 의무를 위반한 것이기도 합니다. 결국 사용자는 다른 근로자의 괴롭힘 행위로부터 근로자를 보호할 의무를 지니는 것은 물론 당연히 그 스스로도 괴롭힘 행위를 하여 근로자에게 고통을 발생시켜서는 안 되는 것이고, 만약 본인이 직접 괴롭힘 행위자가 되었다면 이는 아주 중대한 의무위반을 하였다고 볼 수 있겠지요. 근로기준법도 이러한 취지와 사용자의 근로자에 대한 보호의무를 강조하는 의미에서 사용자와 사용자의 친인척이 직접 직장 내 괴롭힘을 하는 경우에 대해서는 1천만원 이하의 과태료를 부과하는 것으로 하여 엄중한 제재를 가하고 있습니다.

그런데 이 사건 사용자는 근로자에게 일상적인 지도나 조언, 질책의 정도를 넘어 '최선을 다하는데 이렇게 근무를 하나요?', '일을 안 하겠다는 소리예요?' 등으로 상식적으로 보아도 모욕적인 언사를 하였는바, 특히 이러한 발언이 다른 직원들이 모두 보는 공개적인 자리에서 이루어졌음을 고려하면 이는 피해근로자의 명예를 훼손하고 인격을 침해하는 직장 내 괴롭힘에 해당한다고 볼 것입니다. 또한 잘못에 대한 질책과 사과를 요구하는 것을 넘어 수차례에 걸쳐 공개 사과를 강요하는 것 역시 인격을 침해하는 모욕적 행동이자 부당한 지시를 지속적으로 하는 것으로서 직장 내 괴롭힘에 해당한다고 할 것입니다.

한편, 이 사건에서 법원은 사용자의 손해배상책임을 인정하며 그 위자료 액수를 산정함에 있어 ① 피해근로자가 당한 직장 내 괴롭힘의 내용, ② 피해가 지속된 기간, ③ 피해의 정도, ④ 피해에 관한 사용자의 대응 내용과 방법 등을 고려하였습니다. 그 결과 사용자가 배상하여야 할 위자료를 300만 원으로 정하였는데요, 피해근로자 입장에서는 그 금액이 높지 않다고 여길 수도 있을 것입니다. 제가 앞에서 말씀드렸지만 현재 우리나라의 위자료의 수준이 그리 높지는 않습니다.

특히 사용자가 직접 괴롭힘 행위를 한 점을 고려한다면 피해근로자로서는 위 금액이 더욱 아쉽게 느껴질 수도 있을 텐데요, 법원의 위자료 산정 기준이나 수준이 정해져 있다 치면 아무튼 그 범위 내에서 피해근로자로서는 사용자에게 최대한의 책임을 추궁할 수 있도록 노력해 봐야 할 것인바, 이를 위해 준비해야 할 내용을 살펴보겠습니다.

우선 피해액 산정을 위해 실질적인 도움이 될 수 있도록, 괴롭힘 행위로 인한 신체적·정신적 손해 발생이 확인되는 진단서와 이로 인해 이미 경제적으로 지출이 있었다는 치료비 내역서, 약제비 영수증 등의 병원 관련 자료(의무기록)를 확보하는 것이 도움이 될 것입니다.

다음으로 괴롭힘 행위 자체에 대해서 그 내용을 자세하게 설명하여 결코 있어서는 안 될 이렇게 심각하고 중대한 가해행위가 발생하였음을 강조해야 할 텐데요, 이건 당연히 해야 할 주장이고, 제가 추가해서 말씀드리고 싶은 내용은 행위자의 행위 그 이후의 태도에 대해서도 이를 설명하는 것이 도움이 된다는 것입니다. 즉, 위 판결도 '피해에 관한 사용자의 대응 내용과 방법'이라는 요소를 위자료 액수를 정하는 데 고려하였는데요, 심각한 괴롭힘 행위를 한 것도 잘못된 것이지만 나아가 그 이후에 행위자가 피해자에게 어떤 반응을 보였는지, 피해 회복을 위한 노력은 했는지, 진정한 사과가 이루어진 적이 있는지, 혹시 오히려 2차 가해를 한 것은 아닌지 등을 살펴 이에 대해서도 주장을 하시어 위자료 금액 산정에 유리한 사정이 반영될 수 있도록 하시라는 것입니다.

CASE 11 사용자에게 직장 내 괴롭힘을 방지하지 못한 책임을 물어 위자료 1,200만 원을 인정한 판결

(수원지방법원 안산지원 2021. 1. 29. 선고 2020가단68472 판결)

[판결의 주요 내용]

직장 내 괴롭힘에 관한 사용자의 불법행위책임 인적 신뢰 관계를 기초로 한 계속적 권리의무관계에 해당하는 근로 계약의 본질과 성격에 따라 근로자는 성실하게 노무를 제공할 의무를, 사용자는 근로자에 대한 보수지급의무 외에도 근로자의 인격을 존중·보호하며 근로자가 근로 제공의무를 이행할 때, 피해를 받지 않도록 필요한 조치를 강구하고 근로자의 생명·건강 등에 관한 보호시설을 하는 등 쾌적한 근로환경을 제공함으로써 근로자를 보호할 의무를 부담한다. 그리고 사용자가 이러한 보호의무를 위반하여 근로자가 손해를 입은 경우 그 손해를 배상하여야 한다. 이는 사용자가 직접 직장에서의 우월적 지위를 이용하여 업무상 적정범위를 넘어서는 신체적 정신적 고통을 가하거나 근무환경을 악화시키는 행위('직장 내 괴롭힘', 「근로기준법」 제 76조의 2)를 한 경우뿐만 아니라 직장 내 괴롭힘을 예견 예방할 수 있었음에도 이를 방지하지 못하였을 경우에도 마찬가지다.

이때 손해배상책임의 요건에 해당하는 '직장 내 괴롭힘'은 당사자의 관계 행위가 행해진 장소 및 상황 행위에 대한 피해자의 반응 행위의 내용 및 정도 행위가 지속된 기간 등과 같은 사정을 종합적으로 살펴 판단하되, 피해자와 비슷한 처지에 있는 보통의 사람 입장에서 보아 신체적 정신적 고통 또는 근무환경 악화가 발생할 수 있는 행위가 있고, 그로 인하여 피해자에게 신체적 정신적 고통 또는 근무환경의 악화라는 실제 결과가 발생하였음이 인정되어야 한다. **나아가 사용자에게 보호의무위반을 이유로 손해배상책임을 인정하기 위해서는 피해 사실이 근로자의 업무와 관련성을 가지고 있을 뿐 아니라 또한 통상 발생할 수 있다고 하는 것이 예측되거나 예측할 수 있는 경우이어야 한다.** 이는 직장 내 괴롭힘에 관한 사용자의 보호의무위반을 판단함에 있어서도 마찬가지다.

입사 직후부터 원고는 과장에게 피고 회사의 임원, 특히 이사 D의 거친 언행과 욕설, 업무 지시 내용과 스타일로 인한 괴로움을 호소하였다. 원고와 과장은 원고가 재직 중인 약 2년 동안 카카오톡 대화를 통해 '맨날 나가라는 소리, 회의할 때마다. 듣기 싫어 죽겠네.', '입만 열면 욕이다.', '입만 열면 18이래.', '직장 내 괴롭힘으로 신고해야 돼.', '말끝마다 그만두라잖아.', '별것도 아닌 걸 저렇게 목소릴 높이네.', '어떻게 면전에다 저런 말을 하나.' 등의 내용을 주고받았다. 특히 원고는 퇴사 직전 대화에서 '엉엉 울고 있어요.', '진짜로 아까 내 손 떨리는 거 봤죠.', '정말로 저는 매일매일 불안했어요. 가슴 졸이며 또 뭐로 꼬투리 잡고', '누가 봐도 나한테는 너무 심하게 하니까.'라는 내용의 메시지를 보냈고, 과장은 원고에게 '내가 도와주지 못해 미안하네.' 등과 같은 내용으로 위로 메시지를 보냈다. 원고는 2020. 2. 12. 회사에 사직서를 제출하였고, 같은 달 정신건강의학과를 찾아가 직장 내 스트레스로 인한 '불안, 심계항진, 불면, 사회적 위축' 등의 증상을 호소하였으며 그 무렵부터 현재까지 G병원 등에서 약물치료를 이어 오고 있다.

위와 같은 사실에 의하면, **피고 회사의 임원 특히 D 이사는 직장 내에서 빈번한 폭언과 욕설을 해 왔고, 원고는 과장에게 상시적으로 그로 인한 괴로움을 호소하였으며, 피고의 대표이사 역시 D 이사 등이 근로자들에게 욕설을 잘한다는 점을 인지하고 주의를 준 점을 알 수 있다.** 또한, 피고 회사의 임원들이 원고에게 행한 언행의 내용·지속 기간·피해자인 원고의 반응 등을 종합적으로 살펴볼 때, 이는 직장에서의 우월적 지위를 이용하여 업무상 적정범위를 넘어서는 정신적 고통을 가하거나 근무환경을 악화시키는 행위로 볼 수 있고, **피고 회사 역시 이를 충분히 예견할 수 있었다.**

[판례 분석]

위 판결은 회사의 임원이 근로자에 대해 직장 내 괴롭힘을 한 것에 대해 사용자에게 불법행위 책임을 물어 손해배상을 하게 한 사건입니다. 회사 내에서 직장 내 괴롭힘이 발생하였다고 하여 회사(사용자)가 언제나 책임을 지는 것은 아닙니다. 하지만, 위 판결이 설시하고 있듯이 회사가 직장 내 괴롭힘을 예견하고 예방할 수 있었음에도 불구하고 이를 막지 못하였을 경우 그에 따른 책임을 지게 되는 것입니다. 이 사건에서는 사용자인 대표이사가 임원의 괴롭힘 행위 즉 해당 임원이 직원들에게 수시로 욕설을 하거나 무리한 업무 지시를 한다는 것을 익히 알고 있어 심지어 이에 대해 해당 임원에게 주의를 준 사실이 있음에도 불구하고, 이러한 행위가 중단되지 않고 계속됨으로 인해 피해근로자가 사직을 하고 심지어 정신건강의학과 진료를 받기에 이르렀는바, 이에 대한 사용자책임을 물은 것입니다.

따라서 회사 입장에서는 직원들의 행동에 항상 주의를 기울여야 할 필요가 있습니다. 즉, "직장 내 괴롭힘은 회사가 한 게 아니라 A직원이 한 거예요. 나는 책임이 없어요."라는 변명이 언제나 통하는 것이 아니라는 의미입니다. 오히려 피해근로자 입장에서는 민사소송을 제기한다고 했을 때, 경제적 자력 여부를 알 수 없거나 자력이 없는 가해자 개인에 대해서 손해배상청구를 하는 것보다, 경제적 자력이 담보된 회사를 상대로 청구를 하는 것이 추후 승소를 하였을 때 집행에 용이하다는 생각이 있기 때문에 가해자는 제외하고 회사만을 피고로 하여 손해배상청구소송을 제기하는 경우도 종종 있습니다. 그러니, 회사로서는 직장 내 괴롭힘을 예견하고 예방할 수 있는 사내 시스템을 철저하게 마련하여 이러한 시스템이 잘 작동될 수 있도록 하여야 할 것이고, 평소 직장 내 괴롭힘 예방을 위한 전직원 대상 교육을 실시하거나, 사용자가 직장 내 괴롭힘 근절을 선언하는 등으로 직장 내 괴롭힘 예방에 대한 강한 의지를 밝혀 직장 내 괴롭힘 없는 조직 문화가 만들어질 수 있도록 노력해야 할 것입니다. 그래야 만약 이런 소송이 제기되더라도 사용자의 면책을 주장할 수 있을 것이니까요.

한편 이 사건의 경우 피해근로자가 행위자인 임원으로부터 괴롭힘을 당하였을 때 이를 자신의 상사인 과장에게 카카오톡 메시지 등을 통해 알렸던 것이 실제로 소송에서 괴롭힘 사실을 증명하는 데 매우 유효하게 활용되었음을 알 수 있는바, 1장에서 증거 수집에 관한 내용을 말씀드린 챕터를 다시 한번 정독해 보시길 바라겠습니다.

CASE 12 가해자의 모욕 행위가 업무관련성이 없다는 이유로 사용자책임을 부정한 판결

(서울중앙지방법원 2020. 6. 11. 선고 2019나24567 판결[23])

[판결의 주요 내용]

「근로기준법」 제76조의2를 위반한 불법행위책임 성립 여부

「근로기준법」 제76조의2는 "사용자 또는 근로자는 직장에서의 지위 또는 관계 등의 우위를 이용하여 업무상 적정범위를 넘어 다른 근로자에게 신체적·정신적 고통을 주거나 근무환경을 악화시키는 행위를 하여서는 아니 된다."라고 규정하고 있다. 사용자가 직장 내 모든 인간관계의 갈등 상황에 대하여 근로기준법에 따른 조치를 해야 하는 것은 아니므로, 문제된 행위가 직장 내 괴롭힘으로 인정되려면 사용자의 관리영역 안에서 발생해야 한다. 즉 문제된 행위가 사용자의 제재나 조치가 가능한 업무관련성 있는 상황에서 발생한 것이어야 한다. 이 사건 모욕 행위*는 단순히 사적인 관계에서 발생한 것에 불과하여 피고 회사의 본래의 업무나 그것에 통상 수반되는 업무와 전혀 관련이 없는 점, 피고 회사 직원들이 수사기관에 탄원서를 제출하거나, 원고와 함께 근무할 수 없다는 취지의 청원서를 제출한 행위 역시 업무와 무관하게 직장 내 인간관계의 갈등 상황에서 비롯된 행위로 보이는 점에 비추어 보면, 피고 회사가 「근로기준법」 제76조의2를 위반한 사실을 인정하기에 부족하고 달리 이를 인정할 증거가 없으므로, 원고의 이 부분 주장도 이유 없다.

* 이 사건 모욕 행위: 피고 B는 2018. 11. ① 21:00경 D와 원고 사이의 12월 근무 일정과 관련한 대화에 끼어들었다가 원고가 참견하지 말라고 하자 "가만 안 둔다.", "죽여 버린다."라며 원고를 협박하였고, ② 23:05경 원고의 퇴근을 기다렸다가 회사 건물 엘리베이터 1층 출입구를 막고 원고를 협박하고 원고에게 폭언하였으며, ③ 23:06경 5층 근무지에서 원고에게 "병신아, 꺼져라."라는 말을 하였다.

---

23 대법원 2020. 11. 26. 선고 2020다249967 판결로 확정.

[판례 분석]

위 판결은 피고 B, 즉 가해자에 대하여만 위자료 100만 원의 손해배상책임을 인정한 사건입니다. 즉 원고는 회사에 대해 사용자책임을 소홀히 하였음을 이유로 손해배상책임을 부담해야 한다고 주장하였으나 법원은 피고 B의 모욕 행위가 업무관련성이 있는 행위가 아닌 근로자들의 사적인 인간관계 갈등 상황하에서 발생된 개인적인 문제라고 본 것입니다. 그러면서 사용자가 직장 내 모든 인간관계의 갈등 상황에 대하여 근로기준법에 따른 조치를 해야 하는 것은 아니라고 하였습니다.

사용자책임이 성립하려면 가해자(피용자)의 행동에 사무집행 관련성이 있어야 합니다. '사무집행에 관하여'라는 뜻은 피용자의 불법행위가 외형상 객관적으로 사용자의 사업 활동 내지 사무집행행위 또는 그와 관련된 것이라고 보일 때에는 행위자의 주관적 사정을 고려함이 없이 이를 사무집행에 관하여 한 행위로 본다는 것입니다. 예컨대 어떤 팀장이 부하 직원을 괴롭히려고 근로계약상 업무 범위에도 전혀 해당하지 않는 업무를, 물리적으로 불가능한 시간을 주면서 하라고 지시했다고 생각해 봅시다. 그런데 이러한 팀장의 행동은 겉으로 보기에는 일반적인 업무 지시처럼 보인다는 것이죠. 그렇디면 이는 불법행위더라도 사무집행 관련성이 있다는 것입니다.

그런데 위 사건의 경우 근로자들끼리 근무 일정에 관한 대화를 나누던 중 가해자가 끼어들었다가 피해자에게 욕설과 협박을 가하는 일이 발생하였고, 이에 가해자가 피해자의 퇴근을 기다리던 중 또다시 회사 엘리베이터 앞에서 폭언과 협박의 가해행위가 발생하였으며, 연이어 근무

지에서 모욕적 발언이 이루어지게 된 것인바, 과연 이러한 행위가 외형적으로 사무집행에 관하여 이루어진 것이 아니라고 볼 것인지, 즉 업무관련성이 없다고 보는 것이 타당한지는 의문입니다. 오히려 이 경우는 업무관련성은 인정되나, 사용자로서 이러한 피고 B의 가해행위를 예견할 수 없었음을 이유로 책임을 부정하는 것이 더 타당하지 않았나, 하는 생각이 듭니다.

여하튼, 이처럼 법원은 직장 내에서 발생하는 모든 근로자들 사이의 갈등 상황 속에서 발생한 가해행위를 직장 내 괴롭힘에 해당한다고 보거나 그에 따른 사용자책임을 부담시키고 있지는 않으므로, 회사 입장에서는 근로자들의 행위가 회사의 관리영역 범위 밖에 있었다거나 업무와 무관하게 사적 관계하에서 발생하였음을 입증하여 책임을 면할 수 있을 것입니다.

CASE 13 가해자의 폭행 행위가 업무관련성이 없다는 이유로 사용자책임을 부정한 판결

(수원지방법원 안양지원 2020. 12. 9. 선고 2019가단104042 판결)

[판결의 주요 내용]

이 사건 폭행*이 피고 회사의 사무집행 그 자체라고 볼 수 없음은 명백한 점, 이 사건 폭행은 피고 회사의 워크샵이 끝난 후 원고와 피고 B가 개별적으로 귀가하는 과정에서 발생하였고, 피고 B가 술에 취한 상태에서 원고에게 눈뭉치를 던진 것으로서 가해행위의 동기가 피고 회사의 업무와 관련되어 있다고 보기도 어려운 점 등에 비추어 볼 때, 원고가 제출한 증거들만으로는 피고 B의 이 사건 폭행이 피고 회사의 사무를 집행하는 과정에서 이루어졌다고 보기 부족하다.

* 이 사건 폭행: 원고와 피고 B는 피고 회사 경영지원부에서 근무하던 직장 동료 사이인데, 피고 B가 회사 워크샵이 끝나고 술에 취한 상태에서 귀가를 위해 택시를 기다리던 원고의 머리를 눈뭉치로 수회 때렸다.

[판례 분석]

위 사건에서 원고는 피고 B가 자신이 입사한 지 한 달 정도 지났을 때부터 폭언을 하거나 무시하고 따돌리는 등의 방식으로 원고를 지속적으로 괴롭혔고, 급기야 회사 워크샵이 끝난 2019. 3. 3. 15:40경 귀가하기 위해 택시를 기다리던 원고의 얼굴을 향해 눈뭉치를 10여 회 던지는 폭력을 행사하여 3주간 치료를 요하는 상해를 입음과 동시에 정신적으로 큰 충격을 받았는바, 피고 회사가 사용자로서 직장 내 괴롭힘을 방지할 의무가 있음에도 불구하고 적절한 조치를 취하지 않은 채 피고 B가 자신을 괴롭히는 것을 방치한 것에 대하여 손해배상을 하라고 청구하였습니다.

이에, 우선 법원은 피고 회사가 사용자로서 직장 내 괴롭힘을 방지하기 위한 관리·감독 의무를 해태하였는지 여부에 대해 판단하였는데, 피고 회사는 직원들을 상대로 관계 법령에 따른 직장 내 장애인 인식 개선 교육과 성희롱 예방 교육 등을 실시하여 온 사실이 있고, 이 사건 당시에는 직장 내 괴롭힘 금지에 관한 「근로기준법」 제76조의2가 시행되기 전이었으므로, 피고 회사가 별도로 직장 내 괴롭힘을 예방하기 위한 교육을 실시하지 않았다 하여 특별히 관리·감독 의무를 소홀히 하였다고 보기는 어려우며, 이 사건 폭행 이전에 원고와 피고 B의 상급자나 피고 회사의 임원이 원고가 주장하는 피해 등에 대하여 인지하였거나 인지할 수 있었던 것으로 볼 만한 정황을 찾을 수 없는 점 등에 비추어 보면 피고 회사가 직장 내 괴롭힘을 방지하기 위한 사용자로서의 관리·감독 의무를 해태하였다고 보기 부족하다고 하였습니다.

그런데 이 같은 법원의 판단은 지금은 그대로 적용되기 어려울 수 있습니다. 위 판시 내용처럼 이 사건은 2019. 3. 3. 즉, 직장 내 괴롭힘 금지가 시행되기 이전입니다. 따라서 현재는 회사가 사용자로서 직장 내 괴롭힘을 방지하기 위한 관리·감독 의무를 다하였는지가 보다 엄격한 기준으로 판단될 수 있을 것입니다. 물론 아직 직장 내 괴롭힘은 직장 내 성희롱과 달리 의무적으로 예방 교육을 실시해야 하는 것은 아니지만 사용자가 충분한 직장 내 괴롭힘 예방 교육을 실시하였는지도 관리·감독 의무 해태 여부를 평가하는 데 있어 중요한 요소가 될 수 있을 것이며, 단순히 예방 교육을 실시하는 것을 넘어 직장 내 괴롭힘 신고 채널이 적절하게 운영되고 있는지, 직장 내 괴롭힘 사건이 신고된 경우 적법하게 처리가 되고 있는지 등도 모두 관리·감독 의무를 다하였는지를 평가할 수 있는 요소가 될 것입니다.

한편, 사용자의 직장 내 괴롭힘 방지를 위한 관리·감독 의무의 해태 여부와 무관하게 이 사건에서는 위 폭행을 사무집행에 관하여 이루어진 것이 아니라 사적으로 이루어진 가해행위라고 보아 사용자책임을 부정하였습니다. 그러나 유의할 점은 이러한 판례만으로 '귀갓길', '퇴근 시' 발생한 일은 모두 사무집행 관련성이 부정된다고 보아서는 안 된다는 것입니다. 위 판례는 가해자가 술에 취한 상태였기 때문에 가해행위 동기가 업무와 관련이 없고, 가해행위도 눈뭉치를 던진 그날 일회적으로 있었던 것이며, 워크샵이 끝나고 각자 돌아가던 일에 가해자의 우발적인 행동으로 사건이 일어났다고 보아 사무집행 관련성을 부정한 것입니다. 그러나 원고 주장처럼 만약 가해자가 눈뭉치 사건 전에도 계속적으로 원고를 괴롭혀 왔고, 워크샵도 업무의 일환으로 행해진 것으로서 이를 마치고 돌아가는 길에 상급자와 하급자 사이 이 같은 일이 발생한 것이라고 보아 사무집행 관련성을 인정할 여지도 없지 않은 것입니다. 참고로 유사한 직장 내 성희롱 사건에서는 귀갓길에 발생한 일회적 성희롱도 사무집행 관련성이 있다고 인정한 경우도 있습니다. 따라서 사용자로서는 이렇듯 사무집행 관련성의 범위가 확대될 수 있음을 고려하여 특히 회식, 출장, 행사 등의 자리와 이를 마치고 귀가하는 시간까지 소속 근로자들이 직장 내 괴롭힘 등의 불법행위를 하여 이에 대해 사용자까지 사용자책임을 부담하는 일이 없도록 평소에 철저한 관리와 주의의 당부하는 것이 필요하다고 할 것입니다.

CASE 14 가해자의 직장 내 괴롭힘 및 특수폭행 행위에 대해 사무집행 관련성을 인정하여 가해자와 회사가 공동하여 손해배상책임을 부담하라고 명한 판결

(인천지방법원 2022. 11. 23. 선고 2021가단281684 판결)

[판결의 주요 내용]

> 피고 B(직원), C(직원)가 원고에 대하여 **폭언 등 거친 언사를 반복**적으로 하고, 피고 C, D(본부장)는 2021. 9. 13.경 원고에게 **과다한 업무를 부과**함으로써 **본인이 원하지 않는 야간근로를 하게 한 사실** 등을 인정할 수 있다. 피고 B, C, D의 위와 같은 행위는 「근로기준법」 제76조의 2에서 정한 '직장 내 괴롭힘'에 해당한다고 할 것인바, 원고에 대하여 불법행위에 기한 손해배상책임이 있고, 이는 사무집행의 범위 내에 속하므로, 피고 회사도 사용자로서 손해배상책임이 있다고 봄이 타당하다. 따라서 피고들은 공동하여 원고가 받은 정식적 고통을 금전으로나마 위자할 의무가 있다.
>
> 피고 C는 원고가 욕설을 하자 화가 나 위험한 물건인 실리콘 건(길이 약 50cm, 무게 약 600g)을 휘둘러 원고의 얼굴 부위를 1회 때리고, 원고의 멱살을 잡아 밀쳐 폭행하였다. 피고 C의 위와 같은 **가해행위는 근무 중 다툼으로 일어난 것이므로 외형적·객관적으로 사용자의 사무집행행위와 관련된 것으로 보이므로**, 피고 회사는 사용자로서 원고에 대하여 손해배상책임이 있다.

[판례 분석]

피고 D는 피고 회사의 본부장으로서 피고 B, C를 감독할 지위에 있음에도 피고 B, C가 원고를 반복적으로 괴롭히고, 특히 피고 C가 원고를 특수폭행을 한 사실을 알면서도 아무런 조치를 취하지 않았습니다. 심지어 자신이 직접 원고에게 강제근로를 시켜 괴롭힘 행위를 하기까지 한 것입니다. 이에 법원은 가해자들로 하여금 공동하여 원고에게 위자료를 지급할 것을 명하였습니다.

또한 C가 원고에게 한 특수폭행에 대해서도 이러한 행위가 근무 중 다툼으로 일어났기 때문에 외형적으로는 사용자의 사무집행행위와 관련된 것으로 보인다는 이유에서 회사로 하여금 피고 C의 행위와 관련하여 사용자책임을 질 것을 명한 것입니다. 이는 앞서 눈뭉치 폭행 사건에서 사무집행 관련성을 부정한 것과는 다소 차이가 있어 보입니다. 그래서 제가 앞서 사무집행 관련성의 범위는 얼마든지 확장될 수 있는 것이기에 회사로서는 안심해서는 안 되고 직원들에게 주의를 주셔야 한다는 말씀을 드린 것입니다.

즉, 사용자로서는 정기적으로 조직 분위기를 진단하여 직장 내 괴롭힘 관련 위험 요소에는 무엇이 있는지 이를 사전에 파악하고, 해당 위험 요소가 발현되는 일이 없도록 안전한 회사 문화를 조성해 나가야 할 것이며, 직원 간 인화 단결이 이루어질 수 있도록 이를 지원하여야 할 것입니다. 특히 이 사건의 경우 사내에서 근무시간 중에 근로자들 사이 특수폭행이라는 심각한 범죄행위(피고 C는 특수폭행의 범죄사실로 벌금 200만원의 집행유예를 선고받기도 했습니다.)가 발생하였는바, 자칫 사용자로서는 이러한 사상사고에 대해서까지 그에 따른 법적 책임을 지는 일이 발생할 수도 있었던 것입니다(예컨대 이러한 사고 역시 산업재해라고 판단되어 그에 따른 사용자책임을 지게 되는 경우 등). 따라서 사용자로서는 스스로 부당한 책임을 떠안는 일이 없도록 하기 위해서라도 직원들 관리에 항상 유의해야 할 것입니다.

CASE 15 사용자에게 직장 내 괴롭힘 행위자와 공동하여 피해근로자에 대한 손해배상(500만 원)을 명한 판결

(인천지방법원 2023. 2. 7. 선고 2021가단227536 판결)

[판결의 주요 내용]

피고 C단체는 D가 회장이고, 실질적인 사무 전반은 사무처장이 담당하며 그 아래 기획총무팀, 시설운영팀, 생활체육팀 등이 구성되어 있다. 원고는 2007. 피고 C단체에 입사하여 기획총무팀장, 생활체육팀장 등을 거쳐서 2020. 1.경부터는 교육 지원팀장으로 근무하였다. 피고 B은 2019. 3. 12. 피고 C단체의 사무처장으로 부임하였다. 피고 B는 2020. 1.경 기획총무팀 담당직원에게 원고에 대하여 구형 LCD 모니터 1대와 컴퓨터 본체(2014년 제작)를 지급하도록 지시하였다(한편 다른 직원들은 대부분 비교적 최근에 제작된 모니터를 사용하고 있었다). 팀장들의 책상에는 정면, 좌·우측 칸막이가 설치되어 있었는데, 피고 B는 2020.경 기획총무팀 직원에게 원고 책상의 좌·우 칸막이를 설치하지 말라고 지시하였고, 이후 원고가 스스로 위 칸막이를 설치하자 이를 철거하라고 지시하였다. 피고 B는, 2020. 2. 6. 업무협약식 및 2020. 1.경부터 여러 차례 열린 팀장들의 업무회의에 팀장 중 원고에게만 참석을 알리지 않았고, 이에 원고만 그 회의 등에 참석하지 못하였다.

피고 B는 원고의 상사라는 지위를 이용하여 **합리적 이유 없이 원고에게 업무에 필요한 컴퓨터, 모니터를 구형으로 지급하거나 책상 칸막이를 설치하지 못하게 하였고, 각종 회의 등에 참석을 배제시키는 등 차별**을 하였으며, 이는 업무상 적정범위를 넘어 원고에게 정신적 고통을 주거나 근무환경을 악화시키는 것으로 위법한 '직장 내 괴롭힘'에 해당한다. 피고 B의 위와 같은 불법행위는 업무관련성이 인정되고, 피고 C단체가 이와 관련한 사무감독에 상당한 주의를 기울였다는 등 면책사유가 있다는 점에 대한 주장·증명이 없는 이상, 피고 C단체는 사용자로서 「민법」 제756조에 의하여 피고 B와 공동하여 원고가 입은 정신적 손해를 배상할 책임이 있다.

[판례 분석]

　이 사건은 가해자가 합리적인 이유 없이 업무에 필요한 기자재나 물품을 다른 근로자들과 달리 오직 피해근로자에 대하여만 구형을 지급하는 등으로 차별적 처우를 하고, 각종 회의 등의 참석을 배제시키는 등의 직장 내 괴롭힘 행위를 한 것에 대해 가해자와 회사가 공동하여 손해를 배상할 것을 명한 사안입니다.

　팀장들 모두가 참석하는 회의가 열리는데 혼자만 회의 개최 안내를 받지 못해 참석을 못하고, 다른 직원들에게는 신형 물품이 지급되는데 혼자만 구형 물품을 지급받는다면 얼마나 정신적 고통이 심했을까요. 다른 근로자들과 확연히 구분되는 처우와 취급으로 인해 굴욕감을 상당하였을 것입니다. 피해근로자가 이 같은 일이 있은 후 약 1년 후 정년 퇴임을 한 것으로 미루어 보면 위 사안은 연령에 따른 차별적 처우나 괴롭힘이 가해진 것으로 추정되기도 합니다.

　이러한 명백한 직장 내 괴롭힘 행위에 대하여는 엄중한 책임을 묻는 것이 타당할 것입니다. 그럼에도 불구하고 법원은 피해근로자인 원고가 5,000만 원의 손해배상금을 청구한 것에 대하여 그 1/10인 500만 원을 인정하였습니다. 앞서 민사소송에서 위자료에 관한 말씀을 드리며 언급했지만 우리 법원의 위자료 인정 수준은 그리 높지 않은 것이 사실입니다. 앞으로 이 부분은 좀 더 피해자의 아픔과 고통에 공감하는 방향으로 개선이 되는 것이 바람직할 것으로 보입니다.

　한편, 위 사건의 경우 직장 내 괴롭힘 행위자가 단체의 사무를 총괄하는 사무처장으로서 팀장인 피해근로자에 대하여 상사로서 우월적 지위를 지녔기에 직장 내 괴롭힘 성립요건을 충족하였을 것인데, 행위자의 이 같은 회사 내 지위, 즉 사무처장으로서 단체의 사무를 실질적으로 총괄하고 대표하는 지위에 있다는 점이 한편으로는 직장 내 괴롭힘 행위자인 사무처장에 대한 적절한 조치를 어렵게 하였을 수도 있습니다. 무슨 말이냐면, 직장 내 괴롭힘 행위자인 사무처장이 이 사건 단체의 사무를 사실상 총괄하므로, 자신이 가해자로 지목되는 직장 내 괴롭힘 신고 사건에 대하여 객관적이고 공정하게 조사를 실시하고 이에 따라 자신을 직장 내 괴롭힘 행위자로 징계 등의 조치를 하는 것을 기대하기가 어렵다는 것입니다. 그러다 보니 결국 법원이 보기에는 이 사건 단체가 직장 내 괴롭힘 행위자에 대하여 징계 등의 적절한 조치를 이행하지 않았고, 직장 내 괴롭힘으로부터 근로자를 보호하여야 할 사용자로서의 의무를 다하지 못하였다고밖에 볼 수 없었을 것인바, 그 결과 단체가 직장 내 괴롭힘 행위자인 사무처장과 함께 피해근로자에게 손해배상을 하라는 판결을 선고하게 된 것입니다. 따라서 이러한 경우에는 단체의 회장인 D가 행위자인 사무처장에 대하여 적극적인 징계 등의 조치를 하고, 직장 내 괴롭힘을 근절할 것이라는 강력한 의지 표명을 하는 것이 추후 단체를 피고로 하여 제기되는 소송에서 단체가 면책될 수 있는 방법이었다고 할 것입니다.

이에 바로 이러한 이유에서 회사는 직장 내 괴롭힘 사건이 발생하는 경우 편향적으로 행위자의 편을 든다거나, 행위자에게 책임 감면 또는 감경을 쉽게 해 주어서는 안 되는 것입니다. 이러한 행위를 했다가는 추후 피해근로자에게 행위자와 함께 피고로 손해배상청구소송을 당하였을 때, 회사는 '행위자가 직장 내 괴롭힘을 하지 못하도록 최선을 다해 관리감독을 하였으므로 책임이 없다'는 주장을 하지 못하게 되는 것입니다. (주장을 하더라도 인정받지 못할 것이고요.) 쉽게 말하면, 함부로 가해자 감싸기를 하였다가는 오히려 회사가 가해자가 피해근로자를 괴롭히는 것을 막지 못하고, 가해자에 대한 적절한 조치도 하지 아니하여 피해근로자의 피해 발생 및 확대에 공동 원인을 제공하였다고 보아 회사가 손해배상책임을 지게 될 수 있으므로 이를 명심하여 사건 처리를 해야 한다는 것입니다.[24]

---

[24] 사내에서 직장 내 괴롭힘 업무를 남낙하는 남냥사, 사용자, 관리자들께서는 특히 이 같은 내용을 명심하셔야 할 것입니다. 왜냐하면 이분들은 회사의 리스크 발생을 줄이는 것을 업무 목표와 방향으로 삼아야 하기 때문입니다. 직장 내 괴롭힘은 그 성립요건으로 우위성을 가지기 때문에 필연적으로 행위자가 피해근로자보다 회사에서 더 지위가 높거나 근속이 오래될 수밖에 없습니다. 그러다 보니 직장 내 괴롭힘이 발생하고 괴롭힘에 해당한다는 것까지를 인정하는 경우에도, 사실 지위가 낮고 회사 근무 경력이 짧은 피해근로자보다는 회사에서 더 오래 일하며 기여한 행위자를 선처해 주거나, 그냥 넘어가 주고 싶은 생각이 들기도 하는 것입니다. 그러나 이러한 감정에 흔들려 자칫 행위자에 대한 철저한 관리감독과 적절한 조치가 이루어지지 않았다가는 추후 이것이 피해근로자로부터 손해배상을 청구당하였을 때 회사의 면책을 주장하지 못하게 발목을 잡는 일이 될 수도 있는 것인바, 이러한 위험을 감안하여 애초부터 리스크 발생 가능성을 낮추기 위해 공정한 직장 내 괴롭힘 업무처리가 이루어질 수 있도록 해야 할 것입니다.

CASE 16 가해자의 폭언이 불법행위까지는 이르지 않는다고 본 판결

(광주지방법원 2021. 8. 24. 선고 2020가단506023 판결)

[판결의 주요 내용]

> 직장 내 괴롭힘이나 직장 상사의 폭언, 모욕적인 언행 등이 불법행위가 되기 위해서는, 이로 인해 상대방이 다소 기분이 상한다거나 스트레스를 받는 정도로는 부족하고 상대방으로 하여금 감내할 수 없는 정신적 고통을 초래할 만한 행위이거나 인격권을 침해하는 수단으로 한 경우에까지 이르러야 할 것이며, 또한 그러한 정도에 이르렀는지 여부에 관하여는, 상대방이 개별적인 기질 내지 특성 등으로 위와 같은 상황에 취약하다는 점을 가해자가 미리 알고 있었거나 알 수 있었다는 등의 특별한 사정이 없는 이상, 일반적이고 평균적인 사람이 기준이 되어야 한다고 할 것인바, 원고 주장에 의하여도 피고 B(원장)의 행위 중 원고에게 한 행위로서 원고가 구체적으로 주장하고 있는 것은 앞서 본 팀장 회의에서의 것*일 뿐인 점, 원고가 겪고 있는 정신과적인 증상은 환자의 성장환경 및 가정환경, 당초의 성격 등 기질성 요인, 직업적 적응 또는 대인 적응 정도, 스트레스에 대한 저항력 등 다양한 원인이 작용할 수 있는 점, 원고에 대한 심리 평가에 나타난 원고의 기질적인 특성, 위와 같은 원고의 기질적 특성이 피고 B와의 관계에서 오는 스트레스에서 비롯된 것인지, 당초부터 원고가 가지고 있던 것인지 불분명한 점, 또한 피고 B가 위와 같은 원고의 특성에 대하여 알고 있었다거나 알 수 있었다고 볼 증거도 없는 점 등 제반 사정에 비추어 보면, 피고 B가 원고에 대하여 폭언이나 언행 등을 통해 불법행위를 저질렀다는 사실을 인정하기에 부족하다.
>
> * 팀장 회의에서의 것 : 팀장 회의에서 원고가 업무 보고 시 말을 빠르게 하였다면서 피고B가 원고에게 '나하고 지금 장난쳐요! 원장이 아니꼬워요! 회의 장난으로 해요', '내가 진즉 말하려고 했는데 그런 식으로 살지 마세요! 나하고 장난쳐요!'라며 폭언을 하며 소리를 지른 행위

[판례 분석]

위 사건은 조금 헷갈릴 수도 있는데 정확히 설명드리면, 원고의 상급자인 피고 B가 원고에게 폭언 등을 한 것이 직장 내 괴롭힘이 아니라고 본 것이 아니고, 직장 내 괴롭힘에 해당한다고 할지라도 그로써 바로 민법상 불법행위 책임이 인정되어 손해배상청구권이 발생하는 것이 아니라, 그 행위가 감내할 수 없는 정신적 고통을 초래하거나 인격권을 침해하는 정도에 이르러야 비로소 불법행위에 해당하는 것으로 인정할 수 있다고 본 판결입니다. 즉, '직장 내 괴롭힘 ≠ 인격권 침해 불법행위'라는 입장을 밝힌 것이지요.

또한, 이 판결은 이때 만약 해당 근로자 개인의 기질적인 요인이 더 큰 비중을 차지하여 정신적 고통을 발생시킨 것이라면 이는 불법행위에 이르렀다고 볼 수 없다고 판시하였습니다. 개인의 기질, 성향은 모두 다를 수 있어 실제로 타인의 가해행위에 더욱 민감하고 예민하여 정신적 피해를 강하게 호소하는 사람도 있고, 반대로 개인적인 성격상 외부의 자극이나 괴롭힘 등을 비교적 잘 참고 견디는 사람이 있기도 합니다. 결론은 직장 내 괴롭힘 해당 여부 판단 시에는 특히 법원의 경우 문제가 되는 괴롭힘 행위를 겪었을 때 일반적이고 평균적인 사람의 감정이 어떠했을지를 기준으로 삼고 있는 만큼, 이러한 판단 기준하에 정신적 고통 여부가 인정될 수 있을 것입니다.

CASE 17 직장 내 괴롭힘 가해자에게 치료비와 위자료를 합쳐 총 3,583,400원의 손해배상책임을 인정한 판결

(수원지방법원 2022. 12. 9. 선고 2021나93038 판결)

[판결의 주요 내용]

원고는 주식회사 C의 직원으로 D 건설 현장에서 안전팀장으로 근무하였으며, 피고는 이 사건 건설 현장의 현장소장으로 근무하였다. 피고는 원고의 상사라는 지위를 이용하여 원고에게 이 사건 건설 현장에서 전출할 것을 종용하다 원고가 이에 응하지 않자 원고를 업무에서 배제시켰고, 원고의 동의 없이 무단으로 원고의 자리를 옮기고 업무에 필요한 컴퓨터와 같은 주요 비품을 회수하여 정상적으로 근무할 수 있는 여건을 박탈하였으며, 이러한 과정에서 다른 직원들 앞에서 원고에게 화를 내며 "이씨, 까지 마. 이리와. 이 새끼가 말이야, 개시끼들이"와 같은 비속어를 사용하여 모욕을 주었고 직원 근무·휴무 계획표에 원고의 이름만 삭제한 채 이를 게시되게 하는 등 일련의 행위를 통해 원고를 따돌린 것으로 볼 수 있다. 피고의 이러한 행위는 직장 내 괴롭힘으로서 불법행위에 해당하고 그 과정에서 원고가 느꼈을 모멸감, 우울감과 같은 정신적 고통은 상당하였을 것으로 보인다. 따라서 피고는 원고에게 그로 인한 원고의 재산적 손해를 배상하고 원고의 정신적 고통을 위자하기 위한 위자료를 지급할 의무가 있다.

[판례 분석]

위 사건에서 피해근로자인 안전팀장(원고)은 현장소장(피고)의 괴롭힘으로 인한 스트레스로 두드러기 증세가 나타나 치료비를 지출하였고, 스트레스성 탈모로 치료비를 지출하였으며, 적응장애, 우울증 진단을 받아 치료비를 지출하는 손해를 입었다고 주장하였습니다. 그런데 법원은 두드러기 증세와 탈모의 경우 괴롭힘으로 인해 발생한 사실임을 인정하기에 부족하고 달리 이를 인정할 증거가 없다고 하여 이 부분 손해배상금에 대한 원고의 청구는 받아들이지 않고, 적응장애, 우울증 진단을 받은

것에 대해서는 이러한 진단의 원인이 회사 내 갈등으로 인한 것임을 인정하여 이 부분에 대한 치료를 위해 원고가 지출한 치료비 583,400원을 손해배상액에 포함시킨 것입니다. 또한 위자료의 경우, 원고가 피고의 괴롭힘으로 인하여 상담치료를 받은 사정을 비롯하여 가해행위의 기간, 정도, 경위 등을 고려하여 300만 원으로 결정하였습니다. 적지 않은 괴롭힘 행위가 있었다고 보임에도 그리 큰 액수는 아닌 것으로 보입니다.

이처럼 직장 내 괴롭힘 행위자를 상대로 민사 손해배상청구소송을 제기하면 손해액의 범위를 정하여야 되는데요. 일반적으로 손해배상액은 재산적 손해와 위자료로 구성이 됩니다. 재산적 손해라고 할 수 있는 치료비의 경우 위 판결에서 판단한 것처럼 실제로 괴롭힘과 치료를 받은 질병 사이 인과관계가 있어야 인정이 될 것입니다. 정신적 스트레스로 인해 신체 이상 증상이 나타날 가능성이 높긴 하겠지만, 동시에 신체적인 증상이 오직 한 가지 이유로만 발생하는 것은 아니고, 그러한 발생 원인에 대한 의학적 판단이 언제나 명료한 것이 아니기에 위 사건에서는 스트레스성 두드러기와 탈모 부분은 직장 내 괴롭힘으로 인한 것이라고 인정하지 않은 것으로 보입니다.

따라서 직장 내 괴롭힘으로 인한 손해배상청구소송에서 손해 인정금액이 높게 나오지 않는 현실에서 피해근로자분들의 입장에서는 괴롭힘으로 인해 신체 증상을 보이게 되면 병원에 내원하셔서 의사와 이러한 정신적 스트레스 요인에 대한 충분한 상담을 하고 그 내용을 언급하여 의무기록에 기재될 수 있도록 함으로써 향후 소송을 하게 되는 경우 인과관계를 입증할 수 있는 자료로 사용하시면 좋을 것입니다.

CASE 18 피해자가 근로기준법상 근로자가 아닌 특수형태고용종사자인 경우에도 직장 내 괴롭힘이 성립될 수 있다고 보아 행위자의 불법행위책임을 인정한 판결

(의정부지방법원 고양지원 2023. 2. 15. 선고 2022가합70004 판결)

[판결의 주요 내용]

〈들어가기에 앞서〉

피고 법인(D)은 골프장을 운영하고 있었고, 피고 C는 피고 법인의 경기팀 소속 직원으로 이 사건 골프장에서 캡틴이라 불리며 경기보조원(캐디)들을 관리하는 업무를 수행하였음. 망인은 캐디로 근무하다 자살하였고, 망인의 부친은 근로복지공단에 망인의 사망으로 인한 유족급여 및 장의비를 청구하였는데, 근로복지공단은 '망인이 직장 내 괴롭힘으로 인한 괴로움과 원치 않았던 사직에 대한 정신적 압박감과 부담 등으로 인해 자살하였으므로, 사망과 업무 사이에 상당인과관계가 인정된다.'라고 판정하였음.

〈판결 내용〉

캐디의 주된 노무인 경기 보조 서비스 용역의 상대방은 캐디 피를 직접 지급하는 골프장 이용객이라 할 것이고, 피고 법인에게 직접 제공되는 일부 노무의 목적은 피고 법인으로부터 이 사건 골프장의 출입 및 이용 권한인 출장 기회를 제공받는 대가로 부수적으로 수행되는 것이지 임금을 목적으로 한 노무제공으로 볼 수 없으므로 피고 법인이 이에 대하여 임금을 지급할 의무가 없어, 결국 캐디들은 근로기준법상 근로자에 해당한다고 볼 수 없다.

업무, 고용, 그 밖의 관계에서 국가기관·지방자치단체, 각급 학교, 공직유관단체 등 공공단체의 종사자, 직장의 사업주·상급자 또는 근로자가 직장에서의 지위 또는 관계 등의 우위를 이용하여 업무상 적정범위를 넘어 다른 근로자에게 신체적·정신적 고통을 주거나 근무환경을 악화시켰다면, 이는 위법한 '직장 내 괴롭힘'으로서 피해근로자에 대한 민사상 불법행위책임의 원인이 된다. 위 대법원 판결은 직장 내에서 사업주, 상급자 또는 근로자와 다른 근로자 사이의 '직장 내 괴롭힘'에 관한 것이기는 하나, **직장에서의 지위 또는 관계 등의 우위를 이용하여 업무상 적정범위를 넘어 다른 사람에게 신체적·정신적 고통을**

주거나 근무환경을 악화시켰다면 그 피해자가 반드시 근로자여야 할 필요는 없다. 특히 특수형태근로종사자(「산업재해보상보험법」제125조, 「산업안전보건법」제77조)는 사업주에 대하여 경제적 종속성을 띠고, 타인을 이용하지 않고 자신이 직접 노무를 제공하며, 주로 특정한 1인의 사업주를 위하여 노무를 제공하지만, 근로기준법상 근로자와 달리 노무를 제공함에 있어 사업주의 특정한 지시나 지휘·감독에 구속되지 않아 근로기준법상 근로자와 자영인의 중간적 위치에 있는 노무제공자이므로 위 대법원 판결의 법리를 적용할 수 있다고 판단된다.

① 피고 C는 **다른 캐디들도 들을 수 있는 무전으로 지시를 하면서 망인에게 "뚱뚱해서 못 뛰는 거 아니잖아. 뛰어."라거나 "오늘도 진행이 안 되잖아, 오늘 또 너냐."라는 등 망인의 외모를 비하하거나 공개적으로 망인을 질책하는 발언**을 자주 한 사실, ② 캐디들은 피고 C로부터 질책을 받으면 '네.' 또는 '죄송합니다.'라고만 대답하여야 하고 그렇지 않으면 추가로 질책 또는 벌칙을 받게 되므로 망인이 피고 C에게 항의하기는 사실상 불가능하였던 사실, ③ 이 사건 기숙사에서는 룸메이트 사이에 분쟁이 있으면 방을 옮기는 사람이 잘못을 저지른 것으로 인식되었는데, 망인은 2020. 7.경 룸메이트와 분쟁이 있었고 이에 피고 C로부터 **방을 옮기라는 지시**를 받은 뒤 모텔에서 거주하였던 사실, ④ 망인은 2020. 8. 28. 경기 중 경기팀 소속 직원 M과 분쟁이 있었는데 이 일로 인해 피고 C로부터 질책을 받았고, 망인은 그날 저녁 캐디 인터넷 게시판에 글을 올렸으나 곧바로 글이 삭제되고 캐디 인터넷 카페에서도 탈퇴되어 사실상 이 사건 골프장에서 일할 수 없게 되었던 사실, ⑤ 망인은 2020. 9. 14. 이 사건 기숙사에서 자신의 짐을 찾아가면서 피고 C를 만나 사직원을 작성·제출하였고, 이후 얼마 지나지 않아 자살한 사실 등이 인정된다.

망인은 피고 C로부터 심한 질책과 모욕적인 발언 등을 듣고 스트레스와 자존감 저하 등을 겪다가 (중략) 스트레스가 심화되어 결국 자살에 이른 것으로 판단된다. 따라서 **피고 C는 캐디들을 총괄, 관리하는 지위상의 우위를 이용하여 업무상 적정범위를 넘어 망인에게 신체적·정신적 고통을 주고 근무환경을 악화시켰다고 볼 수 있으므로**, 피고 C는 「민법」 제750조에 기한 불법행위책임을 부담한다.

[판례 분석]

이 사건은, 직장 내 괴롭힘이 인정되어 가해자가 피해자에 대한 민사상 불법행위책임을 부담하게 되는 경우, 반드시 피해자가 근로기준법상의 근로자[25]일 필요는 없다고 본 사안입니다. 즉 가해자가 근로자 신분이 아닌 특수형태고용종사자 신분의 피해자에게 직장 내 괴롭힘 행위를 한 경우 피해자에 대하여 불법행위책임을 부담한다고 판결한 것입니다.

이 사건 가해자는 특수형태고용종사자 신분인 캐디들을 총괄하고 관리하는 회사 내 지위상의 우위를 가지고 있는 자로서, 이를 이용하여 피해자에게 외모 비하, 질책, 문제 있는 사람으로 낙인찍히게 하는 방 이전 지시 등의 괴롭힘 행위를 하였습니다. 이러한 가해자의 괴롭힘 행위가 해당 캐디에게 정신적 고통을 주고 근무환경을 악화시켰음은 분명하다고 할 것입니다. 이에 법원은 가해자가 근로자에 해당하여 근로기준법상 직장 내 괴롭힘 금지 의무를 적용받는 이상, 설령 피해자는 반드시 근로자 신분이 아니더라도 직장 내 괴롭힘의 불법행위가 행해진 이상 이

---

[25] 근로기준법상의 근로자에 해당하는지 여부는 계약의 형식이 고용계약인지 도급계약인지보다 그 실질에 있어 근로자가 사업 또는 사업장에 임금을 목적으로 종속적인 관계에서 사용자에게 근로를 제공하였는지 여부에 따라 판단하여야 하고, 위에서 말하는 종속적인 관계가 있는지 여부는 업무 내용을 사용자가 정하고 취업규칙 또는 복무(인사)규정 등의 적용을 받으며 업무 수행 과정에서 사용자가 상당한 지휘·감독을 하는지, 사용자가 근무 시간과 근무장소를 지정하고 근로자가 이에 구속을 받는지, 노무제공자가 스스로 비품·원자재나 작업도구 등을 소유하거나 제3자를 고용하여 업무를 대행하게 하는 등 독립하여 자신의 계산으로 사업을 영위할 수 있는지, 노무 제공을 통한 이윤의 창출과 손실의 초래 등 위험을 스스로 안고 있는지와, 보수의 성격이 근로 자체의 대상적 성격인지, 기본급이나 고정급이 정하여졌는지 및 근로소득세의 원천징수 여부 등 보수에 관한 사항, 근로 제공 관계의 계속성과 사용자에 대한 전속성의 유무와 그 정도, 사회보장제도에 관한 법령에서 근로자로서 지위를 인정받는지 등의 경제적·사회적 여러 조건을 종합하여 판단하여야 한다. 다만, 기본급이나 고정급이 정하여졌는지, 근로소득세를 원천징수하였는지, 사회보장제도에 관하여 근로자로 인정받는지 등의 사정은 사용자가 경제적으로 우월한 지위를 이용하여 임의로 정할 여지가 크다는 점에서, 그러한 점들이 인정되지 않는다는 것만으로 근로자성을 쉽게 부정하여서는 안 된다(대법원 2006. 12. 7. 선고 2004다29736 판결).

에 따른 손해배상을 받는 것이 타당하다고 판단한 것으로 보입니다. 특히 특수형태고용종사자들의 경우 사실상 사업주에게 경제적으로 종속되어 사업주를 위해 사업장 내에서 근로자들과 함께 노무를 제공하며 근무환경을 이루고 있다는 특성이 있기 때문에 더욱 이러한 판결이 나오게 되었을 것입니다.

따라서 위 판결을 통해 다음과 같은 두 가지 내용을 알 수 있습니다. 첫째는 직장 내 괴롭힘 해당 여부에 대한 판단을 할 때, 피해자의 신분은 직장 내 괴롭힘 인정 여부를 판단하는 요소로 볼 것은 아니라는 것입니다. 즉 피해자가 근로자 신분이 아니라는 이유만으로 곧바로 직장 내 괴롭힘을 부정할 것은 아닌 것입니다. 둘째는 특히 사업장 내에서 업무의 특성상 특수형태고용종사자들과 함께 근무를 하는 근로자들이 있는 회사에서는(예컨대, 특수형태고용종사자인 보험설계사들과 함께 근무를 하는 보험사 직원 등) 자신의 근로자들에게 특수형태고용종사자들에 대하여 직장 내 괴롭힘을 하면 위 판결에서처럼 직장 내 괴롭힘에 따른 불법행위책임을 부담할 수 있음을 분명히 주지시켜 사업장에서 직장 내 괴롭힘이 발생하는 일이 없도록 하여야 한다는 것입니다. 즉 직장 내 괴롭힘은 근로기준법에 있는 것이니, 근로기준법의 적용을 받는 자들 사이에서만 적용되어 근로자가 아닌 자에 대하여는 괴롭힘을 해도 책임질 일이 없을 것이라는 잘못된 생각을 근로자들이 갖고 있게 하여서는 안 된다는 것입니다.

참고로, 이와 관련하여 근로자와 특수형태고용종사자들이 함께 섞여 근무를 하게 되는 사업장에서는 회사 차원에서, 최고경영자가 직장 내 괴롭힘 없는 사업장을 만들기 위한 의지를 표명하며 근로자와 특수형태고용종사자들 모두가 직장 문화를 이루는 구성원으로서 사업장 내에서

서로를 존중하며 그 신분을 불문하고 괴롭힘이 발생하는 일이 없도록 하여야 함을 강조한다면 좋은 조직문화를 만들어 나가는 데 도움이 될 수 있을 것입니다.

직장 내 괴롭힘에 따른 징계

CASE 19 직장 내 괴롭힘을 정당한 징계사유로 인정한 판결

(서울행정법원 2022. 12. 15. 선고 2021구합87118 판결[26])

[판결의 주요 내용]

〈직장에서의 지위 또는 관계에 있어 우위성 여부 판단〉
참가인과 E는 2019. 4. 1.부터 이 사건 대학의 융합연구원 행정실에서 함께 근무하였는데, 당시 참가인은 교무·시설 업무를, E는 예산·회계 업무를 각 담당하고 있었고, 공식적으로 참가인이 E의 업무를 지도·감독하는 위치에 있지는 않았던 것으로 보인다. 그러나 참가인은 이 사건 대학의 정규직 직원으로 약 12년 동안 근무해 온 점, 이에 비하여 E는 기간제 근로자로 이 사건 당시 근무기간이 약 2년에 불과하였던 점, 참가인의 나이가 E보다 6살 많았던 점, 참가인은 징계위원회에 출석하여 E를 '부하 직원'이라고 수차례 언급하였고 문제가 된 언행들이 E에게 '업무를 지시하는 과정'에서 발생된 것이라고 진술하였던 점, E 역시 조사과정에서 '참가인이 제 법인카드도 회수해 갔고, 행정, 회계 모두 보고를 해야 하는 구조였기 때문에 참가인을 지위 및 관계에서 제 상급자로 생각할 수밖에 없었습니나.'라고 진술한 점 등에 비추어 보면, 참가인은 E에 대하여 직장에서의 지위 또는 관계에 있어 우위에 있었다고 봄이 타당하다.

〈직장 내 괴롭힘 해당 여부 및 징계사유 해당 여부에 대한 판단〉
참가인의 E에 대한 언행은, E의 **업무 능력을 비하**하거나 E의 **나이와 기간제 근로자로서의 신분을 지적**한 것, **정규직 전환 절차에서 E에게 불이익한 의견을**

---

[26] 대법원 2022.7.28. 선고 2022두40765 판결(심리불속행기각)로 확정

> 제출할 것처럼 이야기하여 휴가를 사용하지 못하도록 압박한 것, 외모를 비하하거나 밥 먹는 속도 등을 지적하고 '모태 솔로지?', '눈이 낮잖아' 등의 인격 모독성 발언을 한 것 등이다. 이러한 언행은 통상적으로 업무상 관계에서 수용될 수 있는 적정범위를 넘어선 것으로서, E는 참가인의 이러한 언행으로 인해 상당한 정신적 고통을 받았던 것으로 보인다.
>
> 따라서 참가인의 위와 같은 언행은 E에 대한 직장에서의 지위 또는 관계상의 우위를 이용하여 업무상 적정범위를 넘어 E에게 정신적 고통을 준 것으로서 이 사건 대학의 취업규칙에서 금지하고 있는 직장 내 괴롭힘 행위에 해당한다. 동시에 참가인의 위와 같은 언행은 이 사건 대학의 근무환경에 대한 일반인들의 신뢰를 실추시킬 우려가 있는 행위로서 품위유지의무위반에도 해당한다고 할 것이다.

[판례 분석]

위 사건은 피해근로자가 학교 감사실에 직장 내 괴롭힘 피해 사례를 제보하였고, 이에 감사실이 조사를 실시하여 참가인의 '직장 내 괴롭힘 행위' 및 '근무 태만 행위'가 확인되었다는 취지의 '직장 내 괴롭힘 신고에 관한 실태조사 결과보고서'를 작성하여 징계위원회가 개최되기에 이르러 해임 처분이 의결되자, 이에 대해 괴롭힘 행위자(참가인)가 노동위원회에 구제 신청을 하여 기각 판정 받았으나 재심에서 구제되어, 이번에는 학교가 불복하여 소송을 제기하였으나 대법원에서 최종 패소한 사건입니다. 노동위원회와 법원까지 총 5번의 쟁송 과정을 거친 사건이지요. 최종적으로 대법원은, 행위자가 직장 내 괴롭힘 행위를 하였고 이러한 내용이 정당한 징계사유로는 인정되나, 그 비위행위가 사회통념상 고용관계를 계속할 수 없을 정도로 참가인에게 책임 있는 사유가 있는 경우에 해당한다고 보기 어려워 징계로서 해고를 한 것은 사회통념상 현저하게 타당성을 잃어 재량권을 일탈·남용한 것이라고 보았습니다. 즉, 직장 내 괴롭힘의 징계사유는 인정되지만 이를 이유로 해고까지 한 것은 징계양정이 과도하다고 판단한 것입니다.

법원은 이 사건 행위자가 피해근로자인 비정규직 직원의 업무를 사실상 지도·감독하는 우위에 있으면서, 비단 업무처리에 관한 문제점을 지적하는 정도가 아니라 그 과정에서 외모를 비하하거나 사적인 문제들을 지적하는 등 업무와 무관한 부적절한 발언도 하였음을 인정하였습니다. 이러한 적정범위를 넘은 언행으로 인해 피해근로자가 상당한 정신적 고통을 받았던 것으로 보인다고도 하였고요. 하지만 법원은 그 발언의 내용이 욕설이나 폭언의 정도에까지 이르렀다고 보기는 어렵고, 취업규칙에서는 금지되는 직장 내 괴롭힘 유형을 '폭행·협박·반복적인 욕설이나 폭언·명예훼손·심부름 등 사적인 용무 지시 등'으로 열거하고 있는데, 행위자의 행위가 위 직장 내 괴롭힘 행위 유형들 중에서는 상대적으로 가벼운 유형에 속한다고 본 것입니다. 결국 이러한 이유로 해고까지 하는 것은 징계양정이 재량권을 일탈한 것이라고 판단한 것이고요.

따라서 이 판결을 통해서는 두 가지 사실을 분명히 알아야 하겠습니다. 첫째, 자신의 지도·감독하에서 업무를 수행하는 자에게 업무처리 결과에 문제가 있을 시 이를 지적하는 것을 넘어 업무 능력을 비하하거나, 나이 또는 특수한 신분(예: 비정규직 신분 등) 등을 지적하며 언급하는 행위, 정규직 전환 절차 등 회사 내에서 이루어지는 일련의 절차에 자신이 불이익을 줄 것처럼 말하거나, 이러한 말과 함께 휴가 등을 사용하지 못하게 하거나 또는 과도한 업무를 부여하거나 사적인 요구를 하는 등의 행위, 외모 비하, '모태 솔로지?', '눈이 낮잖아.' 등의 인격 모독성 발언 등은 모두 직장 내 괴롭힘에 해당한다는 것입니다.

　둘째, 직장 내 괴롭힘이 인정되는 경우 이를 징계사유로 하여 징계를 할 때도 그 비위의 정도에 비례하는 징계를 하여야 하는 것이지 무조건적으로 엄한 징계를 하는 것만이 능사가 아니라는 것입니다. 특히, 직장 내 괴롭힘 문제를 진지하게 받아들이고 이를 근절하겠다는 강한 의지로 중징계를 하는 것도 물론 의미가 있긴 하지만 자칫 잘못했다가는 징계를 받은 자가 징계양정의 재량권 일탈·남용을 주장하며 위 사건처럼 노동위원회와 법원을 거쳐 총 5번에 이르는 장기간의 쟁송을 하여 회사 입장에서도 긴 시간 분쟁에 시달리고 여러 자원을 불필요하게 낭비하는 일이 발생할 수도 있습니다. 따라서 회사는 직장 내 괴롭힘 해당 여부를 판단한 이후에도 이를 바탕으로 인사위원회 또는 징계위원회를 개최하여 최종 징계 내용을 결정하기까지 마음을 놓지 말고 철저하고 공정한 징계 심의·결정이 이루어질 수 있도록 하여야 할 것입니다.

CASE 20 직장 내 괴롭힘을 정당한 징계사유로 인정한 판결

(서울행정법원 2022. 12. 16. 선고 2022구합63720 판결)

[판결의 주요 내용]

> 제1징계사유와 같은 카카오톡 메시지를 보내거나 발언을 한 것은 직장에서의 지위 또는 관계 등의 우위를 이용하여 업무상 적정범위를 넘어 위 직원들에게 정신적 고통을 주고 근무환경을 악화시키는 행위에 해당한다.
> 원고가 G직원에게 '**주말에 일 좀 시켰다고 그러는 건 아니지?**'라는 카카오톡 메시지를 보낸 사실, 원고가 D에게 H에 대하여 언급하면서 '사람 뽑고 나면 공장이나 다른 곳으로 보내 버려야지.'라는 카카오톡 메시지를 보낸 사실, 원고가 2021. 4. 29. 마케팅1팀 단체 카카오톡 대화방에 '금일 이후.. 근태 관련해서… **정시 출퇴근하는 분이 많으면 변별력이 떨어져 KPI 점수에 우열을 줄 수 없으니…** 제가 퇴근 후에 전화하지 않도록 하시는 분들 및 업무에 좀 더 열정이 있는 분들에게 우위점을 드리도록 하겠습니다.'라는 카카오톡 메시지를 보낸 사실, 원고가 2021. 6. 초순경 E에게 '**예전 같은 회사였으면 육아휴직 하지도 못했으며, 했어도 다시 복직 못 한다.**'라고 말한 사실이 인정된다.

[판례 분석]

원고는 평소 부하 직원들의 주말 근무를 당연하게 여기는 언행을 하던 자였습니다. 이에 직원 G가 자신의 주말 근무 지시에 불만을 품은 것으로 보이사 이를 못마땅하게 여겨 질책할 의도로 '주말에 일 좀 시켰다고 그러는 건 아니지?'라는 내용의 카카오톡 메시지를 보냈는바, 이는 직장에서의 지위상 우위를 이용하여 업무상 적정범위를 넘어 정신적 고통을 주고 근무환경을 악화시키는 행위로서 직장 내 괴롭힘에 해당하는 것입니다.

또한 원고는 부하 직원 E가 육아휴직을 사용한 것을 못마땅하게 여겨 '예전 같은 회사였으면 육아휴직 하지도 못했어. 했어도 다시 복직 못 하지.'라는 발언을 하였는바, 이는 부하 직원에게 육아휴직을 사용하였다는 이유로 부당한 대우를 하며 눈치를 주는 발언을 한 것으로서 역시 직장 내 괴롭힘에 해당한다고 볼 것입니다.

또한 원고는 특정 직원을 가리켜 다른 곳으로 보내 버려야겠다는 발언까지 하였는바, 이는 단순히 주관적 의견을 거칠게 표현한 것에 불과하다고 볼 수 없으며, 적정범위를 넘어선 것이라고 할 것입니다. 유의할 점은 이때 해당 발언을 당사자에게 직접 한 것이 아니라고 하더라도 이는 직장 내 괴롭힘 성립에 아무런 영향을 끼치지 않는다는 것입니다. 즉 당사자에게 그 면전에서 직접 다른 곳으로 보내 버려야겠다는 말을 한 것이 아니라 하더라도, 다른 직원들이 있는 자리에서 이러한 발언을 하게 되는 경우 언급된 직원의 명예는 훼손되는 것이고 나아가 이러한 말을 들은 다른 직원들이 해당 직원에 대해 부정적인 인식을 가질 수도 있어 이는 발언을 했을 때 당사자가 앞에 있었냐 없었냐를 떠나 언급된 당사자에게 정신적 고통을 가하는 것이 되어 괴롭힘 행위를 했다고 보아야 하는 것입니다.

이뿐만이 아니라 원고는 정시에 출퇴근하는 사람은 일에 대한 열정이 부족한 것으로 간주하여 KPI 점수 평가에서 불이익을 주겠다는 취지의 말도 하였는바, 상급자가 부하 직원들에게 정시에 출퇴근하는 것에 대한 눈치를 주고 시간외 근무를 하도록 심리적 압박을 가한 것입니다. 즉 이 같은 행동은 상급자로서의 평가 권한을 이용하여 사실상 시간외 근로를 부당하게 강요하는 것이라고 할 것인바, 이러한 발언은 상급자로서의 지위를 악용하여 부하 직원들에게 상당한 정신적 고통을 주고 근무환경을 악화시키는 것임이 분명합니다.

이에 법원은 이 사건에서 위와 같은 내용의 직장 내 괴롭힘 행위를 정당한 징계사유로 인정하였으며, 이와 더불어 다른 비위행위까지 더해져 원고가 받게 된 강등의 징계처분은 그 징계양정이 재량권을 일탈·남용한 것은 아니라고 판단한 것입니다[27].

이처럼 회사가 직장 내 괴롭힘을 징계사유로 하여 징계처분을 한 경우, 징계를 받은 자가 이에 불복하여 쟁송을 하게 되면, 정당한 징계사유가 존재하는지 여부와 징계양정이 적정한지 여부가 모두 심리의 대상이 됩니다. 그러니 회사 입장에서는 법원 등에서 정당한 징계사유가 존재한다고 인정받기 위해서는 직장 내 괴롭힘 사건에 대한 철저한 조사와 사실인정 및 객관적이고 전문적인 직장 내 괴롭힘 해당 여부 판단 과정을 거쳐야 하는 것이고, 징계양정에 있어서도 재량권을 일탈·남용하지 아니한 적법·타당한 징계임을 인정받기 위해서는 징계위원회에 과정에서 비위의 정도에 비례(상응)하는 징계양정이 이루어질 수 있도록 세심한 노력을 기울여야 할 것입니다.

---

[27] 다만 이 사건에서는 절차적 하자가 존재하여 징계처분은 취소되었습니다.

CASE 21　직장 내 괴롭힘을 정당한 징계사유로 인정한 판결

(서울행정법원 2023. 2. 24. 선고 2022구합70612 판결)

[판결의 주요 내용]

직장 내 괴롭힘과 관련하여, 피해자들의 업무 미숙 또는 실수가 중하다고 하여 가해자에게 허용되는 언행의 범위가 넓어진다고는 볼 수 없다. 또한 업무상 지시나 지적의 경우에도 상급자와 하급자가 느끼는 정서적 간극이 매우 크고 상급자의 인식과 무관하게 하급자로서는 충분히 괴롭힘으로 느낄 수 있으므로, 상급자가 그럴 의도가 아니었다 하여 그와 같은 행동이 모두 정당화될 수는 없다. 다음과 같은 사실 내지 사정들을 종합하여 보면, 전체적으로 원고가 조교들에게 직장에서의 지위 또는 관계 등의 우위를 이용하여 업무상 적정범위를 넘어 조교들에게 정신적 고통을 주고 근무환경을 악화시키는 행위를 한 사실 등이 인정되므로 이는 교원의 품위유지의무와 복무의무를 위반한 것으로 징계사유에 해당한다.

원고는 2019. 7. 24. 조교들이 사표를 낼 생각이 없다고 하였음에도, 2019. 7. 12. 관두겠다고 말하였다는 이유로 "그냥 사표를 내 그냥… 내가 사직서 줄 테니까… 그냥 갖고 와… 그냥."이라고 하여 사표를 낼 것을 압박하는 태도를 보였다. 원고가 2019. 7. 12.에도 2시간 가까이 같은 사안을 지속적으로 지적하였던 점에다 2019. 7. 24. 대화 내용을 더하여 보면, 원고나 L교수가 당시 조교들에게 사과와 함께 사직을 강하게 종용하였는바, 이것이 원고가 단순히 정당한 업무지시나 훈계를 한 것이었다고 보기는 어렵다.

*조교에 대한 갑질 및 직장 내 괴롭힘 행위(제1징계사유): ① 조교에게 개인적인 팩스를 발송하게 하고 발송하지 못하자 **기본적인 업무인데 못 배웠냐. 짜증난다. 어이없다**고 발언, ② 학과 예산 정리 업무 과정에서 "전임 조교는 알아서 다 해가지고 왔는데 너희는 그러지 못하다"고 전임 조교와 비교하여 업무 능력 평가, ③ **"그만둘 거면 빨리 결정해라.", "괜히 뽑았다. 잘못을 했다고 말하지 않으면 당장 그만둬라. 너 말고 뽑을 사람 많다."**라고 발언, ④ 조교들이 사과하지 않자 사직서를 내라고 한 행위, ⑤ 두 시간 정도 훈계를 하고 나가 봐야 한다고 하니 "건방지게 어딜 나가냐."라고 발언 등

[판례 분석]

이 사건 원고는 조교들에게 한 자신의 발언이 조교들의 업무상 잘못을 교정할 필요가 매우 컸기 때문이라고 주장하였으나, 위 판결에서 법원은 "업무 미숙 또는 실수가 크다는 이유만으로 가해자에게 허용되는 언행의 범위가 넓어진다고 볼 수 없다." 즉, 잘못했다고 하여 그만큼 심한 말을 해도 되는 건 아니라는 점을 분명히 밝힌 것입니다.

또한 위 판결은 가해자가 자신의 입장에만 근거하여 주장하는 것에 대해, 가해자 스스로는 괴롭힘 의도가 아니었다고 해도 가해자와 피해자는 입장이 다르고 받아들이는 것도 다를 수 있음을 지적하며, 그럴 의도가 아니었다는 주장만으로 잘못된 행동이 정당화될 수 없다고 하였습니다.

특히 이 사건 원고는 사립학교 교원이자 학과장의 지위에 있는 사람이었는데, 이에 법원은 이러한 지위에 있는 자라면 통상인보다 더 높은 수준의 성실의무와 품위유지의무를 진다고 볼 수 있으므로, 더욱이 아무리 업무상 필요성이 일부 있었다고 하더라도 적정범위를 넘어선 언어모독이나 부당한 업무 지시 등을 한 것은 허용될 수 없다고 하였습니다.

이에 법원은 원고의 위와 같은 행위를 모두 직장 내 괴롭힘으로 정당한 징계사유에 해당하는 것이라고 보았으며, 이러한 징계사유를 바탕으로 견책의 징계처분을 한 것은 그 징계양정이 재량권을 일탈·남용하였다고 볼 수 없다고 판단한 것입니다.

참고로, 일반적인 회사는 징계의 종류로 견책, 감봉, 정직, (강등), 해임, 파면을 두고, 정식 징계에는 해당하지 않는 제재로 주의, 경고를 두고 있을 텐데, 이때 견책은 경징계이자 징계 종류 중에는 가장 낮은 수위이기 때문에, 징계사유가 인정되는 상황에서 견책의 징계가 그 양정이 재량권을 일탈·남용하였다고 보는 경우는 드물다고 할 것입니다. 하지만 징계양정이 과도하다는 판단을 받을까봐 무조건 낮은 수위의 경징계를 하는 것도 비위행위에 대해 그에 상응하는 징계를 해야 한다는 원칙에 맞지 않는 것이라고 할 것이므로, 앞서서도 언급했듯이 징계권자로서는 징계양정의 판단에 있어 세심한 주의를 기울일 수밖에 없을 것입니다.

CASE 22 직장 내 괴롭힘 행위자에 대한 정직 3개월의 징계가 정당하다고 본 판결

(서울행정법원 2022. 12. 15. 선고 2021구합87118 판결)

[판결의 주요 내용]

원고는 이 사건 징계 전에도 서류 박스를 집어 던지고, 임신한 직원에게 폭언을 하는 등 직장 내 괴롭힘 행위를 하였다는 신고를 받았다. 이에 자체 특별감사 및 징계를 받았음에도 직장 내 괴롭힘 행위를 반복한 점과 피해근로자가 여럿인 점 등을 고려할 때 원고의 비위행위 정도가 가볍다고 보기 어렵다.

B 직원 10명은 2019. 9. 원고의 계약직 여직원 괴롭힘, 임신한 여직원에 대한 폭언, 사무실 내 위협적 행동 등을 이유로 B 고충처리위원회와 M노동조합 N 지회(이하 'N 노조')에 원고의 인사 조치와 제명을 각 요구하였다. 그러자 원고는 2019. 10. L을 수신인으로, O, P등을 참조로 이들에게 자신에 대한 허위사실을 게시한 것에 대해 공개 사과를 요구하였음에도 사과 요구에 응하지 않고 있음에 따라 법적 책임을 물을 것이라는 내용의 내용증명을 보냈다. 원고는 직원에게 서류 박스를 집어 던지거나, 출산을 앞둔 직원에게 폭언을 하여 징계를 받았으므로 이 사건 게시글은 사실에 근거한 것으로 인정되는 점, L은 이 사건 게시글에 가해자나 신고 내용 등을 특정하여 기재하지 않은 점 등에 비추어 원고가 2019. 9. L의 사과를 요구하는 글을 노조알림방에 게시한 것에서 나아가 이 사건 게시글이 허위사실이라고 하면서 작성자인 L은 물론 해당 글에 찬성 의사를 표시한 직원들에게까지 L에게 법적 책임을 묻겠다고 내용증명을 보낸 것은 업무상 적정범위를 넘어 다른 근로자들에게 정신적 고통을 주는 행위로서 직장 내 괴롭힘에 해당한다.

원고가 2019. 9. 2. 동료 직원인 L에게 '녹음하고 고소하겠다.'라는 협박성 발언을 한 사실이 인정되며 이는 L에게 정신적 고통을 주거나 근무환경을 악화시키는 행위로서 직장 내 괴롭힘에 해당한다.

원고는 직장 내 괴롭힘 가해행위에 대해 반성의 태도도 보이지 않고, 오히려 의혹 제기 식의 이 사건 신고를 하거나, L의 정당한 조합 활동에 대해 법적조치를 취하겠다는 내용증명을 보냈으며, 사측 관리자나 동료 직원들을 비난하는 태도로 일관하고 있다. 따라서 **직장 내 괴롭힘을 근절하여 근로자들의 근무환경을 개선하기 위하여 원고에 대하여는 엄중한 징계가 필요하다.**

[판례 분석]

　위 사건은 사용자가 직장 내 괴롭힘을 징계사유로 하여 원고에 대하여 한 정직 3월의 징계가 적법하다. 즉 징계양정이 재량권을 일탈·남용한 위법이 없다고 본 사례입니다. 원고는 직원에게 서류 박스를 집어 던지고, 임신한 직원에게 폭언("내가 네 애를 저주했으면 좋겠냐.")을 하는 등 이전에도 직장 내 괴롭힘 행위를 하여 신고를 당한 사실이 있었고 당시 조사를 거쳐 비위가 인정되어 징계를 받았음에도 다시금 여러 직원들에게 직장 내 괴롭힘 행위를 반복하였는바, 법원은 이러한 비위의 반복성, 피해의 정도(피해근로자가 다수) 등을 고려하여 원고의 비위 정도가 중하다고 보아 정직 3개월의 징계가 과도하지 않다고 판단한 것입니다.

　또한, 위 사안에서 괴롭힘 행위자는 다른 직원들이 자신의 괴롭힘 행위를 규탄하며 회사에 인사 조치 등을 요구하자 오히려 이러한 직원들에게 허위사실을 유포하고 있으므로 법적 책임을 묻겠다는 문서를 보내면서 이들을 비난하였는바, 이러한 사건 발생 이후 행위자의 태도가 징계양정의 적정성을 판단하는 데 고려된 것입니다. 즉, 이러한 태도가 오히려 반성이 없고 더욱더 근무환경을 악화시키는 것으로 보아 중한 징계의 필요성이 있다고 판단한 것입니다. 따라서 회사가 징계를 할 때는 위와 같은 요소들도 이를 고려하여 징계양정을 정할 수 있음을 알 수 있을 것입니다.

CASE 23 직장 내 괴롭힘 행위자에 대한 정직 1개월의 징계가 정당하다고 본 판결

(대전고등법원 2022. 9. 1. 선고 2021누13450 판결[28])

[판결의 주요 내용]

직장 내 괴롭힘은 직장 내에서 발생하는 신체적·정신적·언어적 폭력행위로서, 인권침해와 학대에 해당하여 근로자의 이른바 '노동인격'은 물론이고 나아가 인간존엄에 대한 침해를 초래하게 되므로 결코 용납되어서는 안 된다. 나아가 직장 내 괴롭힘은 당사자에 대한 직접적인 피해를 준다는 점에서뿐만 아니라 당사자와 그가 속한 공동체의 일상적 생활과 사회적 관계에도 영향을 미친다. 이러한 점에 비추어 볼 때, **직장 내 괴롭힘은 그에 대한 내용이 법제화되었는지 여부와는 관계없이 비위성이 중하고, 그에 대한 징계 등 각종 제재의 필요성이 높다.**

이 사건 비위 행위*는 조리실이라는 **한정된 공간 내에서 장기간에 걸쳐 반복적으로 다수의 근로자들을 상대로 저지른 신체적·정신적·언어적 폭력행위**이다. 또한 이 사건 각 비위행위는 원고의 지시를 받는 조리원 및 조리사의 행위를 **공개적인 자리에서 경멸적인 태도로 비난하거나 호통을 치는 행위, 피해자들의 직무수행을 폄하하는 행위, 직무와 관계없는 인격적 모독 행위** 등으로 이루어져 있다. 이러한 점에 비추어 보면 이 사건 비위행위로 인하여 피해자들이 심한 정신적 피해를 입었으리라는 점을 충분히 예상할 수 있다. 따라서 이 사건 비위행위는 그 비위의 정도가 중하므로 그에 대한 무거운 제재가 필요하다. 원고는 비위행위가 접수되어 그에 대하여 조사가 이루어진 이후부터 현재에 이르기까지 비위행위를 부인하며 오히려 피해자들을 비난하는 태도로 일관하고 있을 뿐, 피해자들에게 용서를 구한 사실이 없고, 그 밖에 피해를 회복하려 하였음을 인정할 만한 자료도 보이지 아니하므로, 행위 후의 정황도 좋지 아니하다.

* 이 사건 비위 행위 : 학교 영양사로 근무하던 원고가 ① 점심 배식 후 배식량 조절을 언급하며 조리사와 조리원들에게 크게 소리를 지르고 화를 내면서 위생

---

[28] 대법원 2022. 12. 29. 선고 2022두56135 판결로 확정

> 모자를 벗어던지고 머리 끈을 풀어헤치며 휴대폰을 집어 던지고 급식실에 있던 오븐 팬을 집어 던짐, ② 출근 기도라며 "오늘도 하찮은 조리원들과 부딪치지 않기를"이라고 말함, ③ 평소 수시로 조리원들에게 "말귀를 못 알아듣는다.", "상식이 없다.", "생각을 안 해도 되니 좋겠다."라는 발언을 함, ④ 조리사에게 "조리사님 나중에 콩기름 부족하면 조리사님이 다 책임지세요. 나중에 부족하기만 해 봐, 가만 안 둬! 다 조리사님 책임이에요. 책임지세요!"라고 말함, ⑤ 아침 조회 시간에 급식 관련 위생 교육을 조리사에게 부탁하여 조리사가 이를 실시하고 교육자료에 서명받기 위해 원고에게 서명 자료를 건네니 "보자보자 하니까 내 머리 꼭대기에서 놀려고 하네! 지금 조리사님이 교육했다고 나에게 사인하라는 거예요."라고 소리침 등

[판례 분석]

위 판결은 다수의 근로자들을 상대로 장기간 지속적으로 직장 내 괴롭힘 행위를 한 직원에 대하여 회사가 정직 1개월의 징계처분을 한 것에 대해, 법원이 그 징계양정이 적정하다고 본 사례입니다. 이 과정에서 징계를 받은 자가 근로기준법에 직장 내 괴롭힘 금지 규정이 도입되기 전에 있었던 일을 징계사유로 삼는 것은 부당하다는 주장을 하였으나, 오히려 법원은 직장 내 괴롭힘이 당사자에 대한 직접적인 피해를 준다는 점에서뿐만 아니라 당사자와 그가 속한 공동체의 일상적 생활과 사회적 관계에도 영향을 미친다는 점에서 그에 관한 내용이 법제화되었는지 여부와 관계없이 직장 내 괴롭힘은 비위성이 중하고, 징계의 필요성이 높다고 하였는바, 이러한 이유에서 비위가 중하다고 보아 정직 1월이 과하지 않다고 본 것입니다.

또한 직장 내 괴롭힘 신고가 접수되어 조사가 이루어져 징계처분이 있기까지 가해자가 자신의 잘못을 인정하거나, 피해근로자들에 대해 용서

를 구하거나 진심으로 사과를 하거나 피해 회복을 위해 노력한 사실도 없었다는 점이 이러한 가해자에게 정직 1월의 징계를 한 것이 전혀 위법하지 않다는 판단을 하게 한 요소가 되었습니다.

CASE 24   직장 내 괴롭힘 행위자에 대한 징계면직(해고)이 정당하다고 본 판결

(울산지방법원 2022. 9. 22. 선고 2021가합14843 판결)

[판결의 주요 내용]

「근로기준법」 제76조의2는 사용자 또는 근로자는 직장에서의 지위 또는 관계 등의 우위를 이용하여 업무상 적정범위를 넘어 다른 근로자에게 신체적·정신적 고통을 주거나 근무환경을 악화시키는 행위를 직장 내 괴롭힘이라고 규정하여 이를 금지하고 있고, 피고의 성희롱·성폭력 및 직장 내 괴롭힘 예방지침에서는 '신체에 대하여 폭행하거나 협박하는 행위', '지속·반복적인 욕설이나 폭언', '다른 직원들 앞에서 또는 온라인상에서 모욕감을 주거나 개인사에 대한 소문을 퍼뜨리는 등 명예를 훼손하는 행위', '합리적인 이유 없이 반복적으로 개인 심부름 등 사적인 용무를 지시하는 행위', '집단적으로 따돌리거나, 정단한 이유 없이 업무와 관련된 중요한 정보 또는 의사결정 과정에서 배제하거나 무시하는 행위' 등을 직장 내 괴롭힘으로 규정하고 있다.

원고는 피해자 3의 상급자로서 직장에서의 지위 또는 관계에 있어서 우위에 있었다고 볼 수 있는데, 원고는 ㉮ 피해자 3에게 **성희롱이 될 수 있는 질문을 하고 피해자 3이 답변을 하지 않는 경우 '버르장머리 없는 새끼'**라고 하거나, '피해자 1의 프락치 역할을 하면 날려 버릴 것'이라고 수차례 말한 행위, ㉯ **회식 자리에서 만취한 상태로 옆자리에 앉아 있는 피해자 3의 목을 조르고 어깨를 주먹으로 때리는 등 폭력을 행사한** 행위, ㉰ 피해자 3에게 도박 사이트 개설을 수차례 요구한 행위, ㉱ 피해자 3의 **업무처리에 대하여 심하게 질책하거나 고압적으로 말하는 행위**를 하였다. 원고의 이러한 언행은 통상적으로 업무상 관계에서 수용될 수 있는 적정범위를 넘어선 것이고(…) 원고가 공무직 근로자 중에서 근무 경력이 가장 오래되었고 공무직을 대표하는 반장 역할을 수행하였으며 피해자 3보다 13살이나 많은 연장자인 데 비하여, 피해자 3은 당시 경력이 1년도 안 된 신입 직원에 불과하였던 점 등을 더하여 보면, 피해자 3은 원고의 이러한 언행으로 인해 상당한 정신적 고통을 받았을 것으로 보인다.

원고는 운영보조업무를 하는 반장이었는바, 반장으로서 비상근무조 편성 현황을 피해자 1에게도 공유하여야 함에도 **피해자 1이 배제된 카카오톡 단체방에서만 이를 공유**하였다. 더구나 원고는 다른 직원들 앞에서 공공연히 피해자 1이 나이 어린 여자임에도 자신의 상급자로 있는 것에 대한 불만을 표현하였던 점, 다른 직원들로 하여금 피해자 1이 포함되어 있는 카카오톡 단체방에는 교대 완료 메시지를 남기지 않도록 하는 지시하거나 피해자 3이 피해자 1에게 직접 업무 보고를 하자 '그걸 왜 피해자 1이 알게 했냐'며 피해자 3에게 화를 내는 등 피해자 1을 **의도적으로 배제**시키려고 하였던 점 등의 사정까지 더하여 보면 이는 피해자 1에 대한 직장 내 괴롭힘에 해당한다.

다음과 같은 사정을 종합하여 보면, 이 사건 징계처분이 원고에게 지나치게 가혹하여 재량권을 일탈·남용한 것이라고 볼 수 없다.
① 원고의 E○○서비스센터에서의 경력, 공무직 근로자를 대표하는 반장이라는 직책 등을 고려하면 원고는 솔선하여 직장 내 괴롭힘 등의 행위를 하지 말아야 할 위치에 있었음에도 오히려 피해자들에게 직장 내 괴롭힘을 한 것인바, 비난가능성이 높을 뿐 아니라 비위행위의 내용, 반복·지속된 기간 등에 비추어 비위의 정도가 결코 가볍다고 볼 수 없다. 더구나 원고는 재직 중 폭력 및 성희롱 관련 교육훈련 과정을 수료하였던 점, 피해자 1에 대한 성희롱 발언이 문제되어 당사자에게 사과를 한 경험이 있음에도 자신의 잘못을 반성하지 않고 피해자 3에 대하여 계속하여 성희롱 행위를 일삼은 점 등을 고려하면, 원고의 비위행위가 단순한 부주의에 의한 것이라고 보기도 어렵다.
② 원고의 성희롱, 직장 내 괴롭힘으로 인한 피해자가 다수 존재할 뿐 아니라, 서비스센터 내에서도 구성원 사이에 신뢰관계가 무너져 근로환경이 악화된 것으로 보인다. 더구나 피해자 1과 피해자 3의 경우에는 이 사건으로 인해 외상 후 스트레스 장애 등 심각한 정신적 피해를 겪고 있는 상황이다.
③ 원고의 피해자 3에 대한 성희롱, 폭언, 폭행 행위는 직장 문화, 후배에 대한 애정, 주관적인 친밀감의 차원에서 행해진 것이라고는 도저히 볼 수 없고, 설령 원고가 피해자 3을 괴롭힐 의도 또는 성적 의도를 가지고 한 것이 아니라고 하더라도 그러한 이유만으로 해당 행위의 정도를 결코 가볍게 평가할 수 없다.
④ 원고는 공공기관 직원으로서 품위를 유지하고 청렴성 및 책임성이 더욱 요구되는 자이다.

[판례 분석]

위 판결은 우선 두 명의 피해자에 대한 직장 내 괴롭힘에 관한 내용이 잘 드러나 있습니다. 하나는 피해자 3에 대한 괴롭힘 행위로, 가해자는 피해자 3의 상급자로서의 지위를 가지고 있으면서 피해자 3에게 성희롱이 될 수 있는 질문을 하고 답변을 하지 않으면 폭언을 하거나, 만취 상태에서 피해자의 목을 조르고 어깨를 때리는 등의 직접적인 폭행을 가하기도 했으며, 업무와 관련하여 심한 질책과 고압적 언사를 하였는바, 이러한 행위를 직장 내 괴롭힘에 해당하는 것으로 본 판결은 타당하다고 할 것입니다. 특히 법원은 가해자가 반장으로서 피해자보다 나이가 훨씬 많은 연장자이며 공무직 근로자 중 근무 경력이 가장 오래된 자인 것에 반하여 피해자 3은 근무 경력이 1년도 안 된 신입 직원이었다는 점에서 피해자의 정신적 고통이 더욱 컸을 것이라고 보았습니다.

다른 하나는 피해자 1에 대한 내용인데, 피해자 1은 가해자보다 사내 직위로는 상급자의 지위에 있었습니다. 그렇다면 직장 내 괴롭힘 성립요건인 우위성 요건이 없는 것은 아닌지 고민이 될 수 있는데, 법원은 가해자의 근무 경력이 더 오래되었고 나이도 훨씬 많아 가해자가 피해자 1을 나이 어린 여성 상급자라는 이유에서 무시하고 따돌리는 형태를 보았을 때, 오히려 가해자가 직장 내에서 사실상의 우위성을 가지고 있다고 본 것입니다. 이에 이러한 가해자가 피해자 1에게 공유되어야 할 업무 내용을 피해자 1이 배제된 카카오톡 단체방에서 공유하고, 다른 직원들까지 동원하여 피해자 1이 포함되어 있는 카카오톡 단체방에는 업무 관련 메시지를 남기지 말도록 지시하고, 심지어 피해자 1에게 업무 보고를 한 직원에게 화를 내기까지 하여 피해자 1을 배제하고 따돌리려는 행동을 한 것에 대해 이를 직장 내 괴롭힘으로 인정한 것입니다.

회사는 이러한 가해자에 대하여 징계면직 즉, 해고를 하였고, 본 사안에서는 바로 이러한 해고가 징계양정을 일탈·남용하여 이루어진 것인지가 다퉈진 것인데, 법원은 가해자의 사내·외적 지위(일반 사기업 근로자들에 비해 높은 품위유지의무를 부담하는 공공기관의 직원이며, 반장인 관리자의 지위에 있는 자로서 오히려 솔선수범하여 직장 내 괴롭힘을 하지 않았어야 할 의무가 있음), 구체적인 괴롭힘의 내용 및 반복·지속성 여부, 직장 내 괴롭힘 예방 교육 수료 여부(교육을 이수하였음에도 불구하고 괴롭힘 행위를 하였다면 고의·중과실을 인정할 수 있는 것임), 피해자의 수, 피해자의 피해의 정도(피해자들이 심각한 PTSD에 시달리고 있음) 등을 징계양정의 적정 여부를 판단하는 기준으로 삼았습니다.

따라서 직장 내 괴롭힘을 징계사유로 하여 징계양정을 결정하여야 하는 회사들에서는 이 같은 요소들을 눈여겨보셔서 징계 심의·의결과정에서 '이러이러한 판단 요소들을 근거로 어떠한 징계 종류를 선택하게 된 것이다.'라는 점을 분명히 해 놓아야 향후 징계양정의 적법성을 다투는 분쟁에서 설득력 있는 주장·입증할 수 있을 것입니다.

CASE 25 직장 내 괴롭힘 행위자에 대한 해고가 정당하다고 본 판결

(서울행정법원 2021. 2. 10. 선고 2020구합64118 판결)

[판결의 주요 내용]

참가인은 I의 업무보고 내용에 불만을 품고서 분풀이로 그 옆에 있던 E의 어깨를 "퍽" 소리가 날 정도로 강하게 때린 후 "○○을 때릴 수 없잖아."라고 발언하였다. 참가인은 2018. 8. 16. R 및 기타 직원들과 회의를 진행하던 중 R의 업무처리에 대하여 질책하다가 화를 참지 못하고 책상에 볼펜을 집어던졌다. 직원들은 "참가인이 '까라면 까라'는 식의 발언을 특정하기 힘들 정도로 빈번하게 지속적으로(2~3일에 한 번) 했다.", "참가인은 '시키면 시키는 대로 하지 왜 대드냐'는 종류의 폭언을 특히 많이 했다. 미팅이 격주로 있었는데 매 미팅마다 그런 말을 들었다."라고 진술하였다. 참가인은 2019. 6. 20. 아무런 잘못이 없는 부하 직원 J에게 화를 내며 느닷없이 폭행을 가하였고, 2018년경 부하 직원의 보고를 받던 중 다른 직원에 대하여 "그놈 모가지를 비틀어 버리겠다."라는 말을 하였으며, 직원과 통화하면서 협력업체 직원을 지칭하여 "그놈 입을 찢어 버리겠다."라고 말하였다. 참가인은 업무 회의에서 Q대리가 업무 관련 발언을 하려 하자 갑자기 "아저씨는 가만히 있고."라는 발언을 하였고, 2019. 6. 초순경 업무 회의에서 P를 향해 다른 팀이 책임져야 할 사안에 대하여 화를 내며 "그것도 끝까지 너네가 쪼아야지. 내가 주는 스트레스가 적냐."라고 다그쳤다.

참가인에게는 사회통념상 원고와의 고용관계를 계속할 수 없을 정도로 책임 있는 사유가 있다고 봄이 상당하므로, 이 사건 해고는 정당하다.
가) 참가인은 참가인 팀을 총괄·관리하는 본부장으로서 팀원들의 적절하고 효율적인 업무 수행 및 근로환경 조성을 위해 원만한 리더십을 발휘해야 함에도 불구하고, 자신의 우월적 지위를 이용하여 납득할 수 없는 이유로 부하 직원들에게 폭행과 폭언, 괴롭힘 등을 반복적으로 가해 왔다. 참가인의 부하 직원들은 높은 비율로 퇴사를 하였고 참가인이 본부장을 맡은 뒤 참가인 팀에 대한 평가는 원고 회사 내에서 최하위를 기록했는데, 여기에는 참가인의 폭언 등이 주된 원인으로 작용한 것으로 보인다.
나) 참가인은 (회사에서 발생한) 선행 폭행 사건과 이에 대한 원고의 대응에 대하여 잘 알고, 관련 교육까지 받았으며, 심지어 참가인 팀의 부하 직원들로부터

> "업무 중 고함, 한숨 등 상대방이 감정적으로 다칠 수 있는 표현을 자제해 달라. 제3자에 대한 비방을 자제해 달라. 사기를 저하시키는 표현이나 행동을 삼가 달라."라는 공식적인 단체 요청을 받고도 지속적, 반복적으로 부하 직원들에게 폭언 등을 가하였으며, 급기야 물리적인 폭행을 행사하기까지 하였다. 이는 원고 회사 직원들의 사기와 업무 효율을 현저히 저하시키는 행위일 뿐 아니라, 선행 폭행 사건 이후 사내 폭행·폭언·괴롭힘 등에 단호히 대처함으로써 조직문화를 개선하려는 원고의 노력에 정면으로 반하는 것으로서 회사의 위계질서에 위협을 가하는 행위이다.
> 다) 참가인 팀의 직원들은 대다수가 참가인의 복귀를 원하지 않고 있고, 노동조합은 참가인이 복직된다면, 사내 폭력을 근절하고자 하는 회사의 기강이 흔들릴 뿐만 아니라, 조합원 및 다른 직원들의 근무 분위기와 근무 의욕에 악영향을 줄 것으로 예상된다는 이유로 참가인을 복직시키지 말 것을 요청하기도 하였다.

[판례 분석]

이 사건 회사는 근로기준법에 직장 내 괴롭힘 금지 등 규정이 도입되자 법 개정 취지를 반영하여 취업규칙에 '직장 내 괴롭힘 금지 및 발생 시 조치' 규정을 신설하고 그 시행에 앞서 개정 취업규칙에 관한 직원 설명회를 개최하는 한편, 전체 임직원을 대상으로 폭행 사건 등의 재발 방지를 위하여 업무 태도 개선 등에 관한 교육을 실시하였습니다. 이러한 회사의 사전 조치가 있었기에 교육을 통해 널리 알린 금지행위인 직장 내 괴롭힘을 한 자에 대해 해고라는 중징계가 가능하였던 것입니다. 특히 이 사건 회사는 '무관용 원칙 선언'을 한 사실이 있었는바, 이러한 회사의 직장 내 괴롭힘 근절 및 예방에 대한 강한 의지와 사용자의 원칙 표명에도 불구하고 이에 정면으로 반하여 부하 직원들을 지속적, 반복적으로 괴롭힘으로써 다수의 피해자를 양산하였다는 것이 법원으로부터도 해고가 정당하다는 판단에 이르게 하였다고 볼 것입니다.

즉 이 사건 직장 내 괴롭힘 행위자는 팀을 총괄·관리하는 관리자인데 오히려 반복적으로 비위행위를 범하여 다수의 직장 내 괴롭힘 피해근로자를 양산하였는바, 사회통념상 근로관계를 더 이상 지속할 수 없을 정도로 회사와의 신뢰관계를 무너뜨린 것입니다. 이에 행위자는 자신이 일부 피해근로자에게 사과를 하였으며 반성하고 있고 그간 회사에 기여한 점을 참작하여 줄 것을 주장하였으나, 법원은 비위행위의 중대함, 피해 직원들의 피해 정도 및 직원들이 행위자에 대해 가지고 있는 감정(피해자들은 행위자의 사과를 진정한 사과라고도 느끼지 않음) 등을 토대로 이러한 주장을 배척하고 징계는 재량권을 일탈 남용한 것으로 볼 수 없음을 최종 선언하였습니다.

이처럼 비위행위의 반복·계속성과 심각성, 피해의 정도도 당연히 징계양정의 적법성을 판단하는 요소가 되는 것이나, 회사가 직장 내 괴롭힘에 대해 얼마나 단호한 태도를 보여 왔는지, 직장 내 괴롭힘 예방과 근절을 위해 얼마나 철저한 노력을 기울여 왔는지 역시 직장 내 괴롭힘을 징계사유로 하여 징계를 하였을 때, 징계처분을 받은 자가 이를 다투는 경우, 회사가 한 징계처분의 적법·타당성 여부를 주장·입증하는 데 매우 도움이 되는 사정이 될 것입니다. 즉 회사가 직장 내 괴롭힘에 대해 엄격한 태도를 보이며 직장 내 괴롭힘 예방과 근절을 중요사항으로 여겨 많은 노력을 기울여 왔을수록, 직장 내 괴롭힘 행위를 한 자에 대한 중한 징계처분도 그러한 처분의 경위가 직장 내 괴롭힘 없는 조직문화를 만들고 근로자들의 안전한 근무환경, 좋은 근무 분위기 등을 조성하기 위한 목적이었음이 공감 기며 징계양정에 있어 정당성을 인정받을 수 있게 되는 것입니다. 이에 회사 입장에서는 만약 직장 내 괴롭힘을 이유로 배제 징계(해임, 파면)를 하는 경우라면, 그간 회사가 직장 내 괴롭힘과 관련하여 어떤 모습을 보여 왔는지를 되돌아 살피고, 회사가 그간 직장 내 괴롭힘 근절 및 예방을 위해 적극적으로 노력해 온 사실이 있다면 그 내용을 징계의결서에 포함시키는 것이 바람직할 것입니다.

직장 내 괴롭힘과 산재

CASE 26 "적응장애"가 직장 내 괴롭힘으로 인한 업무상 스트레스로 인하여 유발된 것으로 보아 상병과 업무 사이 상당인과관계를 인정한 판결

(서울행정법원 2023. 1. 12. 선고 2022구단51393 판결)

[판결의 주요 내용]

1) 산업재해보상보험법상 업무상 재해라 함은 근로자의 업무 수행 중 그 업무에 기인하여 발생한 질병을 의미하는 것이므로 업무와 질병 사이에 상당인과관계가 있어야 하고, 이 경우 근로자의 업무와 질병 사이의 인과관계에 관하여는 이를 주장하는 측에서 입증하여야 한다. 질병의 주된 발생 원인이 업무 수행과 직접적인 관계가 없더라도 적어도 업무상의 과로나 스트레스가 질병의 주된 발생 원인에 겹쳐서 질병을 유발 또는 악화시켰다면 그 사이에 인과관계가 있다고 보아야 할 것이고, 그 인과관계는 반드시 의학적·자연과학적으로 명백히 입증되어야 하는 것은 아니며 제반 사정을 고려할 때 업무와 질병 사이에 상당인과관계가 있다고 추단되는 경우에도 입증이 되었다고 보아야 하고, 또한 평소에 정상적인 근무가 가능한 기초 질병이나 기존 질병이 직무의 과중 등이 원인이 되어 자연적인 진행 속도 이상으로 급격하게 악화된 때에도 그 입증이 된 경우에 포함되는 것이며, 업무와 질병과의 인과관계의 유무는 보통 평균인이 아니라 당해 근로자의 건강과 신체 조건을 기준으로 판단하여야 한다.

2) 다음과 같은 사정들에 비추어 보면, 이 사건 상병은 업무상 스트레스로 인하여 유발된 것으로 봄이 상당하므로, 이 사건 상병과 원고의 업무 사이에는 상당인과관계가 인정된다.

가) 원고는 이 사건 사업장에 소외인으로부터 보복성 업무 배제, 형식적 업무 지시, 일정 및 자료 공유 배제, 성과 창출 기회 차단 및 사직 종용 암시 발언, 부당한 평가 등 직장 내 괴롭힘을 당하였다고 주장하며 신고하였고, 이 사건 사업장은 자체 조사 및 3차례에 걸친 외부 조사를 통하여 소외인의 일부 행위(원고에 대한 2019년 KPI 설정에 있어 면담, 회신 등 조치를 취하지 아니하였고, 이를 기반으로 낮은 고과를 부여한 행위)가 직장 내 괴롭힘에 해당한다는 결론을 내리고 소외인에 대하여 견책의 징계처분을 의결하였다. 이처럼 직장 내 괴롭힘 조사 결과 원고의 주장 중 일부만이 인정되기는 하였으나, KPI는 인사 평가의 전제가 되는 것으로 팀별 과제를 기초로 성과 목표를 설정하여야 하므로, 그 과정에서 팀장인 소외인과 업무 부여에 관한 협의가 필수적이라 할 것인바, 소외인은 KPI 설정에 앞선 원고의 업무 부여 요청에 응하지 아니하였고, KPI 설정 당시에도 '알아서 입력하라'고 하는 등 협조하지 아니한 점에 비추어 그 당시 원고와 소외인 간에 업무와 관련한 지속적인 갈등이 있었음을 추단할 수 있고, 비록 직장 내 괴롭힘으로 인정되지는 아니하였으나, 조사 결과 업무의 변경, 사직 종용 발언, 차선임 간부로서의 회의 불참 지시 등의 사실관계도 일부 확인되었는바, 이를 고려하면 원고가 소외인과의 갈등 및 일부 업무 배제 등으로 인하여 상당한 업무상 정신적 스트레스를 받았다고 봄이 상당하다.

나) 원고는 이전에는 이 사건 상병으로 진료를 받은 사실이 없었으나, 2019. 6. 27. C정신건강의학과에 최초 내원하여 2019. 4.경부터 **우울감, 의욕 저하, 예민, 무력감, 불면증 등의 증상이 있음을 호소하면서 그 원인으로 회사 내에서의 갈등을 비롯하여 업무와 관련된 스트레스를 일관되게 호소하였고**, 달리 업무상 스트레스 외에 원고에게 이 사건 상병을 발병시키거나 악화시킬 만한 다른 사정은 확인되지 않는다.

다) 이 법원 진료기록감정의는 이 사건 상병과 업무와의 상당인과관계가 인정된다는 취지의 의학적 소견을 제시하였는바, 이는 '**개인적 소인이 예민한 면이 있지만 업무에서 배제되고 직장 내 괴롭힘이 상당 기간 지속되는 등 업무 스트레스에 따라 정신질환으로 인정되는 등 인과관계가 인정된다.**'라는 서울업무상질병판정위원회의 일부 위원 내지 '**업무 배제 등 장기간 직장 내 괴롭힘으로 인한 업무 스트레스로 변병상병이 발병한 것으로 개인적 소인이 영향을 주었다고 하더라도 직장 내 괴롭힘이 있었음이 확인되어 환경요인의 기여가 큰 바 업무관련성이 인정된다.**'라는 산업재해보상보험재심사위원회 일부 위원의 의견과도 일치한다.

[판례 분석]

　이 사건은 적응장애의 정신질환을 직장 내 괴롭힘으로 인한 업무상 재해로 인정한 사례입니다. 애당초 업무를 부여해야 업무를 수행하여 인사 평가를 받을 수 있을 것인데, 상사가 직원의 업무 부여 요청에도 응하지 않고 협의도 거부하더니 결국은 업무 목표를 달성하지 못했다면서 낮은 고과를 부여하였다면 이 같은 행위는 직장 내 괴롭힘에 해당하는 것입니다.

　한편, 이 사건 피해근로자는 위와 같은 일 등을 겪으며 정신적 스트레스를 받기 시작하여 이전에는 가 본 적 없었던 정신건강의학과에 처음으로 내원을 하게 되었고, 의사에게 자신의 우울감, 의욕 저하, 예민, 무력감 등의 증상이 회사 내에서의 갈등과 업무상 스트레스로 인한 것임을 호소하여 의사가 이를 상담 기록에 기재해 놓았는바, 회사에서 가해자의 직장 내 괴롭힘을 인정하여 가해자에게 견책의 징계처분을 한 사실이 있고, 피해근로자가 위와 같이 병원을 방문하였던 기록이 있음 등을 바탕으로 적응장애가 업무상 재해에 해당한다고 본 것입니다.

　이 사건이 의미가 있는 또 다른 이유는, 설령 직장 내 괴롭힘 피해근로자에게 개인적 소인으로 다소간 예민한 면이 있다고 하더라도 이러한 요소가 직장 내 괴롭힘으로 인한 정신질환의 업무상 재해 여부를 인정함에 있어 특별한 장애가 되지 않음을 밝혔다는 것입니다. 직장 내 괴롭힘 사건을 처리하다 보면 '가해자가 잘못한 면이 있긴 있지만 그렇다고 해도 피해자가 이렇게까지 고통스러울 일은 아닌 것 같은데. 피해자가 너무 예민한 거 아니야?'라는 생각이 들 때가 있는 것이 사실입니다. 하지만 사람마다 외부적 자극을 견디는 정도, 받아들이는 정도는 다를 수밖에 없는 것이지요. 가해자의 행동 자체를 일반인의 객관적인 기준에서 보았을 때 적정수준을 넘어섰다고 볼 수 없는 경우가 아닌 이상, 괴롭힘의 피해를 당한 사람에게 '너는 왜 이렇게 예민해서 고통을 심하게 느끼니'라고 해서는 안 된다는 것입니다. 이에 이 사건에서도 피고 측은 정신질환이 원고 개인의 예민한 개인적 소인에 기한 것이라는 주장을 강하게 하였고, 실제로도 의학적 소견상 원고에게 그러한 개인적 기질이 있음은 인정된다고 보았으나, 법원은 설령 이러한 개인적 소인이 있었다고 하더라도 직장 내 괴롭힘이 상당 기간 지속되어 있었다는 점이 분명히 인정되는 이상 원고의 정신질환은 업무 스트레스로 인해 유발된 것임을 부정하지 않은 것입니다.

CASE 27 직장 내 괴롭힘 행위로 인한 "우울증"을 업무상 재해로 인정하고 괴롭힘 행위자에게 손해배상책임을 인정한 판결

(수원지방법원 2022. 7. 14. 선고 2021가단531133 판결)

[판결의 주요 내용]

원고는 2020. 10. C대학교(이하 'C대'라 한다)에 입사하였고, 2012. 2.부터는 입학사정관으로 채용되어 근무하였다. 피고는 2010. 3.부터 C대의 입학사정관으로 근무하였고, 2013. 4. 1.부터 2019. 3. 31.까지는 C대 입학관리팀의 팀장으로 재직한 사람이다.

⑴ 피고는 2012. 2.경부터 2019. 3.경까지 원고에게 **비정상적으로 과도한 업무**를 부여하였다. 이로 인하여 원고는 평일에는 주 2~3회 각 3시간 정도의 시간 외 근무 및 주말에는 월 4~5회 정도의 휴일 근무를 해야 하였다. 그런데도 피고는 **자신의 평판이 나빠질 수 있다는 이유로 원고에게 초과근무 수당을 신청하지 말 것을 지시**하기도 하였다.

⑵ 피고는 2015. 10.경 직원인 D, E, F가 있는 자리에서, 사실은 그러한 일이 없었음에도 E에게 "이전에 퇴사한 직원들은 모두 원고의 괴롭힘 때문에 직장을 그만두었다. 원고가 앞으로 너를 괴롭힐 것이다. 원고는 앞에서 하는 행동과 뒤에서 하는 행동이 다르다."라는 취지로 말함으로써 공연히 **허위의 사실을 적시하여 원고의 명예를 훼손**하였다.

⑶ 피고는 2017. 5. 16.부터 3회에 걸쳐 입학관리팀 **예산으로 목적 외 사용을 위한 상품권을 구입하여 자신에게 줄 것을 요구하고, 학내 행사가 있을 때 학교에서 나오는 지원금을 이용하여 피고의 개인적인 간식을 구입할 것을 지시하는 등 원고에게 부당한 업무 지시**를 하였다.

⑷ 피고는 평가위원인 원고에게 '중증장애인을 배제하여야 한다'는 취지로 말하여 2018학년도 C대 수시모집 특수교육대상자 전형에 지원한 시각장애 1급 G에게 정당한 이유 없이 낮은 점수를 부여하는 방법으로 G를 서류평가에서 떨어지게 하거나 재평가를 받게 할 것을 지시하여, 원고는 피고의 지시에 따라 합리적인 이유 없이 서류평가에서 종전에 부여한 점수를 낮추는 방법으로 G가 최초 합격을 하지 못하게 하였다. 이로써 피고는 원고에게 부당한 업무 지시를 하였다.

> (5) 피고는 2017. 9.경 업무와 무관하게 자신의 박사학위 취득을 위하여 제출하여야 하는 소논문의 편집을 원고에게 강요하여 하도록 하였다.
> (6) 원고는 피고에게서 위와 같은 과도한 업무 부여, 명예훼손, 부당한 업무 지시, 사적인 업무 지시 등 직장 내 괴롭힘 행위를 당하여 우울증 진단을 받았고, 이는 근로복지공단에서 업무상 재해로 인정되었다.
>
> 사용자 또는 근로자는 직장에서의 지위 또는 관계 등의 우위를 이용하여 업무상 적정범위를 넘어 다른 근로자에게 신체적·정신적 고통을 주거나 근무환경을 악화시키는 행위를 하여서는 아니 된다(「근로기준법」 제76조의2). 피고는 원고가 입학사정관으로 근무하는 입학관리팀의 팀장으로서, **직무상 우월적인 지위를 이용하여** 위에서 본 바와 같이 원고에게 지속적, 반복적으로 과도한 업무 부여, 명예훼손, 부당한 업무 지시, 사적인 업무 지시 등 직장 내 괴롭힘의 불법행위를 하였고, 이로 인하여 원고는 우울증의 정신질환을 얻었으므로, 피고는 위와 같은 불법행위로 인하여 원고가 입은 손해를 배상할 의무가 있다.

[판례 분석]

이 사건은 판례 내용에서 볼 수 있다시피 각종 직장 내 괴롭힘 행위가 이루어짐에 따라 이로 인해 피해근로자가 우울증을 진단받아 근로복지공단으로부터 산업재해 인정을 받고, 나아가 괴롭힘 가해자에 대하여 불법행위에 기한 손해배상청구소송을 제기하여 인정을 받은 사례입니다. 이처럼 직장 내 괴롭힘 피해근로자는 직장 내 괴롭힘으로 인해 발병한 상병에 대해서는 업무상 재해로 인정을 받아 그에 따른 요양급여 등을 받고, 이와 별개로 가해자에 대한 민사 손해배상청구소송을 제기하여 책임을 물을 수 있는 것입니다. 다만 이때 산재를 인정받아 근로복지공단으로부터 요양급여로 지급받은 금액은 적극적 손해의 범위에서 공제되는데(이중으로 배상되는 것을 막는다는 취지로 이해하시면 됩니다.), 이 부분을 공제하더라도 근로복지공단으로부터는 직장 내 괴롭힘이라는 불법행위로 인한 위자료를 지급받는 것은 아니므로 가해자를 상대로 한 민사소송이 충분히 실익이 있는 것입니다.

이에 이 사건의 경우도 근로복지공단으로부터 요양급여로 지급받은 치료비, 약제비 등을 공제하고도 가해의 직장 내 괴롭힘 불법행위로 인해 피해근로자인 원고가 상당한 정신적 고통을 받았을 것이라고 보아 1,500만 원의 위자료를 인정하였으며(다만 이 사건의 경우 2012. 2.경부터 2019. 3.경까지 가해자가 원고와 같은 팀에서 상급자로 근무하면서 우월적 지위를 이용하여 원고에게 과도한 업무 부여, 인격적 비하, 모욕, 허위사실 유포, 신체적 위협, 고성, 부정한 업무 지시, 사적인 업무 지시, 업무 배제 등 여러 가지 방법으로 직장 내 괴롭힘을 장기간에 걸쳐 여러 형태로 지속하였고 이에 피해근로자가 계속적인 피해를 입어 심한 정신질환을 되었고 이것이 산재로 인정까지 받았다는 점이 비교적 높은 위자료를 인정받는 이유가 되었을 것입니다.), 가해자인 피고의 직장 내 괴롭힘 행위로 인하여 얻게 된 정신질환을 산업재해로 인정받기 위하여 권리 신청을 하는 과정에서 지출한 변호사 선임비에 대해서까지 이를 가해자의 불법행위로 인하여 원고가 입은 상당인과관계 있는 손해로 인정받아 배상을 받을 수 있었던 것입니다.

결론적으로, 위 판결을 통해 직장 내 괴롭힘으로 인해 질병을 얻게 되신 피해근로자분들은 ① 산재 신청을 통하여 업무상 재해를 인정받고, ② 이와 별개로 괴롭힘 행위자를 상대로 한 민사 손해배상청구소송을 통해 위자료를 포함한 손해배상책임을 인정받음으로써 권리 구제와 피해 회복을 하실 수 있음을 알 수 있을 것입니다.

CASE 28 직장 내 괴롭힘은 인정하지 않았으나, 상병과 업무 사이에 상당인과관계는 인정된다고 본 판결

(서울행정법원 2021. 8. 19. 선고 2019구단65064 판결)

[판결의 주요 내용]

> 원고는 건축공학을 전공하였고 회사 입사 전 장기간 친환경 건축물 인증 업무를 담당한 경력이 있는 사람으로, 기존 부서에서 약 3년간 건물의 에너지양, 공조 시스템 등을 진단하여 개선 방법을 개발하는 업무, 친환경 인증 업무 등을 주로 수행하여 왔는데, 이동 후 부서에서는 제품 판매를 위해 개별 제품의 기능, 특징, 효율 등을 파악하여야 하고, 외국 현지 법인의 수주 현황을 매주 확인하여 관리하며, 이러한 사항에 관하여 필리핀 현지 법인 측과 원활하게 영어로 의사소통을 할 수 있어야 하는 등 원고의 전공이나 기존 업무 영역과는 무관한 제품 관련 기술과 영업 프로세스에 대한 지식, 외국어 능력 등이 필요하였고, 다른 부서에 비하여 객관적인 업무량도 많았으므로, 이동 후 부서의 업무 자체가 원고에게는 큰 스트레스의 원인이 되었을 것이라고 판단된다.
>
> 원고는 이동 후 부서 내에서의 직장 내 괴롭힘 또한 이 사건 상병 발병의 원인이라고 주장하나, 원고가 제출한 증거만으로는 이 사건 상병 발병에 영향을 미칠 정도의 직장 내 괴롭힘이 존재하였다고 인정하기 부족하다.

[판례 분석]

위 사건은 새로운 부서로 발령을 받은 이후 부서 내에서의 직장 내 괴롭힘이 상병의 발병 원인이라는 원고의 주장에 대해, 상병 발병에 영향을 미칠 정도의 직장 내 괴롭힘이 존재하였다고 인정하기는 어렵다고 하면서도, 원고가 새로운 부서에서 새로운 업무를 수행하느라 주말까지 공부를 하고 방대한 인수인계 자료를 숙지하여야 했던 점, 출장을 가서 교육을 받으면서도 업무를 병행하여야 했던 점 등 부서 이동 후 적응하기 위한 일련의 일들이 원고에게 육체적·정신적인 부담이 되었음을 고려할 때 원고가 상당한 업무상의 스트레스를 겪었을 것으로 보인다고 하여 상병과 업무와의 상당인과관계를 인정한 판결입니다.

즉 이 판결은 반드시 직장 내 괴롭힘을 인정받아야만 산재 승인을 받을 수 있는지에 대한 대답이 될 수 있는 사례라고 할 것입니다. 따라서 직장 내 괴롭힘 등 업무상 스트레스로 상병이 발생하였다고 생각하시는 근로자분들께서는, 설령 직장 내 괴롭힘을 인정받지 못하셨다고 하더라도 이러한 이유로 산재 신청을 미리부터 포기하는 일이 없도록 하시고, 상병과 업무 사이에 상당인과관계가 있음을 주장할 때 직장 내 괴롭힘의 존재를 중대한 업무관련성 인정 요소로 주장하시되, 반드시 이에 한정되지 말고 다른 여러 업무적 정신적 스트레스 유발 원인들을 충실히 주장하셔야 할 것입니다.

또한 이 사건의 경우, 회사는 원고의 컴퓨터 로그 기록을 조회하여 근무시간을 산정하였는데, 법원은 이에 따라 산정된 업무시간이 '뇌혈관 질병 또는 심장 질병 및 근골격계 질병의 업무상 질병 인정 여부 결정에 필요한 사항'(고용노동부 고시 2017-117호)에서 정한 업무시간 기준에 다소 미치지 못하더라도 상병과 업무와의 상당인과관계를 부정할 수 없다고 하였습니다. 따라서 반드시 장시간을 근무한 경우에 한하여 산재로 인정이 되는 것은 아님을 알 수 있는 것입니다. 덧붙여, 업무의 양에 따른 정신적 부담 정도를 주장할 때는 회사 컴퓨터를 이용하여 업무를 수행한 시간뿐 아니라 자택이나 그 밖의 회사 외 공간에서 업무를 수행한 시간도 이를 포함시켜 원고의 주장을 뒷받침하는 유용한 내용으로 삼아야 할 것입니다.

불리한 처우 금지 의무 위반

CASE 29 사용자가 직장 내 괴롭힘 발생 사실을 신고한 피해근로자등에게 "복직 불허"의 불리한 처우를 하였다고 보아 벌금 200만원을 선고한 판결

(서울중앙지방법원 2022. 4. 14. 선고 2021고정2353 판결)

[판결의 주요 내용]

〈범죄사실〉

피고인은 D의 대표로서 상시 5명의 근로자를 사용하여 사회복지시설업을 운영하는 E병원을 위하여 행위하는 사람이다. 사용자는 직장 내 괴롭힘 발생 사실을 신고한 근로자 및 피해근로자등에게 해고나 그 밖의 불리한 처우를 하여서는 아니 된다. 위 사업장 근로자인 F가 2020. 8. 서울지방고용노동청에 피고인으로부터 강등, 휴가 중 업무 지시 등 직장 내 괴롭힘을 당하였다는 취지의 신고를 하고, 2020. 8. 7.부터 약 3개월간 '직장 내 스트레스로 인한 중등도 우울에피소드'로 인한 휴직을 한 다음 2020. 10. 28. 복직 신청을 하자, 피고인은 F의 스트레스 악화가 우려된다는 이유로 2020. 12. 31.까지 복직을 불허하였다. 그러나 F가 복직을 신청하면서 2020. 11. 2. 제출한 의사 소견서에는 F의 증상의 호전이 있어 직장 생활을 다시 시작할 수 있을 것이라는 취지로 기재되어 있었다. 이로써 피고인은 직장 내 괴롭힘 발생 사실을 신고한 피해근로자등에게 불리한 처우를 하였다.

〈판단〉

① 피고인의 경위서 작성 요구에 대하여 F는 '수회에 걸쳐 유사한 일이 발생하지 않도록 각별히 유념하겠다.'라는 내용의 경위서 및 보고서를 피고인에게 제출하였음에도 불구하고, F의 기억과 경험에 반하는 내용의 경위서, 보고서를 작

성할 것을 반복하여 요구하고, 경고장 형식으로도 발송하였는데, 피고인에게 근로자의 의사에 반하여 시설장이 원하는 내용으로 경위서를 작성하게 할 권한은 없는 점, ② 고용노동청 역시 F의 주장을 받아들여 피고인의 위와 같은 행동을 근로기준법상 '직장 내 괴롭힘'에 해당된다고 판단하고 있는 점, ③ 한편, 피고인의 행위가 '직장 내 괴롭힘'에 해당하는지와 별론으로, 벌칙 규정은 「근로기준법」 제109조 제1항, 제76조의3 제6항으로, 제73조의3 제6항은 '사용자는 직장 내 괴롭힘 발생 사실을 신고한 근로자 및 피해근로자등에게 해고나 그 밖의 불리한 처우를 하여서는 아니 된다.'라고 규정하고 있고, 법 제76조의3 제3항은 '직장 내 괴롭힘과 관련하여 피해를 입은 근로자 또는 피해를 입었다고 주장하는 근로자'를 "피해근로자등"으로 정의하고 있어, 피고인에게 이 사건과 관련하여 필요한 고의는 F가 '직장 내 괴롭힘과 관련하여 피해를 입었다고 '주장'하고 있는지' 만으로 충분하고, 피고인의 위와 같은 일련의 행위가 '직장 내 괴롭힘'의 범위에 반드시 해당하여야 하는 것도 아닌 점, ④ F는 피고인의 반복된 경위서 제출 요구 및 경고장 발송으로 정신과 진료를 받은 후 진단서를 제출하여 휴직을 신청하였고, 이후 고용노동청에 피고인에 대해 '직장 내 괴롭힘 피해를 입었다.'라는 내용의 진정을 제기(2020. 8.경)하여 2020. 8. 21. 피고인에 대한 출석요구서가 발송되었으므로 피고인은 그 무렵 F의 '직장 내 괴롭힘' 진정에 대해 인식하고 있었던 점 등을 종합하면, 피고인의 행위는 '직장 내 괴롭힘'에 해당되고, F는 '직장 내 괴롭힘 발생을 신고한 피해근로자'에 해당된다.

「근로기준법」 제23조 제1항은 '사용자는 근로자에게 정당한 이유 없이 해고, 휴직, 정직, 전직, 감봉 그 밖에 징벌을 하지 못한다'고 규정하고, 여기서 '휴직'이라 함은 어떤 근로자를 그 직무에 종사하게 하는 것이 불능이거나 또는 적당하지 않은 사유가 발생한 때에 그 근로자의 지위를 그대로 두면서 일정한 기간 그 직무에 종사하는 것을 금지시키는 사용자의 처분을 말하는데, 「근로기준법」 제23조 제1항에서 사용자는 근로자에 대하여 정당한 이유 없이 휴직하지 못한다고 제한하고 있는 취지에 비추어 볼 때, **사용자의 취업규칙이나 단체협약 등의 휴직 근거 규정에 의하여 사용자에게 일정한 휴직 사유의 발생에 따른 휴직 명령권을 부여하고 있다 하더라도 그 정해진 사유가 있는 경우 당해 휴직 규정의 설정 목적과 그 실제 기능, 휴직 명령권 발동의 합리성 여부 및 그로 인하여 근로자가 받게 될 신분상, 경제상의 불이익 등 구체적인 사정을 모두 참작하여**

근로자가 상당 기간에 걸쳐 근로의 제공을 할 수 없다거나, 근로 제공을 함이 매우 부적당하다고 인정되는 경우에만 정당한 이유가 있다고 보아야 한다.

그런데, ① 피고인의 F에 대한 복직 유예 처분의 경우, F가 복직 의사를 표시하면서 복직이 가능하다는 취지의 진단서를 제출하였음에도 불구하고, '향후 직장 내 스트레스 악화 시 증상 악화 가능성'이 있을 수 있다는 우려를 표명한 소견을 근거로 복직 유예 처분을 하였고, 이에 F가 재차 '직장 내 스트레스 악화가 없다면 소견서상 우려가 현실화될 일도 없으니 복직 불허에 대해 다시 한번 확인해 달라'고 요청하였음에도 피고인은 재차 복직 유예 처분을 한 점, ② 2020. 12. 21. F가 피고인에게 재차 복직 신청을 하자, 피고인은 2020. 12. 24. D 인사관리규정 제31조 제3항에 '업무 외 질병 부상 등 해당 사유가 소멸되지 않았을 경우 최대 3개월 1회에 한하여 복직을 유예할 수 있다'는 내용을 추가하고서 F의 복직을 바로 허가하지 아니한 점 등을 종합하면, 이 사건 복직 유예 처분은 처분 당시 근거 없이 이루어진 강제 무급 휴직 명령에 해당한다. **피고인은 정당한 사유 없이 F에게 근로를 제공하지 못하게 하고, 「근로기준법」 제46조에서 정한 휴업 수당 청구권마저 행사할 수 없게 하였으며, 인사관리규정 제49조 제3항 제3호 또는 제4호에 따라 당연퇴직을 당할 수 있는 지위에 놓이게 하였으므로, F에 대한 복직 유예 처분은 '해고 그 밖의 불리한 처우'에 해당된다. 피고인은 직장 내 괴롭힘으로 정신적 고통을 받던 피해근로자가 휴직 후 복직이 가능하다는 의사 소견서를 제출하여 복직을 신청하였음에도 복직을 불허하여 피해근로자에게 불리한 처우를 한 범의도 충분히 인정된다.**

[판례 분석]

1장 '불리한 처우는 절대로 안 돼요'에서 살펴보았듯이 사용자는 직장 내 괴롭힘 발생 사실을 신고한 근로자 및 피해근로자등에게 해고나 그 밖의 불리한 처우를 하여서는 아니 되며, 이를 위반하여 불리한 처우를 하면 형사처벌을 받게 됩니다. (그렇기에 지금 위 사건은 벌금 200만원을 선고한 형사재판의 판결문인 것입니다.) 그리고 이때, 불리한 처우를 하여서는 아니 되는 대상은 '직장 내 괴롭힘과 관련하여 피해를 입은 근로자 또는 피해를 입었다고 주장하는 근로자'이지 반드시 직장 내 괴롭힘이 있었다고 인정되어 피해를 입은 근로자에 한정되는 것이 아닙니다. 따라서 사용자가 직장 내 괴롭힘과 관련하여 피해를 입었다고 '주장'하고 있는 근로자임을 알면서도, 그에 대하여 불리한 처우를 하였다면 이는 근로기준법 위반의 고의가 있다고 보아 범죄가 성립하게 되는 것입니다.

한편, 이 사건에서 피해근로자는 고용노동청에 직장 내 괴롭힘을 당하였다는 취지의 신고를 하고 3개월간 '직장 내 스트레스로 인한 중등도 우울에피소드'로 휴직을 한 다음 복직을 신청하였는데, 복직을 신청하며 복직하여 근무하는 것이 가능하다는 내용의 의사 소견서를 제출하였음에도 불구하고 사용자는 이를 불허한 것입니다. 결국 사용자는 정당한 이유 없이 직장 내 괴롭힘 피해근로자가 복직하는 것을 허용하지 아니함으로써 피해를 발생시킨 것인바, 사용자가 해당 피해근로자가 직장 내 괴롭힘 신고를 하였다는 사실은 이를 익히 알고 있었음이 분명하여 이러한 상태에서 해당 근로자에게 복직 불허 처분을 한 것은 근로기준법에서 금지하는 불리한 처우에 해당한다고 본 것입니다.

따라서 위와 같은 경우를 겪고 있는 회사들에서는 ① 우선 질환을 이유로 휴직을 하였던 근로자가 복직을 신청한 경우 정상 근무가 가능할 것인지에 대해 구체적이고 분명한 내용의 의사소견이 담긴 서류를 제출하도록 하여 이를 검토한 후 복직을 승인하여야 할 것이고, ② 복직을 승인하지 않는 것도 불리한 처우에 해당할 수 있으며 만일 이 경우 법 위반을 하면 형사처벌이 이루어질 수 있음을 고려하시어, 분명한 의사소견이 있음에도 불구하고 여타 이유 등을 들어 직장 내 괴롭힘 피해근로자에 대한 복직을 불허하는 행위는 하지 않도록 휴·복직 관리를 해야 할 것입니다.

사용자의 조치의무

CASE 30 사용자가 직장 내 괴롭힘 사건을 처리하는 과정에서 사용자로서의 조치의무에 위반하여 신고인에게 손해를 가하였음을 인정할 수 없다고 본 판결

(서울북부지방법원 2022. 5. 12. 선고 2020가단112369 판결)

[판결의 주요 내용]

(1) 원고는 그가 제출한 자료를 피고 법인에서 제대로 검토하지 않았다고 주장하나, 원고 스스로 사건의 담당자들로부터 중요 표시를 한 부분조차 읽지 않은 것 같다는 인상을 받았다거나, 조사위원회 회의장에 원고 제출의 자료가 1부만 놓여 있었다는 사정만으로는 피고 법인의 자료 검토가 부실하였다고 단정할 수 없다.

(2) 피고 법인에서 원고의 신고 사건을 접수한 다음 인권센터장인 P가 원고와 피고 B의 진술이 일치하지 않음을 확인하고 원고에게 그룹 회의를 제안하였으며, 운영위원회가 원고에게 위와 같은 사실을 알린 사실, 조사위원회는 2020. 3. 18. 개최된 3차 회의에서 원고와 피고 B의 진술을 청취하는 등 이 사건 소제기 무렵까지 사실관계 조사를 하고 있었다. 따라서 피고법인에서 그 조사를 부실하게 하였다고 인정할 만한 사정은 나타나지 않는다.

(3) 원고 및 원고의 대리인이 피고 법인 및 원고의 연락 담당자로 지정된 W 등에게 조사 진행 경과 등에 대한 회신을 구하는 내용증명 우편과 이메일 등을 발송한 사실은 앞서 본 바와 같으나, 피고 법인에게 이에 응하여 그 즉시 조사 진행 경과 등 원고가 회신을 요구한 사항에 대해 답변할 의무가 있다고 인정할 만한 근거가 없다.

(4) 원고는 피고 법인이 피고 B에게 어떠한 조치도 취하지 아니한 결과 원고가 2020년 3월경 학교 내에서 피고 B와 마주치는 등 피해자 보호조치를 해태하였

> 다고 주장하나, 피고 법인은 학사 일정이 시작되기 전 원고와 피고 B에게 배정한 강의 시간 요일 및 연구실 층수를 다르게 함으로써 향후 접촉을 피하기 위한 조치를 하였고, 그럼에도 원고와 피고 B가 E대학교 내에서 마주치게 되어 우발적인 다툼이 발생하였다는 사정만을 두고 피고 법인이 원고에 대한 보호조치를 소홀히 한 결과라고 단정할 수는 없다. 이에 대해 원고는 피고 B의 2020학년도 1학기 강의 일정을 변경하여야 한다고 주장하였음에도 피고 법인이 원고의 강의 일정을 변경함으로써 원고에게 불이익을 가하였다고 주장하나, 원고가 피고 B를 직장 내 괴롭힘으로 신고하였다 하더라도 그 신고 사실의 진위 여부가 확인되지 아니한 이상 피고 법인에게 원고의 요구대로 피고 B의 강의 일정을 변경하는 조치를 취할 의무가 있었다고 할 수 없다.

[판례 분석]

직장 내 괴롭힘을 신고한 피해근로자의 입장에서는 회사가 신고 접수받은 사건을 조사하고, 그 과정에서 피해근로자인 자신에 대한 보호조치를 함에 있어 만족스럽지 않다는 생각을 가질 수도 있을 것입니다. 이에 위 사건의 경우 신고자가 신고 사건 처리 과정에서 사용자가 근로기준법상 직장 내 괴롭힘 관련 사용자의 조치의무를 위반하였음을 주장하며 손해배상청구소송을 제기한 것입니다. 결론적으로, 이러한 원고의 청구는 인정되지 않았는데, 위 판결에서 의미 있게 볼 부분이 있어 그 내용을 소개해 드리고자 합니다.

첫째로, 직장 내 괴롭힘 신고를 한 원고는 회사 측에 신고 사건의 조사 진행 경과 등을 회신해 줄 것을 요청하였는데, 회사가 이에 응하여 그 즉시 조사 진행 경과 등을 회신하지는 아니하였는바, 법원은 이에 대해 회사가 신고인이 회신을 요구한 사항에 대해 답변할 의무가 있는 것은 아니라고 보았습니다. 즉 신고 사건의 조사 진행 경과나 내용 등을 반드시 신고인에게 알려 주지 아니하였다고 하여 사용자가 조치의무를 위반한 것은 아니라고 본 것입니다. 다만, 이는 주의를 요한다고 할 것인데, 만약 회사의 취업규칙 등에서 직장 내 괴롭힘 신고 사건의 접수와 처리에 관한 내용을 정하며, 만약 신고인에게 조사 진행 경과와 내용 등에 관하여 이를 통보하여 줄 것을 규정하고 있는 내용이 있다면, 이에 따라 해당 내용을 알려 줘야 할 것입니다. 위 사건의 경우 회사로 하여금 이러한 의무를 부여하고 있는 규정 등이 별도로 존재하지 않고, 나아가 조사 진행 경과 등을 즉시 알려 주지 않았다는 이유만으로는 근로기준법에서 정하고 있는 사용자 조치의무에 직접적으로 위반되는 사항은 없다는 의미에서 이 같은 판결을 하였다고 볼 것입니다. 그러니, 위와 같은 판결 내용은 파악하고 있되, 다툼의 여지를 줄이기 위해서는(특히 만약 신고인의 신고 접수를 받고 조사 진행 경과에 대한 아무런 언질조차 없이 조사를 장기간 진행하였다가는, 신고인으로서는 조사가 잘 진행되고 있는지를 알지 못하여 자칫, 사용자가 신고를 받은 즉시 조사 의무를 이행하여야 함에도 이를 이행하지 않는다는 이유로 고용노동청에 신고를 하거나 추후 이를 문제 삼을 가능성이 있습니다.) 가급적 신고인과 피신고인 모두에게 조사 진행의 경과와 향후 절차 등에 대하여 이를 안내해 주어, 조사의 진행 정도와 사용자의 사건 처리 사실을 알 수 있도록 하는 것이 바람직하다고 할 것입니다.

둘째로, 사용자가 피해근로자에게 하여야 할 사전 보호조치의 범위는 어디까지인지에 대한 문제입니다. 이 사건에서 신고인은 신고를 한 이후 피신고인과 회사 내에서 마주치게 되었는데, 자신이 피신고인의 강의 일정을 변경해 달라고 하였음에도 회사가 이를 하지 않고 피신고인에 대하여 아무런 조치를 하지 않은 것은 결국 피해근로자인 자신에 대한 보호조치를 해태한 것이라고 주장하였습니다. 하지만 회사로서는 두 사람의 강의시간과 요일, 연구실 층수 등을 조정하여 신고인과 피신고인이 우선 마주치지 않도록 하는 조치를 해 둔 채 조사를 진행하고 있었던 것입니다.

그런데 「근로기준법」 제76조의3 제3항은 조사 기간 동안, 필요한 경우 "해당 피해근로자등에 대하여" 적절한 조치를 하여야 한다고 규정하고 있으며, 이때 피해근로자등의 의사에 반하는 조치를 하여서는 아니 된다는 내용을 두고 있을 뿐, 피해근로자등이 아닌 '피신고인'에 대하여 조사 기간 동안 임시 조치를 하여야 함을 규정하고 있지는 아니하며, 피해근로자등이 요청하는 내용대로 보호조치를 하여야 한다는 내용 역시 이를 두고 있지 않은 것입니다. 따라서 아무리 조사 기간 동안 피해근로자등에 대한 보호의 필요성이 있다고 하더라도 이것이 곧바로 피해근로자등이 요구하는 대로의 조치를 사용자가 하여야 할 의무가 있다는 의미는 아니라고 할 것인바, 만약 「근로기준법」 제76조의3 제3항의 범위를 초과하는 내용의 보호조치를 요구하는 피해근로자등이 있는 경우 회사는 이러한 요구를 반드시 수용할 의무는 없으며 이 같은 내용을 피해근로자등에게도 설명하여 주면 족할 것입니다.

덧붙여, 괴롭힘을 당하여 신고를 한 피해근로자등이 충분한 보호를 받고 싶은 심정도 이해는 가나, 한편으로 아직 조사가 진행되고 있어 괴롭힘 사실 여부가 정확히 확인되지도 않은 상태에서 피신고인에 대한 인사 조치 등이 제한 없이 이루어진다면 이는 피신고인 입장에서는 자신의 권리를 부당하게 침해당하는 일이 될 수 있는 것입니다. 즉 「근로기준법」 제23조 제1항은 사용자로 하여금 근로자에게 정당한 이유 없이 해고, 휴직, 정직, 전직, 감봉, 그 밖의 징벌을 하지 못하도록 규정하고 있는바, 만약 피신고인에 대하여 즉각적인 인사 조치를 하지 않는다면 피신고인에 의하여 신고인에 대한 괴롭힘이 계속될 위험이 있다거나, 또는 피신고인이 조사를 방해할 위험이 있다는 등으로 인사 조치를 하여야 할 정당한 이유가 인정되지 않음에도 불구하고 함부로 인사 조치를 하였다가는 오히려 그러한 인사 조치에 대해 피신고인으로 하여금 회사가 구제 신청을 받게 될 위험이 있다는 것입니다. 실제로 직장 내 괴롭힘 신고가 있었다는 이유만으로 피신고인에 대해 대기발령 또는 직위해제를 하였다가 이러한 불이익 조치에 대해 피신고인이 노동위원회에 부당 대기발령 구제 신청 등을 하여 회사가 쟁송에 휘말리는 일이 종종 발생하고 있습니다.

따라서 회사가 직장 내 괴롭힘에 대하여 엄격한 스탠스를 가지고 신고가 접수되면 신고인과 피신고인을 철저히 분리하겠다는 의지하에 이 같은 조치를 하는 것 자체가 잘못된 것은 아니지만, 회사로서는 조사를 통해 사실이 확인되기 전까지는 신고인과 피신고인 어느 한편에 편향적인 입장을 가져서는 안 될 것이며 양측 모두가 소속 근로자임을 고려하여, 각 근로자들의 권리가 부당하게 침해되는 일이 없도록 하여야 할 것입니다. 구체적으로, 만약 신고 접수와 동시에 신고인과 피신고인을 분리하거나 피신고인에 대한 대기발령 또는 직위해제를 하고자 하는 경우라면, 사전에 이러한 내용을 취업규칙에 규정하고 있는 것이 바람직하며, 취업규칙에 이러한 조치를 할 수 있음을 규정하고 있는 경우에도 실제로 조치를 할 때 이러한 조치를 하여야만 하는 상당한 이유를 구비해 놓아야 할 것입니다. 나아가 이에 관한 공식적인 문서 등도 마련하여 놓는 것이 좋을 것입니다. 예컨대 피신고인에 대한 대기발령을 한다면, 단지 신고가 접수되었다는 이유로 대기발령을 하는 것이 아니라 현재 지속되고 있는 괴롭힘을 중단할 필요성, 괴롭힘이 이미 상당 부분 사실로 인정되어 추후 중징계가 이루어질 가능성이 높다는 점, 피신고인의 영향력으로부터 벗어나 신고인과 관련자인 소속 부서원들이 조사를 받을 수 있게 할 필요가 있다는 점, 피신고인이 계속 근무하는 경우 조사를 방해하거나 증거를 인멸할 우려가 있다는 점 등 대기발령의 긴급한 필요성과 정당성을 확보해 놓고 이러한 내용을 공식 문서로 작성하여 남겨 놓을 필요가 있다는 것입니다.

결론적으로 회사로서는 불필요한 쟁송이 발생하지 않도록 하고 legal risk 낮추는 방향으로 사업을 영위해야 할 것이므로 피신고인에 대하여 무리하게 조치를 하여 피신고인으로부터 구제 신청 등의 쟁송을 제기당하는 일이 없도록 하면서도 신속하고 객관적이며 공정한 조사를 하도록 하고, 근로기준법에 충실한 범위 내에서 피해근로자등에 대한 임시 보호 조치 등의 의무를 이행하면 될 것입니다.

3장

핵심!
모두가 궁금했던
Q&A

공인노무사 출신
노동전문변호사가
알려 주는

**진짜 쓸모 있는
직장 내 괴롭힘
법 이야기**

Q 팀장이 저를 괴롭히는데 고용노동청에 가서 직장 내 괴롭힘 신고를 하면 되나요?

A 직장 내 괴롭힘을 당하셨다면 우선 회사에 신고하여 사내처리절차를 통해 해결하셔야 합니다. 「근로기준법」 제76조의3 제1항에서는 누구든지 직장 내 괴롭힘 발생 사실을 알게 된 경우 그 사실을 '사용자'에게 신고할 수 있다고 규정하고 있고, 사용자로 하여금 신고 접수 사건에 대한 조사와 피해근로자 및 행위자에 대한 조치의무를 부과하고 있기 때문입니다. 구체적으로 회사의 누구에게 신고할지는 회사의 사정에 따라 다르겠으나, 직장 내 괴롭힘 관련 예방·대응 업무를 담당하는 부서 또는 담당자에게 하거나, 담당 부서나 담당자가 따로 없다면 사업주에게 신고 의사가 전달되도록 하시면 됩니다.

다만, 회사에 신고를 하였음에도 불구하고 조사를 개시하지 않거나 그 밖에 아무런 조치를 취하지 않는 경우, 사용자 또는 그 가족이 괴롭힘의 직접 가해자여서 회사에 신고하였다가는 제대로 된 조치의무의 이행을 기대하기 어려운 경우, 그 밖에 회사의 공정하고 객관적인 조사를 기대하기 어려운 사정이 있는 경우[29], 피해자가 다수인 대규모 직장 내 괴롭힘이 발생하여 근로감독관의 조사와 근로감독이 필요한 경우 등에는 고용노동청에 신고를 하실 수 있을 것이며, 회사에 신고를 하였더니 오히려 신고인에 대해 불리한 처우를 한다거나, 조사 과정에서 비밀유지 의

---

[29] 예를 들어 앞서 2장 CASE 15에서 단체의 사무처장이 직장 내 괴롭힘의 행위자인 경우를 살펴보았는데요, 단체의 사용자인 회장은 따로 있지만, 실질적으로 사무처장이 단체를 총괄하며 사무를 진행하는 상황에서 해당 사무처장을 피신고인으로 하면 피신고인에 대한 조사가 제대로 이루어지기 어려울 수 있음을 예상할 수 있을 것입니다. 이러한 특별한 사정이 있는 경우 고용노동청에 직접 신고를 할 수 있을 것입니다.

무를 위반하는 일이 발생하거나, 그 밖에 사건 처리 과정에서 회사의 부당한 조치가 있는 경우 등에도 고용노동청에 신고를 하실 수 있습니다.

Q 저를 괴롭힌 상급자와 함께 회사를 다니면서는 무섭고 불편해서 직장 내 괴롭힘 신고를 못 하겠는데, 퇴사 후에 신고를 해도 되나요?

A 재직 중 직장 내 괴롭힘을 당하였으나 신고를 하지 못하였다가 퇴사를 한 후 퇴사자의 신분으로 신고를 하는 것도 가능합니다. 다만, 피해근로자는 퇴사를 하였더라도 피신고인은 재직 중에 있어야 사용자가 신고 사건에 대한 조사와 행위자에 대한 조치를 할 수 있을 것입니다.

직장 내 괴롭힘 발생 사실을 사용자에게 신고하는 목적은 사용자로 하여금 신고 내용을 조사하여 피해근로자와 행위자에게 각 법률에 따른 적절한 조치를 할 수 있도록 하는 데 있다고 할 것입니다. 따라서 이미 퇴직을 한 피해근로자의 경우 회사 내에서 이루어지는 보호조치의 대상이 될 수 없을 것이므로 이 경우에 퇴사 후 신고를 하는 것에 어떤 실익이 있는지 의문이 들 수 있습니다. 그러나 피해근로자가 퇴사를 하였더라도 만약 회사 내에서 조사를 실시하여 조사 결과 직장 내 괴롭힘이 있었다고 인정하고 그에 따라 행위자에 대한 조치를 한다면, 직장 내 괴롭힘 행위자에 대한 합당한 처분이 이루어짐으로써 피해근로자의 정신적 피해 회복이 가능할 수 있을 것이며, 나아가 피해근로자가 행위자 등을 상대로 민사상 손해배상책임을 묻는 데 있어 이러한 회사의 조치를 유리하게 활용할 수 있을 것인바, 그 실익이 있다고 할 것입니다.

참고로, 「고용보험법」 시행규칙 제101조 제2항 [별표 2] '근로자의 수급자격이 제한되지 않는 정당한 이직 사유' 제3호의2에서는 「근로기준법」 제76조의2에 따른 직장 내 괴롭힘을 당한 경우'를 규정하고 있는바, 원칙적으로 자기 사정으로 이직한 피보험자의 경우 고용보험의 수급 자격이 없는 것으로 보나, 직장 내 괴롭힘을 당한 경우에는 예외적으로 수급 자격이 제한되지 아니하여 이 경우에 자발적인 퇴사라 하더라도 실업급여 수급 대상에 해당할 수 있습니다. 따라서 직장 내 괴롭힘을 이유로 퇴사를 하는 근로자는 실업급여를 신청하고 직장 내 괴롭힘 신고를 할 수 있을 것입니다. 다만, 위와 같은 규정을 악용하여 실제로 직장 내 괴롭힘이 발생한 사실이 없음에도 불구하고, 직장 내 괴롭힘 신고를 하고 실업급여를 수급하는 것은 위법한 행위가 될 것이므로 이러한 일은 없어야 할 것입니다.

Q 직장 내 괴롭힘 증거 수집을 위해 통화 녹음을 한 것이 위법한 행위가 되나요?

A 직장 내 괴롭힘을 당하여 이에 대한 증거를 수집하고자 타인과의 통화나 대화를 녹음하였다가 오히려 이를 이유로 징계에 회부되거나, 녹음의 상대방으로부터 손해배상청구를 당하는 사례가 빈번하게 발생하고 있습니다. 이에 이 같은 경우에 대한 법원의 최신 판결을 통해 녹음의 위법성 여부에 대해 설명 드리겠습니다. 다만, 이하 내용의 전제는 녹음을 한 통화나 대화에 본인이 포함되어 있다는 것입니다. 즉 대화 당사자

들 사이의 녹음으로서 통신비밀보호법에 위반되지 않아야 함이 전제가 되는 것이고 자신이 대화자로 참여하지 아니한 타인 간의 통화나 대화를 녹음하는 것은 당연히 위법한 행동입니다.

우선 서울중앙지방법원 2021. 5. 11. 선고 2020가단5115890 판결은 직장 내 괴롭힘 피해를 입은 A가 직장 내 괴롭힘 등의 증거를 확보하기 위하여 직장 동료 B와의 대화를 녹음한 경우에 대한 사안입니다. 판결에서는 A가 대화 녹음 외에 직장 내 괴롭힘에 대한 증거 확보 방법을 찾기 어려운 상황에서 부득이 녹음을 한 것으로 보이며, 녹음된 B의 음성 내용이 B의 내밀한 사생활에 관련된 것이 아니라 직장 업무와 관련된 것으로서 대부분 '공개된 장소'에서 녹음되었음을 바탕으로 이러한 대화 녹음이 위법하지 않다고 보았습니다. 특히 이 사안의 경우 B가 직장 내 괴롭힘의 행위자가 아니라 동료로서 A의 직장 내 괴롭힘 피해 사실 여부를 제3자적 위치에서 확인해 줄 수 있는 타인이었다는 데 의미가 있다고 할 것입니다. 즉 한계를 준수하여 이루어지는 직장 내 괴롭힘 증거 수집을 위한 대화 또는 통화 녹음의 유효성은 반드시 그 상대방이 직장 내 괴롭힘의 행위자일 것을 요하지 않으므로, 이러한 판단 내용은 직장 내 괴롭힘 증거를 수집하고자 하는 피해근로자등에게 유용하게 사용될 수 있을 것입니다.

다음으로 대구지방법원 2022. 1. 13. 선고 2021나316060 판결을 살펴보겠습니다. 이 판결은 위 판결과는 달리 좀 더 상대방의 권리를 보호하고자 하는 취지가 담겨 있습니다. 판결에서는 인격권의 한 종류로 음성권을 언급하고 있습니다. 사람은 누구나 자신의 음성이 자기의 의사에 반하여 함부로 녹음, 재생, 녹취, 방송, 복제, 배포되지 않을 권리를 가지는데, 이러한 음성권은 우리 「헌법」 제10조 제1문에 의하여 헌법적으로도 보장되고 있는 인격권에 속하는 권리이며, 또한 「헌법」 제10조는 「헌법」 제17조와 함께 사생활의 비밀과 자유를 보장하는데, 이에 따라 개인은 사생활 활동이 타인으로부터 침해되거나 사생활이 함부로 공개되지 아니할 소극적인 권리는 물론, 오늘날 고도로 정보화된 현대사회에서 자신에 대한 정보를 자율적으로 통제할 수 있는 적극적인 권리도 가지므로 피녹음자의 동의 없이 피녹음자의 대화 내용을 비밀리에 녹음하고 이를 재생하여 녹취서를 작성하는 것은 원칙적으로 피녹음자의 음성권 및 사생활의 비밀과 자유를 부당하게 침해하는 행위로서 불법행위를 구성하고, 위 침해는 그것이 통신비밀보호법상 감청에 해당하지 않는다거나 민사소송의 증거를 수집할 목적으로 이루어졌다는 사유만으로는 정당화되지 아니한다고 판시한 것입니다.

그러나 이 판결에서는 위와 같은 원칙을 판시하되 예외적으로, 녹음자에게 비밀녹음을 통해 달성하려는 정당한 목적 또는 이익이 있고 녹음자의 비밀녹음이 이를 위하여 필요한 범위 내에서 상당한 방법으로 이루어져 사회윤리 내지 사회통념에 비추어 용인될 수 있는 행위라고 평가할 수 있는 경우에는, 녹음자의 비밀녹음은 사회상규에 위배되지 않는 행위로서 그 위법성이 조각된다고 보아야 한다고 판시한 것입니다. 그리고 이처럼 녹음자의 비밀녹음이 성낭행위에 해당하는지 여부를 판단함에 있어서는, 비밀녹음으로 달성하려는 이익의 내용과 그 중대성, 비밀녹음의 필요성과 효과성, 비밀녹음의 보충성과 긴급성, 녹음 방법의 상당성, 비밀녹음으로 인하여 침해되는 이익의 내용과 그 중대성, 침해 정도 등을 종합적으로 고려하여야 한다고 보았습니다.

이에, 학교법인의 행정 직원으로 근무하는 직장 내 괴롭힘 피해근로자 A가 학교에서 연구부장 직책을 맡고 있는 교원 B의 동의 없이 B와의 통화 내용을 녹음하여 그 녹취록을 관련 민사소송(A가 학교법인 행정 실장인 D와 학교법인 C를 상대로 직장 내 괴롭힘 등을 원인으로 하여 제기한 손해배상청구 소송)에 증거로 제출한 위 판결 사안에서, 법원은 A의 행위로 인해 B의 음성권 및 사생활의 비밀과 자유가 다소 침해는 되었으나 그렇다 하더라도 이는 필요한 범위 내에서 상당한 방법으로 이루어져 사회상규에 위배되지 않는다고 판단한 것입니다.

결과적으로 위 두 판결에서는 대화 또는 통화 녹음을 유효하게 보았습니다. 하지만 그렇다고 하여 모든 경우에 있어 이러한 녹음과 그에 따른 녹취록의 적법성과 유효성이 인정된다는 의미는 아닐 것입니다. 위 사안의 경우도 구체적인 판결 내용을 살펴보면 ① 통화 녹음의 목적이 사생활 침해 등에 있지 아니하고 직장 내 괴롭힘 등의 증거를 확보하기 위한 것에 한정되었다는 점, ② 직장 내 괴롭힘 피해근로자의 입장에서 통화 녹음 외에 직장 내 괴롭힘에 관한 증거 확보 방법을 찾기 어려운 상황이었다는 점, ③ 녹음한 대화의 길이와 내용이 위와 같은 목적의 증명에 필요한 범위 내로서 그 정도가 특별히 지나치지 않았다는 점, ④ 해당 녹취록을 직장 내 괴롭힘 관련 민사소송에 증거로 제출하는 외에 녹음 내용이나 녹취록을 제3자에게 공개하거나 다른 목적이나 용도로 사용하지 않았다는 점, ⑤ 녹음한 상대방의 발언 내용이 오로지 상대방의 사생활의 비밀과 자유의 영역에 속하는 사항이라기보다는 직장 내 괴롭힘과 관련된 것이었다는 점 등을 바탕으로 이러한 녹음이 위법하지 않다고 본 것입니다. 따라서 적법한 녹음을 통해 관련 증거를 확보하려면 이 같은 한계를 정확히 인지하여 허용되는 범위 내에서 증거 채집 활동을 하여야 할 것입니다.

끝으로, 다시 한번 강조하건대 직장 내 괴롭힘 증거 수집을 위해 한 녹음 행위가 언제나 적법하다고 평가되는 것은 아닐 것입니다. 녹음이 이루어진 경위, 목적(취지), 횟수, 내용 등 감안하여 각 사안에 따라 달리 평가될 수 있을 것입니다. 위 사건들의 경우 직장 내 괴롭힘 증거 확보를 위해 특히 따돌림이라는 증거 확보가 어렵게 음성적으로 이루어지는 괴롭힘 행위에 대해 이에 관한 증거를 수집하는 과정에서 녹음이 불가피한 측면 있었기에 법원은 이를 불법행위 손해배상책임까지 부담하는 위법한 행위로 보지 않았을 뿐입니다. 따라서 이와 다른 사실관계하에서는 법원이 음성권을 더욱 존중하여 오히려 위 사안들과 다른 결론을 내릴 수도 있는 것이고, 법원의 판단과는 별개로 함께 근무하는 직장 동료 및 선후배 사이에서 녹음 행위가 빈번하게 이루어지는 경우 녹음을 당하는 상대방의 입장에서는 불편함을 야기할 수 있고, 더 나아가 이러한 행위는 직원 상호 간 불신을 발생시켜 직장 내 화합을 저해할 수도 있을 것인바, 이를 이유로 사용자가 녹음 행위가 직장 질서나 신뢰의 문화를 저해한다는 이유로 징계를 할 수도 있을 것입니다. 따라서 직장 내 괴롭힘 증거 수집을 위해 녹음 행위를 하고자 하는 피해근로자의 경우라면, 자신의 행위가 회사 내외부적 측면에서 리스크를 발생(내부적 리스크는 징계 등의 조치, 외부적 리스크는 불법행위에 따른 손해배상청구 등이 있습니다.)시킬 수 있음에 유념하여 한계를 이탈하지 않는 범위 내에서 녹음 행위를 하여야 할 것입니다.

Q 회식을 마치고 귀가하는 길에 발생한 괴롭힘 행위도 업무관련성이 있는 직장 내 괴롭힘에 해당하나요?

A 결론부터 말씀드리면 사안에 따라 다를 수 있습니다. 어떤 회식이었는지, 누구와 함께 어떤 경로로 귀가하는 길이었는지, 귀가 중 어떠한 경위에서 괴롭힘 행위가 발생하였는지 등을 종합적으로 고려하여 해당 행위가 업무관련성이 있었는지 여부가 판단될 수 있는 것입니다. 참석이 사실상 강제된 팀 전체 회식을 마치고 평소 퇴근 경로로 귀가를 하던 중 함께 가던 상위 직급자가 음주 상태를 빌미로 '너는 일도 못하면서 술도 못 마시냐.', '영업을 하려면 술을 더 잘 마셔야지. 그렇게 하니까 실적도 안 나오는 거다.'라는 등의 말을 하였다면 이런 경우는 업무관련성을 부정할 수 없을 것입니다.

법원 역시 괴롭힘은 아니나 직장 내 성희롱 사건에서 팀 인사발령이 있은 후 새롭게 발령을 받은 피해자를 환영하기 위하여 팀 직원들이 마련한 회식 자리는 업무의 연장인 사내 행사의 성격을 갖는 것이므로, 회식을 마치고 귀가하는 것은 퇴근에 준하는 행위로 볼 수 있다고 보아 그렇다면 행위자가 회식을 마친 후 귀가하는 도중 동료 직원인 피해자를 성희롱한 것은 회사의 업무에서 온전히 벗어나기 전에 발생한 행위로서 업무관련성이 인정되므로 이는 직장 내 성희롱에 해당한다고 보았는바(서울행정법원 2021. 9. 9. 선고 2020구합74627 판결), 직장 내 괴롭힘의 경우도 이러한 사안을 참고하여 판단할 수 있을 것입니다.

직장 내 괴롭힘을 당하여 너무 괴로운데
회사를 결근해도 될까요?

A 실제 이러한 일이 종종 발생합니다. 직장 내 괴롭힘으로 고통을 받아 회사에 차마 나갈 수 없어 결근을 하거나 지각을 하는 등의 근태 문제가 발생하는 것이지요. 하지만 직장 내 괴롭힘이 있었다고 하더라도 근로계약상 근로제공의무를 위반하는 행위가 이루어지는 경우 근로자는 그에 따른 제재를 받게 될 것이며[30], 직장 내 괴롭힘이 인정된다는 이유만으로 모든 책임을 면할 수 없습니다. 따라서 이러한 경우에는 일단 직장 내 괴롭힘 발생 사실을 회사 내부 절차에 따라 정식으로 신고하고 그

---

30 실제 사례를 하나 소개해 드리겠습니다. A회사는 원고가 제기한 '직장 내 괴롭힘' 신고에 대하여 조사를 하고자 하였으나 원고는 조사에 응하지 않았습니다. 이에 A회사는 2019. 9. 30. 원고에게 '신고 건이 조사되지 않을 경우 2019. 10.부터는 정상적으로 기존에 근무한 D본점에 출근하여야 하고, 다만 무급 휴가를 원하면 무급휴가 연장은 일정 부분 협의하여 진행하여 드릴 테니, 정상적 근로 제공 또는 휴무에 대하여 금일 중으로 답변을 주시기 바란다.'라는 내용의 카카오톡 메시지를 보냈습니다. 그러나 원고는 유급휴가 기간이 끝난 후에도 출근하지 않았고, 회사에 "몸이 아파 병원에 치료 중이라 당분간 출근이 어렵습니다."라는 내용의 카카오톡 메시지를 보냈습니다. 이에 회사는 원고에게 "당사는 귀하의 직장 내 괴롭힘 신고 후 사실 여부와 관계없이 5일간의 유급휴무를 부여하여 보호조치하였습니다. 이후에도 귀하께서는 출근을 거부하고 계신 중입니다. 이는 무단결근으로 인사상 불이익이 될 수 있음을 고지하였습니다."라는 내용이 포함된 내용증명 우편을 보냈습니다. 원고는 2019. 11. 5 에서야 출근하였는데, 회사는 원고에게 "당사는 근로자 보호를 위해 사실관계 파악에 앞서 5일간의 유급휴무를 부여하였습니다. 이후 귀하에 대한 상세 조사가 원활히 이루어지지 않아, 10월 2일자 출근을 요청하였으며 이후에도 지속적으로 출근을 명한 바 있습니다. 귀하와 연락이 닿지 않는 등으로 당사는 사업장 관리에 어려움을 겪었습니다.", "귀하는 10월 2일부터 건강상의 이유로 출근을 거부하였는바, 그간의 진료기록 등을 제출하여 주시기 바랍니다."라는 내용이 포함된 '성실 근무 이행 요청서'를 교부하며 원고에게 해당 사항을 기재하여 줄 것을 요청하였으나, 원고는 이에 대한 기재를 거부하였습니다. 결국 회사는 원고에 대해 지시 불이행 등을 사유로 감봉의 징계처분을 하였는데 원고는 이에 대해 부당 징계임을 주장하며 구제 신청을 한 것입니다. 이러한 사안에서 법원은 회사의 주장을 받아들여 직장 내 괴롭힘 신고와는 별개로 원고가 근로계약상의 근로의무를 이행하지 아니하였으며, 지시 불이행의 징계사유가 인정된다고 하였는바, 결국 원고의 청구는 기각된 것입니다(서울고등법원 2023. 3. 17. 선고 2021누64810 판결).

에 따른 보호조치를 요구하는 것이 바람직합니다.

한편, 괴롭힘 신고 후 피해근로자가 회사에 출근하는 것이 힘들어 스스로의 선택으로 연차 등 휴가를 사용하는 것은 문제가 없겠으나, 만약 직장 내 괴롭힘 신고를 하며 피해근로자가 사용자에게 행위자와의 분리조치 및 피해로 인해 정상 근무가 불가능을 말하였을 때, 사용자가 행위자에 대한 조치를 하는 것이 아니라 피해근로자에게 보호조치라는 이유를 대며 연차유급휴가를 사용할 것을 명한다면, 이는 근로기준법에서 보장하고 있는 근로자의 연차휴가 사용 시기 지정 권한을 침해하는 것이 될 수 있습니다. 나아가 이는 직장 내 괴롭힘 신고 피해근로자등에 대한 적절한 조치의 의미에도 부합하지 않는 것으로서, 오히려 사용자가 휴가 사용을 얼마나 강하게 권유·지시하였는지에 따라 자칫 신고인에 대한 불리한 처우에 해당할 수도 있습니다.

결론적으로 사용자는 위와 같은 행위를 하지 않도록 하여야 할 것이며, 피해근로자도 직장 내 괴롭힘을 당하여 근무에 어려움을 겪는다고 하더라도, 이를 신고하여 적법절차에 따른 사건 처리 절차를 거치도록 하여야 할 것이며 이 과정에서 피해근로자에 대한 법률상 보호조치를 요구해야 하는 것이지, 피해를 입었다는 이유만으로 근로계약상 의무를 준수하는 않는 행동을 함부로 하여서는 안 될 것입니다.

> **Q** 반드시 회사나 고용노동청으로부터 직장 내 괴롭힘에 해당한다는 판단을 받아야만 법원에 가해자에 대한 민사소송(손해배상청구)을 할 수 있는 것인가요?

A 그렇지 않습니다. 법원은 회사나 고용노동청의 판단에 법적으로 구속됨이 없이 직장 내 괴롭힘 해당 여부와 이로 인한 불법행위에 따른 손해배상책임 여부를 판단합니다.[31] 사례를 통해 자세히 설명드리겠습니다.

원료의약품 제조 및 판매업을 하는 D회사의 영업관리팀 팀원이던 원고는 상관인 팀장 C로부터 2018. 12. ~ 2019. 3. 사이에 사무실에서 업무처리를 지적당하며 여러 차례 심한 질타와 욕설이 포함된 폭언을 들었습니다. 이에 원고는 고용노동청에 회사를 피진정인으로 하여 직장 내 괴롭힘 관련 진정을 하였고 고용노동청은 회사에 개선지도를 하였습니다. 개선지도를 받은 회사는 직장 내 괴롭힘 조사절차를 거친 다음 팀장 C의 행위가 '직장 내 괴롭힘은 아니'라고 판단하였습니다. (다만 직장 내 괴롭힘은 아니되, 직장 내에서 상호 존중하고 배려하는 조직문화를 해치고 직원 간 인화 단결을 저해하는 행위를 한 사실은 있다고 인정하였습니다.) 이에 대해 원고는 위와 같은 회사 내 조치와 별개로 C를 상대로 손해배상청구소송을 제기하였는 바, 법원은 "직장의 사업주·상급자 또는 근로자가 직장에서의 시위 또는 관계 등의 우위를 이용하여 업무상 적정범위를 넘어 다른 근로자에게 신체적·정신적 고통을 주거나 근무환경을 악화시켰다면, 이는 위법한 '직장 내 괴롭힘'으로서 피해근로자에 대한 민사상 불법행위책임의 원인

---

31 다만 고용노동청의 판단은 해당 분야를 담당하는 행정청이자 특별사법경찰인 근로감독관이 판단한 내용인 만큼 사법기관에서 이를 존중하려 할 것이긴 합니다.

이 된다."라고 하여, 회사의 판단과는 달리 C의 행위가 직장 내 괴롭힘에 해당하며 이에 따른 불법행위책임이 성립된다고 본 것입니다.

구체적으로, 팀장인 피고 C가 원고의 업무처리를 지적하는 과정에서 원고에게 여러 차례 질타를 하고 더러는 욕설이 포함된 폭언을 한 사실이 인정되는 이상, 이 같은 피고 C의 행위는 피고 C가 그 지위 또는 관계 등의 우위를 이용하여 업무상 적정범위를 넘어 원고에게 정신적 고통을 주거나 근무환경을 악화시키는 것으로 위법한 직장 내 괴롭힘에 해당한다고 봄이 타당하다고 하였고, 이에 피고 C는 원고에게 위 불법행위로 인하여 원고가 입은 손해를 배상할 책임이 있다고 하였는바, 진료비와 약제비 합계 1,306,200원과 피고 C의 폭언으로 인하여 원고가 정신적인 고통을 겪었음을 인정하여 폭언의 내용 및 횟수, 원고의 피해 정도, 그 전후의 정황 등을 고려하여 300만 원의 위자료를 지급할 것을 명하는 판결을 선고하였습니다(서울중앙지방법원 2023. 1. 10. 선고 2021가단5262267 판결).

이처럼 설령 회사에 직장 내 괴롭힘 신고를 하여 회사로부터는 직장 내 괴롭힘에 해당하지 않는다는 판단을 받았다고 하더라도 법원에 다시 한번 행위자를 피고로 하여 손해배상청구소송을 제기함으로써 법원으로부터 직장 내 괴롭힘으로 인한 불법행위 성립 여부 판단을 받아 볼 수 있을 것인바, 특히 회사에서 공정하지 못한 판단이 이루어져 인정이 되었어야 할 직장 내 괴롭힘을 인정받지 못하였다고 생각하시는 피해근로자분들께서는 법률 전문가와의 상의하에 민사소송을 고려해 보실 수 있을 것입니다.

Q 직장 내 괴롭힘이 발생하여 사용자에게 이를 신고하면서 조사를 실시하고 피해근로자인 저에게 보호조치를 하여 줄 것을 요구하였으나 사용자가 아무런 조치를 하지 않고 있습니다. 법원에 이에 대한 직접 이행을 구하는 소송을 제기할 수 있나요?

A 근로자가 「근로기준법」 제76조의2, 제76조의3 조항에 의거하여 사용자에게 직장 내 괴롭힘 사건에 관한 조사를 진행하라거나 자신에 대한 보호조치를 이행할 것을 직접 소로써 구할 법률상 권리 보호의 이익은 인정되지 않습니다.

「근로기준법」 제76조의3 제3항은 사용자는 직장 내 괴롭힘 사건에 대한 신고를 접수한 경우 조사를 실시해야 하고, 필요한 경우 피해자를 보호하기 위한 조치를 취해야 한다고 규정하고 있는바, 근로자로부터 신고를 받은 사용자는 직장 내 괴롭힘 사건에 대한 조사를 진행하고 필요한 경우 피해근로자등을 위한 적절한 조치를 취할 의무가 있습니다. 그러나 법률은 가능한 한 법률에 사용된 문언의 통상적인 의미에 충실하게 해석하는 것을 원칙으로 하는데(대법원 2009. 4. 23. 선고 2006다81035 판결 등 참조), 「근로기준법」 제76조의3은 사용자에게 위와 같은 의무가 있다고 규정하고 있을 뿐이지 근로자가 사용자에 대하여 직접 위와 같은 의무를 이행할 것을 청구할 '권한'이 있음을 규정하고 있지는 않습니다. 그밖에 위 조항이 그 문언상 의미를 넘어 근로자의 사용자에 대한 직접적인 청구권을 부여한 것임을 인정할 근거도 없습니다.

결국 사용자가 「근로기준법」 제76조의3에서 정하는 의무를 이행하지 않은 경우, 근로자는 그로 인해 손해를 입은 경우 사용자를 상대로 손해배상을 청구하거나, 위반 사유가 같은 조 제6항에 해당하는 경우 사용자를 고발하는 조치를 할 수 있을 뿐(「근로기준법」 제109조), 사용자에게 직접 위 조항에서 정한 의무를 이행할 것을 청구할 수는 없습니다.

따라서 만약 이러한 소를(청구취지 예 : 피고는 원고가 주장하는 직장 내 괴롭힘 사건에 대하여 진상조사 및 피해자 보호조치 등 「근로기준법」 제76조의2, 제76조의3에 따른 의무사항을 각 이행하라.) 제기하는 경우 각하판결을 받게 될 것입니다(대전지방법원 천안지원 2020. 6. 12. 선고 2019가합104979 판결 참조).

Q 공무원도 근로기준법상 직장 내 괴롭힘을 적용받을 수 있나요?

A 공무원의 경우 근로기준법의 직접 적용을 받지 아니합니다. 다만 공무원은 국가(지방)공무원법이 적용되어 그에 따른 복무 의무를 부담하는바, 근로기준법상 금지되는 직장 내 괴롭힘과 같은 비위행위를 공무원이 하였다면 이는 공무원의 성실의무, 품위유지의무를 위반한 것으로 볼 수 있을 것입니다.

이에 공무원 행동강령에서는 근로기준법상 직장 내 괴롭힘과 완전히 동일한 내용은 아니지만, 다음과 같이 공무원-공무원 간 '갑질'로 명명한 행위를 금지하는 규정을 두고 있습니다.

> 제13조의3 (직무권한 등을 행사한 부당 행위의 금지)
> 공무원은 자신의 직무권한을 행사하거나 지위·직책 등에서 유래되는 사실상 영향력을 행사하여 다음 각 호의 어느 하나에 해당하는 부당한 행위를 해서는 안 된다.
> 2. 직무관련공무원에게 직무와 관련이 없거나 직무의 범위를 벗어나 부당한 지시·요구를 하는 행위
> 5. 그 밖에 직무관련자, 직무관련공무원, 제4호 각 목의 기관 또는 단체의 권리·권한을 부당하게 제한하거나 의무가 없는 일을 부당하게 요구하는 행위

또한 공무원 징계령 시행규칙 [별표 1] 징계기준에서는 위 공무원 행동강령 위반 행위와 사실상 근로기준법의 직장 내 괴롭힘과 같은 의미의 행위 즉, '우월적 지위 등을 이용하여 다른 공무원 등에게 신체적·정신적 고통을 주는 등의 부당행위'를 성실의무위반 및 품위유지의무위반의 비위행위로 규정하여 이를 징계사유로 보고 그에 따른 징계기준을 명시하고 있는바, 그 실질에 있어서는 공무원도 일반 근로자와 마찬가지로 괴롭힘 행위가 금지되어 위반 시 징계를 받게 되는 것입니다.

비위의 유형	비위의 정도 및 과실 여부 비위의 정도가 심하고 고의가 있는 경우	비위의 정도가 심하고 중과실이거나, 비위의 정도가 약하고 고의가 있는 경우	비위의 정도가 심하고 경과실이거나, 비위의 정도가 약하고 중과실인 경우	비위의 정도가 약하고 경과실인 경우
1. 성실 의무 위반 차. 「공무원 행동강령」 제13조의3에 따른 부당한 행위	파면	파면–해임	강등–정직	감봉
카. 성 관련 비위 또는 「공무원 행동강령」 제13조의3에 따른 부당한 행위를 은폐하거나 필요한 조치를 하지 않은 경우	파면	파면–해임	강등–정직	감봉–견책

비위의 유형	비위의 정도 및 과실 여부	비위의 정도가 심하고 고의가 있는 경우	비위의 정도가 심하고 중과실이거나, 비위의 정도가 약하고 고의가 있는 경우	비위의 정도가 심하고 경과실이거나, 비위의 정도가 약하고 중과실인 경우	비위의 정도가 약하고 경과실인 경우
7. 품위 유지의 의무 위반 다. 우월적 지위 등을 이용하여 다른 공무원 등에게 신체적·정신적 고통을 주는 등의 부당행위		파면-해임	강등-정직	정직-감봉	감봉-견책

* "우월적 지위 등을 이용하여 다른 공무원 등에게 신체적·정신적 고통을 주는 등의 부당행위"란 공무원이 자신의 우월적 지위나 관계 등의 우위를 이용하여 업무상 적정범위를 넘어 다음 각 목의 사람에게 신체적·정신적 고통을 주거나 근무환경을 악화시키는 행위를 말한다.
　가. 다른 공무원
　나. 공무원 자신이 소속된 기관, 그 기관의 소속 기관 및 산하기관의 직원
　다. 공무원 행동강령에 따른 직무관련자(직무관련자가 법인 또는 단체인 경우에는 소속 직원을 말한다)

끝으로, 최근 정부는 공무원 재해보상법을 개정하여 직장 내 괴롭힘으로 공무상 재해를 입은 공무원에 대한 법적 보상 근거를 법률에 마련하여 피해 공무원에 대한 보호가 가능하게 하였는바, 이러한 내용 역시 공무원에게도 사실상 직장 내 괴롭힘에 관한 실질적인 내용이 적용되고 있음을 보여 준다고 할 것입니다.

> **제4조 (공무상 재해의 인정기준)**
> ① 공무원이 다음 각 호의 어느 하나에 해당하는 부상을 당하거나 질병에 걸리는 경우와 그 부상 또는 질병으로 장해를 입거나 사망한 경우에는 공무상 재해로 본다. 다만, 공무와 재해 사이에 상당한 인과관계가 없는 경우에는 공무상 재해로 보지 아니한다. 〈개정 2022. 11. 15.〉

> 2. 공무상 질병: 다음 각 목의 어느 하나에 해당하는 질병
> 다. 직장 내 괴롭힘(공무원이 직장에서의 지위나 관계 등의 우위를 이용하여 업무상 적정범위를 넘어 다른 공무원에게 신체적·정신적 고통을 주거나 근무환경을 악화시키는 행위를 말한다), 민원인 등의 폭언 등으로 인한 업무상 정신적 스트레스가 원인이 되어 발생한 질병

결론적으로 공무원의 경우도 다른 공무원의 직장 내 괴롭힘 행위로 피해를 입은 경우 이를 신고하고 행위자에 대한 징계처분을 요구하는 등의 조치를 할 수 있을 것이며, 나아가 직장 내 괴롭힘으로 인해 상병을 입은 경우 공무상 재해를 승인받아 그에 따른 보상을 받을 수 있을 것입니다.

Q 공익신고자는 보호를 받는다던데, 직장 내 괴롭힘 신고를 한 것에 대해서는 공익신고자로 보호를 받을 수 없는지요?

A 직장 내 괴롭힘 신고 내용이 공익신고자보호법이 정한 공익침해행위에 해당한다면, 직장 내 괴롭힘 신고인은 공익신고자보호법에 따른 공익신고자로서의 보호를 받을 수도 있습니다.

이러한 질문을 종종하시는 분들이 있는 이유는 공익신고자에 해당하는 경우 근로기준법에 따른 직장 내 괴롭힘 피해근로자등에 대한 보호조치 외에 공익신고자보호법에 따른 각종 보호를 받을 수 있기 때문인 것으로 보입니다. 즉 공익신고자에게는 불이익조치가 금지되며(제15조), 인사조치 시 우선적 고려대상이 되고(제16조[32]), 공익신고 등을 이유로 불이익

---

[32] 공익신고자등의 사용자 또는 인사권자는 공익신고자등이 전직 또는 전출·전입, 파견근무 등 인사에 관한 조치를 요구하는 경우 그 요구내용이 타당하다고 인정할 때에는 이를 우선적으로 고려하여야 한다.

조치를 받은 때에는 보호조치결정이 이루어질 수 있는 것입니다.

이에, 직장 내 괴롭힘 신고 내용이 공익신고자보호법상 '공익침해행위'에 해당할 수 있는지 여부를 살펴보건대, 위 법 제2조 제1호는 '공익침해행위'를 '국민의 건강과 안전, 환경, 소비자의 이익, 공정한 경쟁 및 이에 준하는 공공의 이익을 침해하는 행위로서 다음 각 목의 어느 하나에 해당하는 행위'라고 정의하면서, 가목에서는 '[별표]에 규정된 법률의 벌칙에 해당하는 행위', 나목에서는 '[별표]에 규정된 법률에 따라 인허가의 취소처분, 정지처분 등 대통령령으로 정하는 행정처분의 대상이 되는 행위'라고 이를 정하고 있고, [별표]는 '공익침해행위 대상 법률'로 총 471개의 법률을 열거하고 있는 것입니다.

그런데, 위 [별표] 공익침해행위 대상 법률에는 근로기준법, 고용보험법, 고용상 연령차별금지 및 고령자고용촉진에 관한 법률, 근로복지기본법, 근로자퇴직급여 보장법, 산업재해보상보험법, 산업안전보건법, 임금채권보장법, 장애인고용촉진 및 직업재활법 등이 포함되어 있는바[33], 결국 직장 내 괴롭힘 신고를 한 내용이 신고인 개인의 이익에만 관계된 내용이 아니라, 공공의 이익과도 관련된 것으로서, 근로기준법 등 [별표]에 규정된 위 법률들에서 벌칙을 적용받는 위법한 행위라면 이는 공공의 이익을 침해하는 공익침해행위에 해당한다고 볼 수 있는 것입니다.

예를 들면, 「고용상 연령차별금지 및 고령자고용촉진에 관한 법률」 제4조의4 제1항에서는 합리적인 이유 없이 연령을 이유로 배치, 승진 등에 있어 차별을 하여서는 아니 되고, 이를 위반하는 경우 동법 제23조의3 제2항에 따라 500만원 이하의 벌금에 처해지는 벌칙이 적용됩니다. 그

---

[33] 총 471개의 법률 중 고용·노동 분야 관련 법률을 뽑으면 이와 같습니다.

런데 어떤 회사에서 사업주가 A라는 근로자를 고령자라는 이유로 승진에서도 아무런 이유 없이 배제하고, 부서 배치에 있어서도 실질적으로는 담당하는 업무도 없는 허울뿐인 부서를 만들어 A를 혼자 그 부서로 발령하는 등의 행위를 하였다면, 이러한 행위는 A에 대한 직장 내 괴롭힘에 해당하는 것은 물론이며, 이는 단순히 A 한 명에 대한 위법한 행위에 그치는 것이 아니라, 동시에 사회 전체적으로 보았을 때 고령자에 대한 합리적인 이유 없는 고용차별을 금지하고 고령자의 고용안정을 추구하고자 하는 공공의 이익에도 반하는 것인바, 이는 공익침해행위에 해당한다고 볼 수 있을 것입니다.

따라서 직장 내 괴롭힘 신고자이자 공익신고자로서의 지위를 인정받아 그 보호를 받기 위해서는, 신고인이 자신의 직장 내 괴롭힘 신고 목적이나 신고 취지가 공익적임을 앞세우기 전에, 앞서 살펴보았듯이 신고를 한 직장 내 괴롭힘 행위가 어떠한 이유와 근거로 공익신고자보호법에서 규정하고 있는 공익침해행위에 해당한다는 것인지를 분명하고 구체적으로 밝혀야 할 것입니다.

Q 직장 내 괴롭힘 행위자로 몰린 것도 억울한데, 2차 가해까지 하였다며 중징계를 하겠답니다. 도대체 어떤 행동이 2차 가해인가요?

A 근래 '2차 피해', '2차 가해'라는 용어가 참 많이 쓰이는데요, 법원이 2차 피해라는 단어를 명시하여 판결에 사용한 것은 성희롱에 관한 사건을 다루면서입니다. 즉, "법원이 성희롱 관련 소송의 심리를 할 때에는 그 사건이 발생한 맥락에서 성차별 문제를 이해하고 양성평등을 실현

할 수 있도록 '성인지 감수성'을 잃지 않아야 한다. 그리하여 우리 사회의 가해자 중심적인 문화와 인식, 구조 등으로 인하여 피해자가 성희롱 사실을 알리고 문제를 삼는 과정에서 오히려 부정적 반응이나 여론, *불이익한 처우 또는 그로 인한 정신적 피해 등에 노출되는 이른바 '2차 피해'를 입을 수 있다는 점을 유념하여야 한다(대법원 2018. 4. 12. 선고 2017두74702판결)."라고 판시한 것이지요.

> * **불이익한 처우**로는 피해자, 신고자, 조력자, 대리인에 대하여 신고 및 조사협력 등을 이유로, ① 파면, 해임, 해고, 그 밖에 신분 상실에 해당하는 불이익 조치, ② 징계, 정직, 감봉, 강등, 승진 제한 등 부당한 인사 조치, ③ 전보, 전근, 직무 미부여, 직무 재배치, 그 밖에 본인의 의사에 반하는 인사조치, ④ 성과평가 또는 동료평가 등에서 차별이나 그에 따른 임금 또는 상여금 등의 차별 지급, ⑤ 직업능력 개발 및 향상을 위한 교육훈련 기회의 제한, 예산 또는 인력 등 가용자원의 제한 또는 제거, 보안정보 또는 비밀정보 사용의 정지 또는 취급자격의 취소, ⑥ 주의 대상자 명단(소위 '블랙리스트') 작성 또는 그 명단의 공개, 집단 따돌림, 폭행 또는 폭언 등 정신적·신체적 손상을 가져오는 행위를 하거나 그 행위의 발생을 방치하는 행위, ⑦ 직무에 대한 부당한 감사 또는 조사나 그 결과의 공개, ⑧ 그 밖에 피해자, 신고자, 조력자, 대리인의 의사에 반하는 불이익 조치가 있습니다.

이러한 내용은 직장 내 괴롭힘에도 동일하게 원용할 수 있을 것인바, "직장 내 괴롭힘 2차 가해"라 함은, 피해근로자가 직장 내 괴롭힘 사실을 알리고 문제를 삼는 과정에서 오히려 부정적 반응이나 여론, 불이익한 처우 또는 그로 인한 정신적 피해 등에 노출되도록 하는 행위라고 할 것입니다.

특히 근로기준법은 직장 내 괴롭힘이 법적으로 금지되는 행위임을 명확히 하면서 사용자에게 직장 내 괴롭힘 관련 조치의무를 부과하고 있으며, 직장 내 괴롭힘을 신고한 피해근로자등에게 불리한 처우를 해서는 안 되며 위반 시 형사처벌을 받는다는 명문의 규정을 두고 있습니다. 이는 직장 내 괴롭힘이 발생한 경우 사용자는 피해근로자를 적극적으로 보호하여 피해를 구제할 의무를 부담하는데도 오히려 불리한 조치나 대우를 하는 일이 실제로 발생하기 때문입니다. 그러나 이러한 행위는 피해근로자가 피해를 감내하고 문제를 덮어 버리도록 하는 부작용을 초래할 뿐만 아니라 피해근로자에게 괴롭힘을 당한 것 이상의 또 다른 정신적 고통을 줄 수 있게 됩니다. 이에 불리한 처우 금지 규정을 통해 직장 내 괴롭힘 피해를 신속하고 적정하게 구제할 뿐만 아니라, 직장 내 괴롭힘을 예방하기 위하여 피해근로자가 직장 내 괴롭힘에 대하여 문제를 제기할 때 2차 피해를 염려하지 않고 사용자가 가해자를 징계하는 등 적절한 조치를 하리라고 신뢰하도록 하는 기능을 하는 것입니다.

결국 2차 가해가 무엇인지는 바로 위와 같은 불리한 처우 규정을 두고 있는 취지와 목적을 고려하면 쉽게 알 수 있을 텐데요. 예컨대 직장 내 괴롭힘을 신고한 신고인이 누구인지를 동료들끼리 뒷담화를 한다거나, "○○대리가 신고해서 팀장님이 징계 받는대"라는 식의 말을 한다거나, 신고인에게 "그런 걸 가지고 신고를 하고 그러냐.", "네가 신고했다며?" 등의 말을 하거나, 신고인에게 신고를 취하할 것을 가해자 또는 제3자가 직접 하거나 가해자가 제3자를 통해 이러한 압박을 가하거나, 신고인을 따돌리거나, 신고인에 대한 험담을 하거나 하는 등의 행위들은 모두 신고인으로 하여금 신고를 꺼리게 하고 결국 직장 내 괴롭힘을 문제 삼지 못하도록 하는 2차 가해가 된다고 할 것입니다.

이에 법원도 공정하고 객관적으로 조사를 하여야 할 조사 참여자가 오히려 조사를 통해 사건 내용을 알게 된 상황에서 피해근로자의 사회적 가

치나 평가를 침해할 수 있는 언동을 공공연하게 한 사안에서 이러한 행위는 피해근로자로 하여금 직장 내 괴롭힘을 신고하는 것조차 단념케 하는 위험을 초래한 것이며 이러한 행위가 피해근로자에 대한 추가적인 2차 피해를 발생시킨 것이라고 인정하였고(대법원 2017. 12. 22. 선고 2016다202947 판결), 상사로부터 성폭력을 당한 부하 직원에게 가서 '과장이 너한테 성추행이나 뭐 성폭행한 거 있니?'라고 묻고 '사무실에서 너를 어떻게 생각하냐면 ~같다고 생각해'라고 하며 피해근로자에 대한 매우 모욕적인 말을 한 것에 대해, 발언의 당사자는 단지 소문의 사실 여부를 물어 보고, 다른 사람들이 하는 이야기를 전달하였을 뿐이라고 주장하였으나, 이는 피해를 신고한 피해근로자를 위축시키는 2차 가해에 해당한다고 보아 이러한 발언을 징계사유로 삼아 한 징계가 정당하다는 판결을 한 것입니다(서울고등법원 2018. 11. 2. 선고 2018누39791 판결).

결국 2차 가해는 '내가 이런 발언을 하였을 때, 피해근로자가 힘들어지면서 신고한 것을 오히려 후회하게 될까?', '다른 사람들이 나의 발언을 들으면 자신들이 나중에 피해자가 됐을 때 차라리 신고를 안 하는 게 낫겠다고 생각할까?' 이런 생각을 입장을 바꿔서 해 보시면 그 판단이 어렵지 않을 것입니다.

Q 제가 가해자라며 직장 내 괴롭힘 신고가 접수되었다는데 너무 억울합니다. 신고인을 명예훼손이나 무고로 고소할 수 있나요?

A 실제로 이러한 억울함을 호소하며, 역(逆)직장 내 괴롭힘 신고, 명예훼손 고소, 무고 고소 등을 하고 싶다고 문의하는 경우가 종종 있습니다.

우선 '오히려 내가 피해자다.'라고 주장하며 역으로 신고인을 직장 내 괴롭힘으로 신고하는 경우가 있을 수 있는데요, 직장 내 괴롭힘 성립요건으로 우위성을 요한다는 점에서 이러한 경우는 사실상 처음부터 직장 내 괴롭힘이 인정되기 어려운 경우가 대부분입니다. 따라서 피신고인 입장에서 신고인의 행위로 인해 오히려 업무상의 어려움이나 정신적 고통을 받았음을 주장하고 싶다면, 직장 내 괴롭힘으로 인정받기 어려운 역(逆)신고를 굳이 하는 것보다는 당초 신고 사건의 조사 과정에서 이러한 내용을 최대한 구체적이고 자세히 진술하며 본인의 입장을 소명하는 것이 더 적절한 방법일 것입니다.

다음으로 명예훼손 고소는, 적시된 내용에 따라 허위사실 적시에 의한 명예훼손과 사실적시에 의한 명예훼손 두 가지 경우가 있을 수 있습니다. 그런데, 적시된 내용의 허위성 여부를 떠나, 만약 신고인이 직장 내 괴롭힘 발생 사실에 대하여 이를 근로기준법에 따라 사용자에게 신고하고, 그에 대한 조사를 받은 것이 전부라면, 이 같은 신고인의 행동에는 공연성이 있다고 볼 수 없어 명예훼손죄가 성립되기 어려울 것입니다.

즉 명예훼손죄의 구성요건으로는 공연성을 요하는데, 이때 공연성이란 '불특정 또는 다수인이 인식할 수 있는 상태'를 의미하고, 개별적으로 소수의 사람에게 사실을 적시하였더라도 그 상대방이 불특정 또는 다수인에게 적시된 사실을 전파할 가능성이 있는 때에는 공연성이 인정됩니다. 그런데 개별적인 소수에 대한 발언을 불특정 또는 다수인에게 전파될 가능성을 이유로 공연성을 인정하기 위해서는 막연히 전파될 가능성이 있다는 것만으로 부족하고, 고도의 가능성 내지 개연성이 필요한 것입니다. 특히 발언 상대방이 직무상 비밀유지의무 또는 이를 처리해야 할 공무원이나 이와 유사한 지위에 있는 경우에는 그러한 관계나 신분으로 인하여 비밀의 보장이 상당히 높은 정도로 기대되는 경우로서 공연성이 부정된다는 것이 판례의 입장인바(대법원 2020. 12. 30. 선고 2015도15619 판결 등 참고), 「근로기준법」 제76조의3 제7항에 따라 직장 내 괴롭힘 발생 사실을 조사한 사람, 조사 내용을 보고받은 사람 및 그 밖에 조사 과정에 참여한 사람의 경우 비밀유지의무를 부담하기 때문에, 이러한 사람들에게 직장 내 괴롭힘 신고를 하고 그 내용을 말한 사실만으로 명예훼손죄 구성요건인 공연성은 인정되기 어려운 것입니다.

따라서 신고인이 위와 같은 신고가 아닌 그 밖의 방법으로, 즉 불특정 또는 다수인에게 직장 내 괴롭힘과 관련하여 허위사실 또는 사실을 말하고 다님으로써 피신고인의 사회적 평가를 훼손시킨 경우(예컨대, 신고 이후 조사가 진행 중임에도 불구하고 신고인이 다른 직원들에게 피신고인이 직장 내 괴롭힘을 하였음이 인정되었고, 자신이 제출한 신고서를 본 담당자도 피신고인의 죄질이 아주 안 좋다고 말을 하였다는 소문을 내고 다니는 경우 등)에 한하여 명예훼손 고소가 가능할 것입니다.

끝으로, 무고는 타인으로 하여금 형사처분 또는 징계처분을 받게 할 목적으로 공무소 또는 공무원에 대하여 허위의 사실을 신고하는 것을 의미하는바(「형법」 제156조), 여기서 '공무소 또는 공무원'이란 형사처분의 경우에는 검사, 사법경찰관리 등 형사소추 또는 수사를 할 권한이 있는 관청과 그 감독기관 또는 그 소속 공무원을 말하며(대법원 2014. 12. 24. 선고 2012도4531 판결), '징계처분'이란 공법상의 감독관계에서 질서유지를 위하여 과하는 신분적 제재를 말하는 것입니다(대법원 2014. 7. 24. 선고 2014도6377 판결).

그런데 근로기준법은 직장 내 괴롭힘을 하였다는 것 자체로 형사처벌을 하는 규정은 두고 있지 아니한바, 직장 내 괴롭힘 신고는 그 자체로 타인으로 하여금 '형사처분'을 받게 할 목적으로 이루어질 수 있는 것은 아니어서, 이 경우 설령 허위사실을 신고하였다 하더라도 무고죄는 성립할 수 없으며, 일반 사기업과 그 사용자 또는 업무 담당자는 공무소 또는 공무원이 아니므로 단순히 회사에 신고를 한 것 역시 무고죄 성립요건을 애당초 갖추지 못하는 것입니다. 그러면 이제 남는 것은, 징계처분을 받게 할 목적으로 공무소 또는 공무원에 허위 사실을 신고하는 경우인데, 앞서 살펴본 바와 같이 판례는 무고죄에서의 징계처분은 공법상의 감독관계에서 질서유지를 위하여 과하는 신분적 제재를 말하는 것이라고 보고 있는 바, 일반 사기업에서 근로자에 대하여 이루어지는 징계는 사법상의 법률관계하에서 사용자의 인사 권한으로 이루어지는 것이어서 무고죄의 징계처분에 해당하지 않는 것입니다. 결국 직장 내 괴롭힘 신고를 한 것이 무고죄가 성립될 수 있으려면, 공법상 법률관계 하에서 그 제재인 징계처분을 받게 할 목적으로 고용노동청, 근로감독관 등의 공무소 또는 공무원에게 허위사실을 신고한 경우에 해당하여야 할 것인데, 사법상 법률관계를 바탕으로 하는 일반적인 근로관계하에서는 사실상 이러한 경우를 만족하는 사례가 거의 없다고 할 것입니다.

결론적으로, 직장 내 괴롭힘 신고를 한 것에 대하여는 피신고인 입장에서 아무리 그 내용이 허위사실이어서 억울하다고 생각할지라도 이를 이유로 신고인을 명예훼손 또는 무고죄로 고소하는 경우 이에 대한 범죄혐의는 사실상 인정되기 어려워서 큰 실익이 없다고 할 것입니다. 따라서 그럼에도 불구하고 만약 신고인을 괴롭히기 위한 목적에서 고소를 강행한다면 이는 오히려 역(逆)무고에 해당할 수도 있을 것인바, 가급적 이러한 행동은 법률 전문가와의 상의하에 하지 않는 것이 바람직할 것입니다.

또한 자칫 잘못하다가는 이 같은 신고인에 대한 고소는 오히려 직장 내 괴롭힘을 신고한 것에 대한 보복조치나 불리한 처우로 받아들여질 수도 있는 만큼 더욱 조심하여야 할 것입니다.

하지만, 만약 피신고인이 정말 신고인의 고의적인 거짓 신고로 명예가 훼손되고 고통을 받는 일이 발생하게 되었다면, 신고인에게 이에 따른 책임을 묻는 방법이 없는 것은 아닌바, 이 경우 거짓 신고로 손해를 발생시킨 신고인에 대해 민사상 손해배상책임을 묻는 방법을 고려해 볼 수 있을 것입니다.

Q 직장 내 괴롭힘 신고를 받았을 때 반드시 외부 전문가에게 조사를 맡겨야 하나요?

A 근로기준법이 2021. 4. 13. 개정되며, 사용자에게 직장 내 괴롭힘 신고 접수 사건에 대해 '객관적 조사' 의무를 부여하고 위반 시 과태료 제재 규정을 두게 되면서, 회사 입장에서는 이러한 객관적 조사 의무에 위반되지 않으려면 외부 전문가에게 조사를 맡겨야 한다는 인식이 높아진 것이 사실입니다. 또한 반드시 이러한 제재를 피하기 위해서만이 아니라, 회사 내에서 어느 직원은 신고인으로, 다른 직원은 피신고인이 된 상황에서 내부적으로는 객관적이고 공정한 조사를 진행하기 어렵다는 판단을 할 수도 있고요. 조사를 통해 사실을 규명하는 것이 직장 내 괴롭힘의 핵심인 만큼, 이러한 중요한 과정을 전문가에게 위임한다는 취지에서도 외부 전문가 조사가 활발히 이루어지고 있는 것이 현실입니다. 이에 저도 회사 입장에서 사안 처리를 고민하시는 분들께는 외부 전문가 조사를 추천드리기는 합니다.

하지만, 반드시 외부 전문가가 조사를 하는 경우에 한하여 근로기준법상 객관적 조사 의무를 이행한 것으로 보는 것은 아니니, 조사 주체와 방식에 대해서는 회사 규모나 재정적 측면, 사건의 중대성과 특수성, 관련자들의 규모와 특성 등을 모두 감안하여 사용자가 결정하면 될 것입니다. 다만, 조사의 전면적인 외부 위임이 어렵다면 전문가에게 의견을 받는 방식으로 하여 객관성과 전문성, 공정성을 확보하는 방법도 실무에서는 유용한 방법이라고 할 것입니다.

참고로, 실제로 저도 다른 변호사님과 함께 외부 전문가로만 구성된 팀을 이루어 조사를 해 보기도 했고요. 사업장의 성격이 특수하여 내부 직원이 사건 파악 및 조사에 필요하여 내부 직원과 팀을 이뤄 조사를 한 적도 있었습니다. 또한 조사는 내부에서 담당하되 법률적인 쟁점과 관련하여 전문가의 도움이나 의견이 필요한 사안에서 전문가 의견을 제시하는 방법으로 조사에 참여하기도 하였습니다.

Q 직장 내 괴롭힘 조사를 할 때 조사 대상자가 변호사와 동석할 수 있나요?

A 이 질문도 신고인, 피신고인, 업무 담당자 모두가 매우 자주하는 질문입니다. 회사 내부 규정에 조사 시 대리인 참석이 가능하다는 등 변호사를 대동할 수 있는 권리를 보장하고 있다면 이에 따라야 할 것이나, 만약 특별히 이러한 규정이 없다면 회사가 조사 대상자의 변호사 동석 요청을 거부한다고 하여 이것이 위법한 것은 아닙니다. 실제 법원은 변호사 조력 규정이 없는 회사에서 징계사유를 조사하기 위해 실시하는 면담 시

징계혐의자의 변호사 참석 요청을 불허하고 징계 절차를 진행한 사건에서 절차적 정당성을 갖춘 것으로 본 사례가 있습니다. 즉 "취업규칙이나 징계규정 등에 별도의 규정이 없는 한 사업주의 근로자에 대한 징계절차에서 즉 징계대상 근로자가 변호사를 대동하여 출석할 권리가 당연히 보장된다고는 할 수 없는데, 피고의 징계규정에 징계대상 근로자가 변호사를 대동하여 징계절차에 출석할 권리를 보장하는 규정이 없으므로, 피고가 원고에 대한 징계위원회를 개최함에 있어서 원고의 변호사 대동을 거부한 것에 절차상의 하자가 있다고는 볼 수 없다(직접적인 사안은 아니지만, 대법원 2015. 2. 12. 선고 2014두44045 판결 및 그 제2심 판결인 서울고등법원 2014. 10. 2. 선고 2014누40526 판결 참조)."라고 판시한 것입니다. 또한 "원고의 주장에 의하더라도 원고의 변호인은 원고의 대리인으로서 원고와 함께 징계위원회에 참석할 수 있는지 여부를 피고의 담당 직원에게 전화로 문의한 결과 부정적인 답변을 듣고 참석하지 않았다는 것인바, 변호사 선임을 입증할 수 있는 정식 문서를 제출하지도 않은 상태에서 막연히 전화를 걸어 절차에 관하여 한 번 문의를 하여 안내 답변을 들은 것에 불과하고 실제로 징계위원회에는 참석하려고 구체적인 시도조차 하지 않은 것이므로, 이것만 가지고는 원고가 변호인의 조력을 받을 권리 내지 방어권을 침해받았다고 볼 수 없다(청주지방법원 2011. 1. 13. 선고 2010구합1762 판결)."라는 내용의 판결도 있습니다.

그러나 위와 같은 판례의 입장이 언제까지 유지되는 것은 아니므로, 회사 입장에서는 방어권 침해 문제를 제기받는 리스크를 줄이기 위해서는, 조사 대상자로부터 조사 시 변호인 동석을 요청받는다면 가급적 이를 허용하는 것으로 하되, 만약 변호인 동석으로 조사에 지장을 초래할 것으로 예상되는 경우 변호인의 참석은 허용하되, 진술은 반드시 당사자가 직접 하는 것으로 제한을 하는 방법을 고려해 볼 수 있을 것입니다.

또한, 변호사와 동석을 희망하는 조사 대상자로서는 위 판결을 참조하여, 변호사 선임 서류를 회사에 제출하고 동석을 강하게 요청하는 등의 방법을 사용함으로써, 변호사 참여권을 보장받을 수 있을 것입니다.

Q 직장 내 괴롭힘 조사를 실시한 이후, 조사 대상자가 자신이 조사를 받은 조사 내용이 담긴 문서(예: 문답서)를 열람·등사하여 달라고 요구하는 경우 이에 반드시 응해야 하나요?

A 우선 조사 대상자가 본인 외에 타인에 관한 조사 내용에 대해 열람·등사를 요구하는 경우, 이는 정당하게 거부할 수 있는 것이 당연합니다. 그런데 본인이 조사받은 내용에 대해 열람·등사를 요구하는 경우 이에 대해서까지 거부를 하는 것이 정당한지가 문제될 수 있습니다.

원칙적으로 관련 법상 사용자로서 이러한 요구에 응해야 할 의무는 없습니다. 신고된 사안에 대한 조사 의무는 근로기준법상 사용자에게 있으므로 사용자가 이러한 의무에 기하여 자신의 업무를 수행하는 과정에서, 자신이 선택한 조사 방법에 기해 문서를 작성한 것은 사용자의 업무 문서라고 할 수 있을 것이며, 사용자에게 그 보관자로서의 지위가 있기 때문에, 조사 대상자의 요청이 있다고 하여 반드시 이를 제공해야 할 의무가 있는 것은 아닙니다. 또한 이때 조사 대상자는 자신의 방어권 등을 주장하며 열람·등사 요구를 할 수도 있을 텐데, 조사를 실시한 내용을 바탕으로 직장 내 괴롭힘 심의위원회 또는 인사위원회(징계위원회)를 거쳐 징계로 나아가는 경우, 그 과정에서 해당 근로자로 하여금 방어권을 행사할 수 있도록 징계사유를 알려 주는 등의 방법으로 충분히 방어권을 보장할 수 있기 때문에 직장 내 괴롭힘 조사 단계에서 자신이 받은 조사 내용을 공개하여 주지 않았다고 하여 이를 곧바로 방어권을 침해한 것이라는 보기는 어려운 것입니다.

다만 공공기관의 경우에는 공공기관의 정보공개에 관한 법률(이하 '정보공개법')상, 조사를 받은 근로자가 자신이 받은 조사 내용에 대한 공개를 청구하는 경우, 이러한 내용이 비공개 정보에 해당하는지 여부가 문제가 될 수 있습니다. 아직까지 이를 직접적으로 다룬 판례는 없으나, 살피건대, 법률상 특별히 자신이 받은 조사 내용에 대한 공개를 거부할 만한 정당한 비공개 사유가 있어 보이지는 않습니다. 회사 입장에서는 「정보공개법」 제9조 비공개 대상 정보 중 제1항 제5호 '감사·감독·검사·시험·규제·입찰계약·기술개발·인사관리에 관한 사항이나 의사결정 과정 또는 내부검토 과정에 있는 사항 등으로서 공개될 경우 업무의 공정한 수행이나 연구·개발에 현저한 지장을 초래한다고 인정할 만한 상당한 이유가 있는 정보'에 해당한다고 보아 비공개를 해 볼 수는 있을 것이나, 이 경우 의사결정 과정 또는 내부 검토 과정을 이유로 비공개할 경우에는 종료 예정일을 안내하고 이후 그 과정이 종료되면 결국 이를 통지해야 하는 것이어서 크게 의미가 없다고 보이고, 만약 조사를 외부 전문가에게 맡긴 경우라면 문답서 문항 등이 해당 외부 전문가 법인의 영업상 비밀에 해당할 수 있어 비공개 대상이라는 주장을 할 수도 있겠으나, 형사법 영역에서 경찰 또는 검찰 단계 피의자신문조서에 대한 공개가 허용되는 것은 고려하면, 이러한 주장 역시 정당성을 인정받기는 어려울 것으로 보입니다.

결국, 자신의 진술을 담은 문답서에 대하여는 정보공개법이 적용되는 회사가 아닌 이상, 근로기준법에 의할 때, 반드시 회사가 이를 공개하여야 할 의무는 없지만, 특별히 문답서 내용이 공개됨으로써 회사에 피해를 가져온다거나, 진행 중인 조사에 지장을 초래할 위험이 있다는 등의 사정이 없다면, 조사를 모두 마친 이후에는 이를 공개하는 것도 무방하다고 할 것입니다. 다만 이때도 자신이 답변한 문답서라고 해도 그 안에 피해근로자나 참고인 등에 관한 내용이 나올 수 있으므로 이러한 부분에 대해서는 이를 가리고 공개하는 것이 적절할 것입니다.

Q 직장 내 괴롭힘을 사유로 직원을 징계하고자 하는 경우, 징계위원회 개최 전에 징계혐의 내용을 징계대상자에게 미리 구체적으로 알려 주어야 하는지요?

A 직장 내 괴롭힘을 징계사유로 징계를 진행할 때, 피해근로자를 보호하기 위한 목적에서 혐의자에게 구체적인 혐의 내용을 미리 고지하지 않는 회사가 종종 있습니다. 법원은 이와 관련하여, "취업규칙 등에 징계대상자에게 미리 징계혐의 사실을 고지하여야 한다는 취지의 규정이 있는 경우에는 이러한 절차를 거치지 아니한 징계처분을 유효하다고 할 수 없을 것이지만, 그러한 규정이 없는 경우에는 사용자가 반드시 징계대상자에게 징계혐의 사실을 구체적으로 고지하여 줄 의무가 있는 것이 아니라고 할 것이다(대법원 2004. 1. 29. 선고 2001다6800 판결 등 참조)."라고 판시하였고, 이에 실제 회사의 취업규칙에 징계혐의 사실의 고지에 관한 규정이 존재하지 아니하는 상황에서, 회사가 징계대상자에게 인사위원회(징계위원회) 출석 통지를 하며 출석 사유를 단지 '부서원 및 타부서 비

하, 직원 업무에 대한 무시, 인격 모독 발언 등을 통하여 부서원에게 수치심을 일으키는 언행을 한 사안'이라고만 고지하고, 미리 징계 혐의 사실을 구체적으로 고지하지 아니한 사안에 대해 절차상 하자가 없다는 판단을 하기도 하였습니다(서울행정법원 2022. 12. 16. 선고 2022구합63720 판결).

    다만 위 사건의 경우 징계처분이 있기 전에 징계혐의자를 피신고인으로 한 직장 내 괴롭힘 신고 사건이 접수되어 이에 대해 회사가 외부 전문가에게 조사를 의뢰하여 징계혐의자가 조사를 받은 사실이 있었는바, 혐의자가 인사위원회 징계 심의 자리에 참석하였을 당시 자신에게 제기된 혐의 내용이 무엇인지에 대하여 이를 알고 있었다고 볼 수 있었으며, 이를 바탕으로 인사위원회에서도 혐의자가 징계사유에 대하여 자신의 입장을 충분히 소명한 사실이 있었기에 이러한 사정을 종합할 때, 징계위원회 개최 전 미리 구체적인 혐의 내용을 알려 주지 않았더라도 이를 특별히 절차상 하자가 있는 것으로 볼 수 없다는 판단이 나왔다고 할 수 있을 것입니다.

    따라서 위와 같은 판결이 존재한다고 하더라도 회사 입장에서는 직장 내 괴롭힘을 징계사유로 하여 징계위원회를 개최하는 경우, 피해근로자의 신분 및 세부적인 사항이 노출되지 않도록 하되, 다만 혐의 사실의 내용을 미리 알려 혐의자로 하여금 방어권 행사를 보장하는 것이 징계 절차의 적법성을 담보할 수 있는 방법이 될 것이며, 만약 그럼에도 불구하고 철저한 피해근로자 보호를 위해 사전에 혐의 내용을 알리지 않는 것으로 한다면, 최소한 대략적인 내용은 알 수 있도록 통지하되, 징계위원회 개최 당시에는 징계대상자에게 징계사유에 해당하는 구체적인 발언 내용 등을 알려 주고 이에 대한 의견을 진술할 수 있는 기회를 충분히 부여하도록 하여야 할 것입니다.

Q 신고 사건을 조사한 결과 직장 내 괴롭힘이 확인되어 행위자에게 '경고' 조치를 하였습니다. 그런데 피해근로자가 경고는 너무 가볍다며 행위자에 대해 중징계를 하여 달라고 계속 요청하는데 어떻게 해야 할까요?

A 사용자가 근로기준법에 따라 신고 사건에 대해 객관적이고 공정한 조사를 실시하고 이를 바탕으로 심의위원회에서 직장 내 괴롭힘 해당 판단을 하고, 인사위원회에서 제재의 수위를 정하여 최종적으로 행위자에게 조치를 하였다면, 이는 회사의 적법한 권한에 따라 이루어진 것으로서, 설령 피해근로자가 이러한 조치 내용에 불만족한다고 하여 회사가 반드시 피해근로자의 요청에 따른 조치를 하여야 할 의무는 없습니다.

다만, 이때 피해근로자는 자신의 요구가 실현될 수 있도록 계속적으로 담당자와 담당 부서에 항의 또는 민원을 제기할 수 있을 것이며, 고용노동청에 진정을 제기하는 등의 행동을 할 수도 있을 것인바, 이러한 일이 발생하였을 때, 회사가 리스크를 겪지 않기 위해서는 일련의 사건 처리 절차 및 행위자에 대한 조치 과정에서 피해근로자의 의견을 충분히 청취하는 시간을 갖고, 조사 절차 및 조사 결과의 내용을 통보해 주며 이를 충실히 설명하여 줌으로써 피해근로자를 납득시키고 사건 처리 결과를 수용하도록 하는 노력이 필요할 것입니다.

Q 직원이 고용노동청에 직장 내 괴롭힘 신고를 하였다는데, 회사로서는 무엇을 하면 되나요? 어떻게 대처를 해야지요?

A 우선 일반적으로 신고라는 표현을 사용하긴 하지만 고용노동청에 하는 고소·고발과 진정은 다소 차이가 있습니다. 고소·고발은 위반 시 형사처벌 조항이 있는 경우에 법 위반 행위를 신고하는 것이고(고소는 피해당사자가, 고발은 제3자가 하는 것임), 진정은 형사처벌 조항이 없는 법 위반 행위를 신고하는 것입니다. 다만 고소·고발 대상 행위에 대하여도 이를 진정으로 접수하는 것은 가능합니다. 하지만 강한 처벌을 원한다면 진정보다는 고소·고발의 형태가 더욱 적절하겠지요.

여하튼, 앞서서 우리가 살펴보았지만 직장 내 괴롭힘과 관련하여 위반 시 형사처벌 조항이 있는 경우는 불리한 처우 금지에 위반되었을 때뿐입니다. 따라서 이 경우는 고소 또는 진정을 할 수 있을 것이고, 나머지 경우는 진정을 할 수 있을 것인데, 진정의 내용은 여러 가지가 될 수 있을 것입니다. 직장 내 괴롭힘이 발생하였다는 사실 그 자체로도 할 수 있을 것이고, 신고를 하였는데 사용자가 제대로 조사를 안 한다거나, 피해근로자에 대한 보호조치를 해 주지 않는다거나, 가해자에 대한 징계를 해 주지 않는다거나 하는 등의 내용이 모두 해당할 수 있습니다. 따라서 회사로서는 우선 어떠한 내용의 신고가 이루어졌는지를 파악하여 그에 따른 대응을 하여야 할 것입니다. 여기서 대응이라 함은 담당 근로감독관에게 회사의 의견이나 증거 등을 제출하는 것을 말합니다.

신고를 한 근로자가 구체적인 의무 위반을 주장하였다면, 그에 따른 회사의 입장을 밝히면 될 것입니다. 그런데, 사용자의 구체적인 의무 위반이 아닌 직장 내 괴롭힘 발생 사실을 신고한 것이라면, 사실 고용노동청이 처음부터 괴롭힘 성립 여부를 전면적·적극적으로 조사하지는 않으며, 사용자에게 조사를 하여 결과를 통보할 것을 통지할 것입니다. 즉 이 경우 실무적으로 고용노동청은 신고를 접수받으면 사용자에게 그 사실을 알리고, 근로기준법에 따른 조사 의무가 사용자에게 있는 만큼 사용자가 사건을 조사한 후 처리 결과를 고용노동청에 알리도록 행정지도 합니다[34]. 이에 만약 조사 결과 사용자가 괴롭힘이 아니라고 판단한 경우라면, 고용노동청이 그 내용을 검토하여 문제가 있거나 미비점이 발견되면 다시 조사를 하여 결과를 보고하도록 조치하기도 합니다. 그러나 일응 사용자가 적법한 조사를 거쳐 합리적인 판단을 한 것이라면 이에 대해 함부로 해당 판단이 위법·부당하다는 결론을 내리지는 않습니다.

이러한 과정을 거쳐 행정지도에 따라 사건 처리가 적법하게 이루어지면 신고 접수 사건은 행정종결처리가 되는 것이며, 만약 조사 결과 법 위반이 인정되는 경우 시정지시를 하고 시정기간 안에 미이행 시 과태료 처분을 합니다. 만약 법 위반 행위가 형사처벌 대상이라면 검찰에 송치하여 형사절차가 개시됩니다.

실제 사건을 통해 진행 과정을 한번 살펴보겠습니다.

A회사의 대표이사 B는 직원인 진정인의 어머니에게 연락하여 진정인의 퇴사를 권유하였고, 진정인에게도 타 직종의 채용 공고 사실을 알리며 참고하라면서 사실상 퇴직할 것을 압박하였습니다. 임원 C는 진정인에게 "미친놈, 지는 자신의 길을 간다고 하겠지, 돈만 받으면 그만이지, 쓰레기."라는 말을 하였습니다. 대표이사와 임원으로부터 직장 내 괴롭

---

[34] 이러한 이유에서 앞서, 특별한 사정이 아니라면 사업장 내 신고 및 조사 절차를 먼저 거치는 것이 사건 처리에 효율적임을 말씀드린 것이었고, 다만 사용자가 처음부터 객관적이고 공정한 조사를 하기 어렵다고 예상되는 경우에 대해서는 고용노동청에 곧바로 신고하는 것을 고려해 볼 수 있다고 말씀드린 것입니다.

힘을 당한 진정인은 고용노동청에 진정을 제기하였습니다.

고용노동청은 이 사건을 조사하여 B가 진정인 및 진정인의 어머니를 통해 반복적으로 퇴사를 종용한 행위는 직장 내 괴롭힘에 해당한다고 판단하고, C가 진정인에게 욕설을 한 행위 및 회사 내 네트워크 접속을 차단한 행위는 직장 내 괴롭힘에 해당한다고 판단하여, 사업장에「근로기준법」제76조의3에 따른 적정한 조치를 취할 것을 내용으로 하는 개선지도 공문을 통지하였습니다.

이렇게 개선지도를 받은 사업장에서 이를 이행하여「근로기준법」제76조의3에 따른 조치를 하면, 그것으로 사건은 종결되는 것입니다. 그러나 위와 같이 고용노동청이 직장 내 괴롭힘에 해당한다는 판단을 하였음에도 사용자가 행위자에 대한 징계 조치 등의 아무런 조치를 하지 않는다면, 이는 사용자가「근로기준법」제76조의3 제5항 등을 위반한 것이 되어 고용노동청은 해당 법 위반 사실에 대해 시정지도를 하게 될 것이고, 이 역시 불이행하면 과태료 처분이 이루어지게 되는 것입니다.

끝으로 이렇듯 고용노동청 신고는 결국 일련의 직장 내 괴롭힘 사건 처리 절차에 법 위반이 있는지 여부를 검토하는 것이지 직접 가해자에 대한 징계 조치를 하거나 손해배상을 받아 주는 것이 아니므로, 가해자와 회사에게 각 원하는 바가 있다면 이를 실현하기 위한 정확한 법적 구제 절차를 진행하도록 하여야 할 것입니다.

> **Q** 고용노동청장이 사업주에게 직장 내 괴롭힘과 관련하여 개선지도를 하였습니다. 인정할 수 없는 내용이 담겨 있는데 개선지도에 대한 취소를 구하는 행정쟁송을 제기할 수 있을까요?

A 결론부터 말씀드리면 할 수 없습니다. 개선지도는 행정처분이 아니기 때문에 행정심판, 행정소송 모두 할 수 없습니다. 고용노동청이 직장 내 괴롭힘 관련 진정을 제기받아 사업장에 대한 조사를 실시한 이후 특정 직원의 행위가 직장 내 괴롭힘에 해당한다는 판단을 한 것은, 제기된 진정사실을 확인하고 그러한 사실이 직장 내 괴롭힘에 해당하는지 여부를 확인하는 내부적 행위에 불과합니다. 따라서 이러한 고용노동청의 판단이나 개선지도 자체만으로는 이러한 개선지도를 받는 자의 권리의무에 직접적으로 영향을 미친다고 볼 수 없어 이를 행정쟁송의 대상으로 삼아 그 취소나 무효를 구할 수 없는 것입니다.

실제 사례를 한번 살펴보겠습니다.

C는 어린이집(원고 A)에서 일하던 보육교사였고, 원고 B는 어린이집 대표자입니다. C의 남편은 국민신문고에 C가 이 사건 사업장에서 원고 B로부터 직장 내 괴롭힘을 당했다는 내용의 진정서를 제출하였고, 위와 같은 내용의 진정서를 전달받은 ○○지방고용노동청 ○○지청장은 당사자들을 조사하고 증거들을 종합적으로 검토한 뒤 원고들에게 원고 B가 C에게 한 행위는 「근로기준법」 제76조의2에서 정한 직장 내 괴롭힘에 해당하므로 아래와 같은 개선지도 내용을 이행하고 그 결과를 보고하되, 기한 내 이를 이행하지 않을 경우 근로기준 분야 취약사업장에 해당하여 동 사업장을 차기 근로감독대상 사업장에 포함하게 된다는 내용의 "직장 내

괴롭힘 신고에 따른 개선지도송부"라는 제목의 공문을 발송하였습니다.

> **개선지도 내용**
> 첫째, 행위자에 대한 개선지도 내용으로 ① 재발방지 계획 수립 후 사내 공개 또는 ② 직장 내 괴롭힘 행위 개선을 위한 교육·상담 또는 코칭 프로그램 이수 중 하나 실시
> 둘째, 사업장에 대한 개선지도 내용으로 조직문화 진단 및 개선방안 마련, 법 제76조의3 제4항에 근거하여 피해근로자의 요청에 따른 적절한 조치 실시

위에서 이 사건의 개선지도 내용을 직접 인용한 이유는, 실제로 고용노동청에서 어떤 내용과 방식으로 개선지도가 나오게 되는지를 보여 드리고 싶어서입니다. 개선지도 내용은 해당 사업장과 사안의 특성에 따라 다양하고 유연하게 만들어지기 때문에 모든 개선지도의 내용이 위와 같은 것은 아닙니다. 하지만 이처럼 직장 내 괴롭힘 행위자로 하여금 교육을 받을 것을 명하거나, 회사에게 조직문화 진단을 하고 개선방안을 수립하여 보고를 하라는 등으로 아주 구체적이고 상당한 의무를 부과하는 내용으로 이루어질 수 있음을 알아 두셔야 할 것입니다. 또한 이러한 개선지도를 불이행할 시 근로감독이 나올 수 있다는 내용이 종종 포함되는데요. 따라서 한번 개선지도를 받은 사업장에서는 설령 개선지도를 이행하더라도 추후 근로감독이 나올 수 있음에 유의하셔서 직장 내 괴롭힘과 관련하여 철저하게 사내 시스템을 구축해 놓아야 할 것입니다.

한편, 위와 같은 내용의 개선지도를 받은 어린이집 대표자는 이를 수용할 수 없어 개선지도를 취소하여 달라는 행정소송을 제기하였습니다. 그런데 이에 대하여 법원은, "구 「근로기준법」(2021. 4. 13. 법률 제18037호로 개정되기 전의 것) 제76조의2, 제76조의3에서 직장 내 괴롭힘 금지 의무

및 직장 내 괴롭힘 발생 시 사용자의 조치의무에 관하여 정하고 있기는 하나, 이는 일반적인 의무 또는 일정한 사유 발생 시 별도 처분 등의 개입 없이 위 법률에 따라 당연히 발생하는 의무일 뿐이다. 따라서 피고가 이 사건 개선지도에서 '원고 B가 이 사건 사업장에서 C에게 한 행위가 직장 내 괴롭힘에 해당한다.'라고 하였더라도, 이는 원고들에게 법률상의 의무가 존재한다는 점을 알려 주고 그 이행을 권고하는 내용일 뿐이고, 이와 같은 개선지도로 인해 원고들에게 어떠한 의무가 발생한다거나 원고들의 권리의무에 직접적인 변동이 초래된다고 볼 수 없다. 또한, 피고가 이 사건 개선지도에서 '원고들에게 몇 가지 개선지도 사항을 안내하며 그 이행 여부를 보고하되 위 개선지도 사항을 이행하지 않을 경우 이 사건 사업장은 근로감독 대상에 포함하게 된다'고 하였더라도, 원고들이 이 사건 개선지도를 이행하지 않는다고 하여 어떠한 불이익을 직접 가할 수 있도록 하는 법령은 없고, 원고들이 이 사건 개선지도를 이행하지 않아 이 사건 사업장이 근로감독 대상 사업장에 포함되어 피고로부터 불시에 현장점검을 받게 될 수 있다고 하더라도 그 자체로 원고들의 법률상 지위에 직접적인 법률적 변동이 생긴다고 볼 수 없다. 따라서 이 사건 개선지도는 원고들의 법률상 지위에 직접적인 법률적 변동을 일으키지 아니하는 행위이므로 항고소송의 대상이 되는 행정처분이라고 할 수 없다(수원지방법원 2022. 9. 1. 선고 2022구합68375 판결)."라고 판단한 것입니다.

즉 법원은 개선지도의 내용 그 자체나, 이를 불이행함으로써 발생하는 근로감독, 불시점검 등이 직접적으로 법률상 제한을 가져오는 것은 아니라고 보아 이를 행정쟁송을 통해 다툴 수는 없다고 본 것입니다. 그럼, 사용자로서는 어떻게 해야 할까요? 자신들이 보기에는 직장 내 괴롭힘에 해당하지 않는데, 고용노동청에서 해당한다는 판단을 하면서 여러 가지 개선사항을 지시하는 상황에서 이를 수용할 수 없다는 입장일 때에는요. 이때는 개선지도 내용을 불이행함으로써 그에 따라 이루어지는 후속 처분에 대해 이를 다퉈야 할 것입니다. 예컨대 개선지도를 불이행하여 과태료 처분이 이루어지거나, 근로기준법 위반 혐의가 인정된다고 보아 검찰에 송치되면 이러한 과정에서 비로소 자신의 입장을 주장하며 다툴 수 있게 되는 것입니다.

위와 같은 내용을 알지 못하면, 고용노동청으로부터 개선지도를 받았으나 이를 받아들일 수 없어 행정소송을 제기하였다가 각하판결을 받게 될 것이므로 회사에서는 꼭 이러한 내용을 알아 두셔야 할 것입니다. 사실 이 같은 사건이 위 사례 말고도 얼마 전에도 있었는데요, 사업장이 병역지정업체라서 직장 내 괴롭힘이 발생한 사업장으로 인정돼 버리면 인원 배정을 제한받는 불이익이 가해지기 때문에 해당 사업장에서는 개선지도를 받고 깜짝 놀라 이를 다투고자 하셨던 것이죠. 하지만, 앞서 살펴본 것처럼 고용노동청의 개선지도는 행정쟁송의 대상이 되는 행정처분이 아니기 때문에 소송은 각하되고 말았던 것이고요. 법원에서는 나중에 직장 내 괴롭힘이 인정되었음을 전제로 병무청장에 의해 인원 배정 제한을 받게 된다면 이러한 처분을 다투면서 직장 내 괴롭힘이 아니라는, 즉 근로기준법에 관한 내용도 다투라는 판시를 한 것입니다.

이처럼 직장 내 괴롭힘 해당 여부에 관한 고용노동청의 판단이 위법·부당하다고 여겨질 때도 이를 다투는 방법을 잘 찾아서, 적법하고 유효한 방법으로 다퉈야 되는 것이지, 억울하다고 마냥 소송을 제기해서는 안 된다는 것을 배울 수 있을 것입니다.

> **Q** 근로기준법에서 금지하고 있는 직장 내 괴롭힘 피해근로자등에 대한 불리한 처우를 한 것으로 보기 위해서는 반드시 보복적 의도가 있어야 하나요?

A 그렇지 않습니다. 사용자는 피해근로자등의 직장 내 괴롭힘 발생 사실의 신고에 대해서만 이를 분명히 인식하고 있으면 되는 것이고, 반드시 보복적 의도까지는 있지 아니하더라도 사용자가 신고를 한 피해근로자등에게 한 조치가 객관적으로 판단하였을 때 불리한 처우라고 인정되면 이는 「근로기준법」 제76조의3 제6항을 위반한 것이 됩니다.

한편, 그렇다면 이때 불리한 처우를 한 것인지 여부에 대하여 이를 누가 입증할 것인지가 문제가 될 수 있습니다. 법원은 아직 직장 내 괴롭힘과 관련해서는 불리한 처우의 입증책임에 관하여 명시적인 판단을 하고 있지는 않습니다. 다만, 남녀고용평등법에서는 직장 내 괴롭힘과 거의 유사한 내용과 체계로 직장 내 성희롱 신고자에 대한 불리한 조치를 금지하는 규정을 두고 있는데 이와 관련하여서는 법원이 입증책임에 관하여 아래와 같이 판단하였습니다.

> **대법원 2017. 12. 22. 선고 2016다202947 판결**
> 남녀고용평등법은 관련 분쟁의 해결에서 사업주가 증명책임을 부담한다는 규정을 두고 있는데(제30조), 이는 직장 내 성희롱에 관한 분쟁에도 적용된다. 따라서 **직장 내 성희롱으로 인한 분쟁이 발생한 경우에 피해근로자등에 대한 불리한 조치가 성희롱과 관련성이 없거나 정당한 사유가 있다는 점에 대하여 사업주가 증명을 하여야 한다.**

> **서울고등법원 2015. 12. 18. 선고 2015나2003264 판결**
> 「남녀고용평등법」 제30조는 "이 법과 관련한 분쟁해결에서 입증책임은 사업주가 부담한다"고 규정하고 있는바, 직장 내 성희롱 피해 근로자가 사업주 등을 상대로 「남녀고용평등법」 제14조 제2항의 불리한 조치를 이유로 손해배상책임을 묻는 민사사건에 있어서, 모든 입증책임이 사업주 등에 있다고 보는 것은 합리적이지 않을 뿐만 아니라 형평에도 맞지 않는다 할 것이므로, 적어도 **불리한 조치가 있었다는 점은 피해 근로자가 입증하여야 하고, 그 불리한 조치를 하게 된 다른 실질적인 이유가 있었다는 점에 대하여는 사업주 등에게 입증책임이 있는 것**으로 입증책임을 배분하는 것이 타당하다.

위와 같은 직장 내 성희롱 관련 판결 내용을 직장 내 괴롭힘에 준용하면, 우선 피해근로자가 자신이 사용자로부터 불리한 조치를 받았음을 입증하여야 할 것이고(어떠한 조치를 받았으며, 어떠한 이유에서 불리한 것인지 예컨대, 전보 조치를 받음으로써 출퇴근 소요시간이 훨씬 길어졌다거나, 전보된 곳의 근무환경이 더 열악하다거나 하는 등의 사유를 주장·입증해야 할 것임), 이에 대하여 사용자는 이 같은 불리한 조치를 한 사실이 있는지, 있다면 그러한 조치를 하게 된 것에 어떠한 합리적이고 정당한 이유가 있었는지를 밝히고 나아가 이 같은 조치가 직장 내 괴롭힘 신고와는 무관하게 이루어진 것이라는 점에 대해서까지 이를 입증해야 비로소 불리한 처우가 아니라는 판단을 받을 수 있게 될 것입니다.

덧붙여, 직장 내 괴롭힘 관련 불리한 처우에 관해 최근 이루어진 법원의 판결 내용을 보면, '피해근로자의 주관적 의사를 완전히 배제한 채 회사의 사정만을 고려하여 조치를 한 것은 이를 불리한 조치가 아니라고 볼 수 없다.'라고 하였는바, 불리한 처우를 한 것으로 보기 위하여 보복적 의도를 필요로 하지 않음은 물론이고, 회사의 사정과 입장만을 고려한 조치 이유로는 불리한 처우가 아님을 입증하기에는 부족하다는 점을 판시하였다고 할 것입니다. 따라서 법원이 사용자가 주장·입증하는 조치의 정당한 사유에 대하여 이처럼 엄격한 입장에서 바라보고 있음을 고려하여, 사용자로서는 직장 내 괴롭힘 신고를 한 피해근로자등에 대해 조치를 하는 경우에는 이러한 조치가 불리한 처우로 판단되는 일이 없도록 그 법적 한계와 유효성 요건을 사전에 꼼꼼히 검토한 후 조치에 나아가야 할 것입니다.

Q 직장 내 괴롭힘 예방 교육을 반드시 실시해야 하나요?

A 남녀고용평등법에서 사업주에게 직장 내 성희롱 예방 교육을 매년 의무적으로 실시하도록 하고 이를 위반하는 경우 500만원 이하의 과태료를 부과하는 것과는 달리, 근로기준법은 아직 직장 내 괴롭힘 예방 교육을 의무적으로 실시할 것을 규정하고 있지는 않습니다.[35]

그러나 앞서 여러 사례들에서 살펴본 바와 같이 사용자가 근로자들에게 직장 내 괴롭힘 예방 교육을 실시하는 등으로 평소 사업장 내에서 직

---

[35] 참고로, 정확히 직장 내 괴롭힘 예방 교육은 아니지만 「산업안전보건법」 제29조는 사업주로 하여금 소속 근로자에게 고용노동부령으로 정하는 바에 따라 정기적으로 안전보건교육을 하여야 한다고 규정하고 있으며, 이러한 안전보건교육의 교육내용으로 '직장 내 괴롭힘, 고객의 폭언 등으로 인한 건강장해 예방 및 관리에 관한 사항'이 포함되어 있는바(산업안전보건법 시행규칙 [별표 5] 안전보건교육 교육대상별 교육내용 참조), 제29조를 적용받아 안전보건교육을 실시하는 사업장에서는 직장 내 괴롭힘 관련 위 내용을 포함하여 교육을 실시하여야 할 것입니다.

장 내 괴롭힘이 발생하지 않도록 노력한 사실이 있는 경우, 사용자는 직장 내 괴롭힘이 발생하여 피해를 입은 근로자가 사용자책임을 물었을 때, 자신의 책임에 대한 감면을 주장할 수 있을 것인바, 비록 예방 교육이 법적인 의무 사항이 아니라고 하더라도 사용자로서는 가급적 이를 실시하는 것이 바람직할 것입니다. 즉, 직장 내 괴롭힘 예방 교육을 실시함으로써, 사용자와 근로자 모두가 직장 내 괴롭힘 예방과 근절에 보다 관심을 가져 안전하고 건강한 직장 문화와 근로환경을 만들 수 있을 것이며, 나아가 사용자는 직장 내 괴롭힘 관련 법적 문제가 발생하는 경우 자신의 책임 범위 내에서 합당한 책임을 질 수 있게 될 것입니다. 그러니 교육을 안 할 이유가 없겠지요?

특히 앞서 말씀드린 것처럼 사업주는 직장 내 성희롱 예방 교육을 매년 의무적으로 실시해야 하므로, 성희롱 예방 교육을 할 때 직장 내 괴롭힘 예방 교육도 이를 함께 실시하면 실무적으로도 효율적인 업무처리가 가능할 것입니다. 덧붙여, 남녀고용평등법은 성희롱 예방 교육의 실시와 함께 사업주에게 성희롱 예방 교육의 내용을 근로자가 자유롭게 열람할 수 있는 장소에 항상 게시하거나 갖추어 두어 근로자에게 이를 널리 알려야 한다고 규정하고 있으며, 사업주가 이 같은 교육 내용 게시 등의 의무를 위반하는 경우에도 역시 500만원 이하의 과태료를 부과하고 있는데요. 따라서 이 같은 내용을 참고하여 직장 내 괴롭힘의 경우에도 그 예방 교육의 내용을 근로자들이 쉽게 찾아볼 수 있도록 사업장이나 회사 인트라넷 등 온라인상에 게시하고 이를 적극적으로 알린다면, 사용자로서 더욱 바람직하고 확실한 직장 내 괴롭힘 예방 노력을 한 것으로 인정받을 수 있을 것입니다.

끝으로, 직장 내 괴롭힘 예방 교육은 사업장에서 자체적으로 하실 수 있으며 특별히 교육을 실시할 수 있는 강사의 자격이 정해져 있거나, 교육을 외부에 위탁해야 하는 것은 아니므로, 고용노동부에서 제작한 "직장 내 괴롭힘 예방 교육 동영상(2023. 4.)"을 활용하여 직접 예방교육을 실시할 수도 있습니다.

> 고용노동부 직장 내 괴롭힘 예방 교육 동영상 유튜브 링크
> https://youtu.be/qcqjRb3m7k8

이 책에 수록된 판례 목록

대법원 2021. 11. 25. 선고 2020다270503 판결

청주지방법원 충주지원 2021. 4. 6. 선고 2020고단245 판결

청주지방법원 2022. 4. 13. 선고 2021노438 판결

광주지방법원 2021. 2. 5. 선고 2020가합52585 판결

서울북부지방법원 2021. 11. 3. 선고 2019가단15561 판결

대전지방법원 2021. 7. 1. 선고 2020가합105450 판결

대전지방법원 2021. 11. 9. 선고 2020구합105691 판결

서울남부지방법원 2023. 2. 9. 선고 2020가단289488 판결

대전고등법원 2021. 6. 4. 선고 2020누11648 판결

수원지방법원 2023. 2. 9. 선고 2022가합10067 판결

서울서부지방법원 2021. 5. 27. 선고 2019가합39997 판결

서울행정법원 2021. 9. 9. 선고 2020구합74627 판결

서울중앙지방법원 2019. 1. 11. 선고 2016가단5302826 판결

서울중앙지방법원 2021. 10. 8. 선고 2020가단5296577 판결

서울남부지방법원 2021. 6. 17. 선고 2020가단239162 판결

수원지방법원 안산지원 2021. 1. 29. 선고 2020가단68472 판결

서울중앙지방법원 2020. 6. 11. 선고 2019나24567 판결

수원지방법원 안양지원 2020. 12. 9. 선고 2019가단104042 판결

인천지방법원 2022. 11. 23. 선고 2021가단281684 판결

인천지방법원 2023. 2. 7. 선고 2021가단227536 판결

광주지방법원 2021. 8. 24. 선고 2020가단506023 판결

수원지방법원 2022. 12. 9. 선고 2021나93038 판결

의정부지방법원 고양지원 2023. 2. 15. 선고 2022가합70004 판결

서울행정법원 2022. 12. 15. 선고 2021구합87118 판결

서울행정법원 2022. 12. 16. 선고 2022구합63720 판결
서울행정법원 2023. 2. 24. 선고 2022구합70612 판결
서울행정법원 2022. 12. 15. 선고 2021구합87118 판결
대전고등법원 2022. 9. 1. 선고 2021누13450 판결
울산지방법원 2022. 9. 22. 선고 2021가합14843 판결
서울행정법원 2021. 2. 10. 선고 2020구합64118 판결
서울행정법원 2023. 1. 12. 선고 2022구단51393 판결
수원지방법원 2022. 7. 14. 선고 2021가단531133 판결
서울행정법원 2021. 8. 19. 선고 2019구단65064 판결
서울중앙지방법원 2022. 4. 14. 선고 2021고정2353 판결
서울북부지방법원 2022. 5. 12. 선고 2020가단112369 판결
수원지방법원 2022. 9. 1. 선고 2022구합68375 판결
서울중앙지방법원 2023. 1. 10. 선고 2021가단5262267 판결
대전지방법원 천안지원 2020. 6. 12. 선고 2019가합104979 판결